培养孩子的阅读兴趣与好奇心

陈新◎著

时代文艺出版社
SHIDAI WENYI CHUBANSHE

图书在版编目（CIP）数据

培养孩子的阅读兴趣与好奇心 / 陈新著. -- 长春：时代文艺出版社, 2024.1
ISBN 978-7-5387-7420-7

Ⅰ.①培… Ⅱ.①陈… Ⅲ.①阅读辅导-家庭教育
Ⅳ.①G252.17②G78

中国国家版本馆CIP数据核字(2024)第042994号

培养孩子的阅读兴趣与好奇心
PEIYANG HAIZI DE YUEDU XINGQU YU HAOQIXIN

陈新 著

| 出 品 人：吴 刚 |
| 责任编辑：杜佳钰 |
| 装帧设计：文 树 |
| 排版制作：隋淑凤 |

出版发行：时代文艺出版社
地　　址：长春市福祉大路5788号　龙腾国际大厦A座15层（130118）
电　　话：0431-81629751（总编办）　0431-81629758（发行部）
官方微博：weibo.com/tlapress
开　　本：710mm×1000mm　1/16
字　　数：300千字
印　　张：20
印　　刷：廊坊市广阳区九洲印刷厂
版　　次：2024年1月第1版
印　　次：2024年1月第1次印刷
定　　价：76.00元

图书如有印装错误　请寄回印厂调换

前　言

阅读是人类文明的桥梁，是培养孩子终身学习的关键。在信息爆炸的时代，我们的孩子生活在一个充满选择和诱惑的环境中，游戏、社交和视频软件等数字娱乐形式占据了他们生活的大部分时间。然而，真正的智慧和深度的学习来自书本，来自对知识的渴望与好奇心的激发。

培养阅读兴趣与好奇心是当代家庭教育的重中之重。这不仅仅是为了应对学业挑战，更是为了塑造一个积极、主动、富于创造力的未来公民。在这个过程中，家长、老师和社会共同肩负着培养下一代阅读习惯的责任。

本书旨在探讨如何在孩子的成长过程中激发他们的阅读兴趣与好奇心。我们将深入研究阅读对孩子认知、情感、道德等多方面的影响，分享一系列实用的方法和策略，帮助家长和教育工作者更好地引导孩子进入阅读的世界。

通过本书阅读，我们期望家长、教育工作者和社会大众都能深入理解阅读对孩子成长的积极作用，更好地激发阅读兴趣与好奇心。愿每一位儿童都能在阅读的海洋中追逐知识的波涛，激发内在的创造力，成为未来的佼佼者和创新者。

目　录

第一章　阅读兴趣的重要性

第一节　阅读在孩子成长中的关键作用 …………………… 001

第二节　阅读与孩子认知发展的关系 ……………………… 008

第三节　阅读兴趣对孩子语言能力的促进 ………………… 015

第四节　阅读与孩子情感智慧的培养 ……………………… 029

第五节　阅读兴趣对孩子学科学习的影响 ………………… 043

第六节　激发孩子阅读兴趣的长远价值 …………………… 053

第二章　创造有趣的阅读环境

第一节　家庭中的阅读氛围建设 …………………………… 064

第二节　设立有吸引力的孩子阅读角落 …………………… 077

第三节　多样化的阅读材料选择 …………………………… 090

第四节　与孩子共读的家庭活动 …………………………… 102

第五节　互动性的家庭讨论和分享 ………………………… 111

第六节　利用科技创造创新的阅读体验 …………………… 119

第三章　启发孩子的好奇心

第一节　好奇心在孩子学习中的作用 …… 132
第二节　鼓励孩子提出问题 …… 144
第三节　设计富有挑战性的学习任务 …… 155
第四节　实践中培养孩子解决问题的能力 …… 166
第五节　利用实践和实验激发孩子好奇心 …… 178

第四章　选择适龄适性的阅读材料

第一节　考虑孩子的年龄和兴趣 …… 191
第二节　了解孩子的个性和发展阶段 …… 199
第三节　多元文化的阅读体验 …… 206
第四节　引导孩子尝试不同文学体裁 …… 213
第五节　教孩子善用图书馆和数字资源 …… 220

第五章　引导孩子培养良好的阅读习惯

第一节　建立孩子每日阅读的时间规划 …… 228
第二节　关注孩子阅读速度与理解深度的平衡 …… 235
第三节　鼓励孩子记录阅读心得 …… 244
第四节　父母的示范作用与陪伴 …… 249
第五节　阅读与其他娱乐活动的平衡 …… 260

第六章　提升阅读的趣味性

第一节　利用绘本和插图拓展阅读体验 …… 272
第二节　创意写作与角色扮演 …… 278
第三节　阅读活动的游戏化设计 …… 287
第四节　与同龄人分享阅读心得 …… 300

参考文献 …… 310

第一章 阅读兴趣的重要性

第一节 阅读在孩子成长中的关键作用

一、阅读对孩子语言表达能力的影响

语言表达能力是儿童综合素养中至关重要的一环,对于他们的学业、社交以及未来职业发展都起着关键作用。而阅读是培养孩子语言能力的有效途径之一。通过阅读,孩子们接触到各种文字、语境和表达方式,从而丰富了他们的词汇量、理解能力和表达技巧。这里将深入探讨阅读对孩子语言表达能力的积极影响,从不同层面展示阅读如何在儿童语言发展中扮演着重要的角色。

(一) 词汇量的扩展

阅读是扩展儿童词汇量的有效途径之一。通过阅读,孩子们接触到各种主题和场景,从中学到新词汇,并理解这些词汇在不同上下文中的用法。研究表明,阅读丰富的文学作品,尤其是涉及不同领域的书籍,可以显著提高孩子的词汇水平。这种词汇的积累有助于孩子更准确、更丰富地表达自己的想法和感受,为他们未来的学业成功奠定基础。

（二）语法和句法结构的学习

阅读还有助于孩子学习语法和句法结构，培养他们正确使用语言的能力。在阅读过程中，孩子们接触到各种不同类型的句子结构和语法规则，从而在潜移默化中学到正确的语言表达方式。通过模仿书籍中的语法结构，他们能够更自如地构建句子，使表达更加清晰流畅。这种语法和句法结构的学习不仅有助于书面表达，也对口头表达能力的提升起到积极作用。

（三）逻辑思维和表达能力的培养

阅读不仅仅是词汇和语法的学习，还培养了孩子的逻辑思维和表达能力。通过阅读故事、文章，孩子们学会了理解故事情节、分析问题，形成自己的观点和见解。这种逻辑思维的培养有助于孩子更清晰地表达自己的想法，能够有条理地陈述观点，提高说服力。同时，通过各种文学作品的阅读，孩子们接触到不同的表达方式，从而能够灵活运用语言，表达自己的情感和思想。

（四）社交能力的提升

阅读也对孩子的社交能力产生积极影响。通过阅读不同题材的书籍，孩子们了解到不同文化、不同背景的人物形象，从中学到了解和尊重他人的能力。这有助于他们更好地与他人沟通，理解他人的观点，并能够用恰当的语言表达自己的看法。良好的社交能力对于孩子在学校和社交场合的适应至关重要，而阅读正是培养这种能力的有效手段之一。

（五）情感表达和同理心的培养

文学作品常常通过描述人物的情感和经历，让读者能够感同身受，培养孩子的同理心和情感表达能力。通过阅读，孩子们学会了理解他人的情感，并能够用适当的语言表达自己的情感。这种情感表达的培养不仅对于人际关系的建立有帮助，也使孩子更能够理解和应对自己的情感，有助于心理健康的发展。

综上所述，阅读对孩子语言表达能力的影响是多方面的，包括词汇量的扩展、语法和句法结构的学习、逻辑思维和表达能力的培养、社交能力的提升以及情感表达和同理心的培养。因此，家长和教育者应当重视培养孩子的阅读习惯，为他们提供丰富的阅读材料，激发他们对阅读的兴趣。通过建立良好的阅读环境，有效地促进孩子语言表达能力的全面发展，为他们未来的学习和生活奠定坚实的基础。

二、阅读对孩子情感认知的塑造

情感认知是人类认知发展的一个重要方面，对于儿童的整体成长和社交互动具有深远的影响。阅读作为一种丰富多彩的体验，不仅仅是文字的阐释，更是对情感世界的探索和理解。这里将深入探讨阅读对孩子情感认知的塑造，从不同层面展示阅读如何影响儿童的情感理解、同理心培养以及情感表达能力的提升。

（一）情感识别与理解

阅读丰富多样的文学作品可以帮助孩子学会识别和理解各种情感。文学作品中的人物往往面临各种情境，通过他们的言行举止、内心独白，孩子们可以感受到不同的情感状态，如喜悦、悲伤、愤怒等。通过这种感受，孩子们将逐渐培养起对于情感的敏感性，学会用语言描述和理解他人的情感体验。

阅读不同主题和风格的书籍，例如富有幽默感的故事、温馨感人的情感小说等，可以使孩子在情感体验的广度和深度上都得到拓展。这种广泛的情感体验有助于儿童建立起更为全面和复杂的情感认知，使他们在日常生活中更加敏锐地捕捉到自己和他人的情感变化。

（二）同理心的培养

阅读有助于培养孩子的同理心，使他们更好地理解和感受他人的情感。通过阅读他人的故事，孩子们可以从不同角度去体验不同人物的情感，进而产生对于他人感受的理解和关注。这种情感体验的转化有助于培养孩子同理心,从而更好地融入集体、理解集体与集体产生情感共鸣。

文学作品中往往塑造了各种生动的人物形象,通过这些人物的经历,孩子们可以体会到各种各样的情感,从而培养起对于他人情感的敏感性。这种同理心的培养对于建立良好的人际关系、促进团队合作具有重要的意义,也是塑造积极向上的社会价值观的基础。

(三)情感表达能力的提升

阅读不仅有助于儿童理解他人的情感,还可以提升他们自己的情感表达能力。在阅读的过程中,孩子们通过作者的描写学到了丰富的情感表达方式,学会了如何用语言准确地描述自己的情感体验。这对于孩子们情感表达能力的提升至关重要,使他们能够更好地向他人传递自己的情感,表达内心的感受。

通过模仿文学作品中的情感表达,孩子们能够学到不同的表达技巧,使他们的情感表达更加生动、深刻。这对于培养孩子的沟通能力、增强自信心,以及更好地应对情感问题都具有积极的作用。

(四)情感调节和应对能力的培养

阅读还有助于培养孩子的情感调节和应对能力。文学作品中的情节往往变化多端,人物面临的困境和挑战也各不相同。通过阅读这些故事,孩子们可以在情感上与人物共鸣,体验到情感的波动。在这个过程中,他们学会了面对困难时的情感调节和积极应对方式,培养了应对压力的能力。

阅读也能够帮助孩子认识到不同情感之间的联系,学会更加理性地看待问题,以及更好地应对情感波动。这对于提高孩子的情商,使他们更加从容地面对生活中的各种情境,具有积极的影响。

综上所述,阅读对孩子情感认知的塑造具有广泛且积极的影响。通过阅读,儿童能够识别、理解和表达各种情感,培养同理心,提升情感表达能力,以及调节和应对情感的能力。因此,家长和教育者应当重视培养孩子的阅读兴趣，为他们提供多样化的阅读材料，创造良好的阅读环境，以促进孩子情感认知的全面发展，为他们的综合素质打下坚实的基础。

三、阅读对孩子社交技能的培养

社交技能在儿童的成长过程中起着重要作用，它不仅关系到孩子在学校和日常生活中的社交互动，还对他们未来的职业和人际关系产生深远影响。阅读作为一种综合性的认知活动，对于培养孩子的社交技能具有独特的价值。本文将深入探讨阅读对孩子社交技能的培养作用，从不同层面探讨阅读如何促进儿童的情商发展、同理心培养、沟通能力提升以及解决问题的能力加强。

（一）情商的发展

阅读能够促使孩子发展情商，使他们更好地理解和管理自己的情感，同时也更敏感地洞察他人的情感。文学作品中的人物往往面临各种情境，通过他们的言行举止，孩子们可以深刻体会到各种情感体验，包括喜怒哀乐等。这种情感体验有助于培养孩子的情绪认知和情感调控能力，使他们在社交场合更加从容。

阅读中的情感体验不仅是对于文字的理解，更是对于人类情感世界的深入洞察。孩子们通过阅读，能够理解他人的情感经历，培养同理心，更好地理解他人的感受，从而在社交互动中更加体贴和善解人意。

（二）同理心的培养

阅读是培养同理心的重要途径之一。文学作品中的人物往往具有丰富的内心世界和复杂的人生经历，通过阅读这些作品，孩子们可以深入感受到不同人物的情感、矛盾和冲突。这有助于他们从他人的角度去理解问题，培养出更强的同理心。

同理心是社交技能中的重要组成部分，它使孩子能够更好地理解和分享他人的情感，从而在社交互动中更加敏感和体贴。通过阅读，孩子们能够经历不同人物的生活，感受到各种各样的情感，从而培养出更为丰富和深刻的同理心，使他们在团队协作、友谊建立等方面更具优势。

（三）沟通能力的提升

阅读对孩子的语言表达能力和沟通技能提升有着显著的作用。通过阅读不同类型的书籍，孩子们接触到了不同的语境、词汇和表达方式，从而丰富了他们的语言组织和表达能力。这种语言的提升有助于他们更清晰、更准确地表达自己的想法，使他们在社交互动中更具说服力。

另外，阅读还培养了孩子的谈话技巧和倾听能力。文学作品中的对话往往充满变化，通过模仿书中人物的对话，孩子们能够学到不同的交流技巧，更好地与他人沟通。良好的沟通技能对于建立良好的人际关系、解决矛盾、协调团队合作等都是至关重要的。

（四）解决问题的能力加强

阅读培养了孩子解决问题的能力，使他们在社交场合更具应变能力。文学作品中的情节往往充满各种冲突和困境，人物通过不同的方式解决问题，这启发了孩子们对于问题的多角度思考和解决问题的创造性思维。

通过阅读，孩子们能够学到在复杂情境下保持冷静、分析问题的能力，以及在团队中协作解决问题的技能。这对于他们未来的职业发展和人际关系建设都有着积极的影响。

（五）团队合作的培养

阅读有助于培养孩子的团队合作意识和技能。文学作品中往往描绘了丰富的人物关系和团队合作的情景，通过这些描写，孩子们能够深入理解团队合作的重要性，并学会在团队中发挥自己的优势，协作解决问题的技能。

阅读中的故事情节也常常强调团队合作的力量，通过主人公与他人的互动，孩子们能够认识到每个人都有独特的价值和贡献，懂得尊重和倾听他人的意见。这种团队合作的培养对于孩子的团队协作、领导力发展都有着积极的影响。

综上所述,阅读对孩子社交技能的培养具有多方面的影响,包括情商的发展、同理心的培养、沟通能力的提升、解决问题能力的加强以及团队合作的培养。这些方面相互交织,共同构建了儿童在社交场合中更为积极、自信的形象。

首先,通过阅读,孩子们能够更好地理解和管理自己的情感,培养情商。这使得他们在社交互动中更能够理性对待问题,更好地控制和表达自己的情感,从而更好地应对各种社交场合。

其次,阅读可以培养孩子的同理心,使他们更能够理解和关心他人的感受。同理心是社交技能中的一项重要素质,它使孩子在与他人交往时更具包容性、亲和力,更容易建立深厚的友谊和人际关系。

第三,阅读可以提升孩子的语言表达和沟通能力。良好的语言表达和沟通技能使孩子在社交中更能够清晰、准确地表达自己的想法,更好地与他人交流,从而建立起积极的沟通关系。

第四,阅读可以培养孩子解决问题的能力。通过阅读中人物的经历,孩子们学会了在复杂情境下思考问题、寻找解决方案的能力,这有助于他们在社交中更具应变和解决问题的能力。

最后,阅读强调了团队合作的力量,使孩子们在社交场合更能够理解和尊重他人的意见,懂得协作与团队中发挥个人优势的重要性。这对于孩子未来的团队协作和领导力发展都具有重要的意义。

因此,家长和教育者应当重视培养孩子的阅读习惯,为他们提供丰富的阅读材料,创造良好的阅读环境。通过引导孩子广泛阅读各类文学作品、故事书籍,培养他们对文字的热爱,不仅可以拓展他们的知识面,还能在潜移默化中培养积极的社交技能。这将为孩子未来的学业、职业和人际关系奠定坚实的基础。

第二节 阅读与孩子认知发展的关系

一、阅读对孩子思维逻辑的促进

儿童时期是思维逻辑发展的关键时期,而阅读作为一种认知活动,对于培养孩子的思维逻辑能力具有重要的影响。通过阅读,孩子们接触到各种文字、故事情节以及不同类型的信息,从而在思考、分析和推理的过程中培养了他们的思维逻辑能力。这里将深入探讨阅读对孩子思维逻辑的促进作用,从不同层面阐述阅读如何激发儿童的批判性思维、逻辑推理能力、问题解决能力以及创造性思维。

(一)批判性思维的培养

阅读能够培养孩子的批判性思维,使他们更具有辨别、分析和评估信息的能力。文学作品中常常呈现复杂的情节和多样的人物,通过阅读这些作品,孩子们学会了对文字和信息进行深入思考,提出自己的观点并对他人的观点进行评价。

在阅读中,孩子们接触到的信息不仅来自于故事情节,还包括作者的观点、不同角色的言行以及描绘的社会背景等。通过思考这些信息的来源、真实性以及可能的偏见,孩子们逐渐形成了对信息的敏感性和批判性思维。这种批判性思维能力对于孩子们在学业和生活中更好地理解和处理信息、形成独立见解具有重要的意义。

(二)逻辑推理能力的提升

阅读对孩子的逻辑推理能力有着显著的促进作用。文学作品往往包含着丰富的情节和人物关系,通过阅读这些作品,孩子们需要理解人物之间的关系、情节的发展脉络,从而培养出逻辑思维和推理的能力。

在阅读的过程中，孩子们需要根据故事中的线索进行推理，解决问题，推断人物的动机和未来发展趋势。这种逻辑推理的训练有助于培养孩子独立思考和分析问题的能力，使他们更具有逻辑性和系统性的思维方式。

（三）问题解决能力的培养

阅读锻炼了孩子们的问题解决能力，使他们在面对各种挑战和矛盾时能够更加灵活地应对。文学作品中常常呈现出各种复杂的情境和问题，通过阅读这些作品，孩子们可以学到在不同情境下思考问题、分析原因并提出解决方案。

阅读激发了孩子们主动思考和寻找解决问题的策略，培养了他们在实际生活中运用逻辑思维解决问题的能力。这种问题解决的能力不仅对于学业有着显著的影响，同时也在日常生活中为他们提供了更为有效的应对策略。

（四）创造性思维的激发

阅读不仅促进了孩子逻辑思维的发展，还能够激发他们的创造性思维。文学作品中常常包含丰富的想象和创意，通过阅读这些作品，孩子们能够体验到作者独特的思维方式，激发他们自己的创造性思考。

在阅读中，孩子们不仅仅是被动地接受信息，更是被鼓励去思考故事的发展、人物的命运，甚至是对故事的结局提出自己的设想。这种创造性的思考能力对于培养孩子的创新能力和创造性思维具有重要的意义，使他们在未来能够更好地应对日益复杂和多变的社会环境。

（五）思辨能力的培养

阅读培养了孩子的思辨能力，使他们在面对不同观点和复杂情境时能够更为深入地思考。文学作品中往往涉及不同的价值观、道德观念和社会观点，通过阅读，孩子们学到分辨、理解信息的能力。

在思辨的过程中，孩子们需要分析信息、辨别事实和观点的可信度，从而形成自己的见解。这种思辨能力对于培养孩子的独立思考和判断能力非常关键,使他们能够更好地应对未来的社会挑战。

综上所述,阅读对孩子思维逻辑的促进作用主要体现在批判性思维的培养、逻辑推理能力的提升、问题解决能力的培养、创造性思维的激发以及思辨能力的培养等方面。这些方面相辅相成,构建了儿童在思考、分析和处理信息时更为全面和灵活的思维方式。

因此,家长和教育者应当重视培养孩子的阅读习惯,为他们提供丰富的阅读材料,创造良好的阅读环境。通过引导孩子广泛阅读各类文学作品、科普读物等,培养他们对于文字和信息的兴趣,不仅可以提高他们的学科素养,还能在潜移默化中培养出更为全面和深刻的逻辑思维能力。这将为孩子未来的学业、职业和生活提供坚实的基础。

二、阅读与问题解决能力的关联

问题解决是人类思维活动中的重要方面,而阅读作为一种认知活动,对于培养个体的问题解决能力具有深远的影响。阅读不仅仅是获取信息和知识的途径,更是锻炼思维、激发创造性思维的手段。这里将深入探讨阅读与问题解决能力的关联,从不同维度分析阅读如何促进个体的问题分析、创新性思考以及实际解决问题的能力。

(一)阅读促使问题的深层次分析

阅读训练了个体对问题的深层次分析能力。文学作品、科普读物以及其他类型的书籍提供了各种复杂的情境和挑战,通过阅读这些作品,个体需要理解故事情节、人物关系,以及问题的根本原因。这种深入思考问题的过程培养了个体的问题分析能力。

在阅读中,读者往往需要通过推理、比较、对比等方式,深入挖掘问题的本质。这样的思维活动不仅有助于理解文学作品中的情节,同时也训练了个体对实际生活中问题的深层次分析能力。这样的分析过程有助于培养个体对于问题多角度思考的能力，使他们能够更全面、更深刻地理解问题的本质。

（二）培养创新性思考的潜能

阅读培养了个体的创新性思考潜能，使其更具有独创性和创造性。文学作品和其他创作性的文字往往通过各种独特的情节、人物塑造以及不同的表达方式，激发读者的创造性思考。这种思维方式对于问题解决过程中的创新性思维起到了重要的促进作用。

通过阅读，个体能够接触到各种各样的观点、思想和创意。这些创新性的元素激发了个体的思维活跃度，使他们更容易提出新颖的观点、解决问题的方法。这种创新性思考对于问题解决能力的培养至关重要，使个体能够在面对新问题时更具有灵活性和创造性。

（三）提升实际解决问题的能力

阅读训练了个体实际解决问题的能力。文学作品中的人物通常面临各种困境和挑战，通过阅读这些作品，个体能够学到不同人物是如何应对问题、解决矛盾的。这种学习过程有助于培养个体在实际生活中应对问题的能力。

在阅读中，个体通过模仿文学作品中的人物，学到了在各种情境下保持冷静、分析问题、寻找解决方案的能力。这种实际问题解决的能力不仅在学业中有着显著的帮助，同时也在日常生活中为个体提供了更为有效的应对策略。

（四）培养合作解决问题的团队精神

阅读有助于培养个体合作解决问题的团队精神。文学作品中常常描绘了复杂的人物关系和团队协作的情景，通过阅读这些作品，个体能够深入理解团队合作的重要性，并学到在团队中协作解决问题的技能。

在阅读中，个体不仅仅关注主人公个体的问题解决经历，同时也关注团队成员之间的合作与协调。这种团队意识的培养对于解决复杂问题、应对困境具有积极的影响，使个体更具有协作精神和集体智慧。

（五）拓展视野，提高问题识别的敏感性

阅读拓展了个体的视野，提高了对问题的识别敏感性。文学作品中常常涉及到各种不同领域的知识、文化背景以及社会问题，通过阅读这些作品，个体能够更全面地了解世界，提高对于问题的敏感性。

在阅读中，个体接触到的信息不仅仅来自于故事情节，还包括作者对于社会现象、人性、价值观念的思考。这样的信息丰富了个体对于问题背后更深层次原因的认知，使他们能够在问题解决过程中抓住问题的本质。

综上所述，阅读与问题解决能力之间存在紧密的关联。通过深层次的问题分析、创新性思考、实际问题解决、团队合作和视野拓展，阅读不仅提升了个体的问题解决能力，同时也在培养个体的综合素养和创造性思维方面发挥了积极的作用。

因此，家长和教育者应该重视培养孩子的阅读习惯，为他们提供丰富多样的阅读材料，创造良好的阅读环境。通过引导孩子广泛阅读，培养他们对于文字和信息的兴趣，不仅可以提高他们的学科素养，更能够在潜移默化中培养出更为全面和深刻的问题解决能力。这将为孩子未来的学业、职业和生活打下坚实的基础。

三、阅读对孩子注意力和记忆力的提升

注意力和记忆力是孩子智力发展中至关重要的两个方面。随着社会信息的急速增长和学业要求的提高，培养孩子良好的注意力和强大的记忆力变得愈发重要。阅读作为一种认知活动，对于注意力和记忆力的提升具有独特的作用。本文将深入探讨阅读对孩子注意力和记忆力的积极影响，并分析其中的机制和原理。

（一）阅读对注意力的培养

1. 提高阅读的专注度

阅读要求孩子在一段时间内集中精力，沉浸于文字之中。通过持续的阅读，孩子逐渐培养了专注力，能够更长时间地保持对同一内容的关注。在阅读的过程中，孩子需要追踪情节、理清人物关系，这种持续性的认知活动有助于锻炼注意力的稳定性。

2. 提升对细节的关注

阅读要求孩子对文本中的细节进行注意，包括人物形象、情节发展、细节描写等。通过对这些细节的关注，孩子培养了挖掘信息的能力，提高了对于文字信息的敏感性。这种对细节的关注不仅在阅读过程中有利于理解，同时也锻炼了孩子对于周围环境和学科知识的观察力和敏感性。

3. 训练阅读的抑制控制

阅读需要孩子在面对多种信息的同时，抑制与当前任务无关的信息，保持对关键信息的注意力。这种抑制控制的训练对于提高注意力的灵活性和适应性有重要的意义。孩子在阅读中逐渐习得了过滤无关信息、专注于主题的能力，这对于学习和生活中的问题解决和决策都具有积极的影响。

4. 阅读引发兴趣，增强主动性

在阅读的过程中，孩子选择自己感兴趣的内容，这使得阅读变得更具主动性。通过选择自己感兴趣的书籍，孩子更容易投入其中，保持较高的阅读兴趣。这种主动性有助于培养孩子对于学习任务的积极态度，提高学习时的主动性和主动思考的能力。

（二）阅读对记忆力的积极影响

1. 阅读培养语言记忆

阅读时，孩子需要记忆人物的名字、事件的发展、场景的描绘等大量的语言信息。这种对语言信息的记忆训练，有助于孩子发展和提升语言记忆能力。通过阅读，孩子能够更好地理解和掌握语言规则，增加词汇量，提高语言表达的准确性和流利度。

2. 阅读锻炼工作记忆

工作记忆是短时记忆和信息加工的一部分，是在处理信息和思考问题时起到重要作用的记忆系统。阅读时，孩子需要同时处理文本中的多个信息，如人物关系、情节发展、细节描写等。这种多通道信息的处理有助于锻炼和提高孩子的工作记忆能力，使其更善于处理和利用复杂信息。

3. 阅读培养图像记忆

图像记忆是对图像信息进行存储和回忆的能力。阅读中，孩子需要通过文字构建图像，想象故事中的场景和人物形象。这种对于图像信息的记忆训练，有助于提高孩子的图像记忆能力。良好的图像记忆不仅对于学科学习有帮助，同时也在实际生活中提高了对环境和事物的观察和认知水平。

4. 阅读培养联想记忆

阅读时，孩子需要根据前后文的关系、人物之间的联系等进行信息的联想和串联。这种联想记忆的训练，有助于提高孩子对于信息之间关联的敏感性。通过对于不同信息之间的关系进行联想，孩子能够更好地理解和记忆信息，形成更为完整和深刻的记忆结构。

5. 阅读培养长时记忆

阅读过程中，孩子需要长时间保持对文字信息的关注，这有助于形成长时记忆。通过反复的阅读活动，孩子将一些重要信息存储在长时记忆中，使得这些信息更容易被回忆和应用。这对学科知识的牢固掌握和实际问题的解决具有重要的作用。

综上所述，阅读对孩子注意力和记忆力的提升有着多方面的积极影响。通过阅读，孩子能够培养专注力，提高对细节的关注，训练抑制控制，增强主动性，从而在面对学习和生活中的各种任务时更具有效的注意力。同时，阅读也通过培养语言记忆、工作记忆、图像记忆、联想记忆和长时记忆等多个方面，提高了孩子的记忆力水平，使其更具备信息的储存和利用能力。

第三节 阅读兴趣对孩子语言能力的促进

一、阅读对孩子词汇扩展的作用

词汇是语言表达和沟通的基石，对于孩子的语言发展和学业成就具有至关重要的影响。而阅读作为一种主要的语言输入途径，对孩子的词汇扩展起到了关键的作用。这里将深入探讨阅读与词汇扩展的关联、影响因素以及如何最有效地利用阅读来促进孩子的词汇发展。

（一）阅读与词汇扩展的关联

1. 词汇的重要性

词汇是语言的基本组成单元，是人类表达思想、沟通交流的工具。丰富的词汇量不仅对语言能力的提升至关重要，同时也直接关系到学术成就、社交能力以及综合素养的培养。

2. 阅读是词汇扩展的主要途径

阅读是孩子获取语言输入的主要途径之一。通过阅读，孩子接触到了丰富多样的语言表达方式、词汇和句子结构，从而扩展了他们的语言知识。相较于口头语言交流，书籍中的语言更为规范、丰富，能够提供更广泛、更深层次的词汇输入。

3. 阅读与词汇扩展的机制

阅读对词汇扩展的机制主要体现在以下几个方面：

上下文学习：阅读中，孩子通过上下文的语境来理解和记忆新词汇。上下文的信息有助于孩子准确掌握词汇的含义，同时也能够培养他们推断词汇意义的能力。

重复暴露：书籍中的词汇在内容中可能多次出现，这种重复暴露有助于巩固孩子对词汇的记忆，使其更容易掌握并运用这些词汇。

多模态学习：阅读通常伴随着图画、插图等多种模态的信息，这有助于孩子通过视觉、听觉等多个感官渠道来学习和记忆词汇，提高词汇的记忆深度。

语言表达丰富：书籍中常常包含一些复杂的句子结构、丰富的修辞手法，这使得孩子在阅读中接触到更高层次的语言表达，有助于拓展他们的词汇层次和语法结构。

4.阅读对孩子不同阶段词汇发展的影响

早期阅读：在幼儿期，阅读启蒙对于孩子的语言发展尤为关键。简单的图画书、儿歌等通过生动有趣的方式，帮助孩子建立初步的词汇基础，培养对语言的兴趣。

学前期阅读：随着年龄的增长，孩子开始接触更为复杂的图书内容，包括故事书、绘本等。这时，阅读能够加速孩子的词汇扩展，促进他们对于抽象概念和复杂语境的理解。

学龄前期阅读：在学龄前期，孩子逐渐接触到更为专业和学科性的书籍，如科普读物、百科全书等。这种阅读有助于拓展孩子的专业词汇，提高他们在学科学习中的词汇水平。

学龄期阅读：学龄期的孩子已经具备较强的阅读能力，能够通过更为深入的阅读，包括小说、经典文学作品等，进一步拓展词汇量，提高语言的表达能力。

（二）影响孩子词汇扩展的因素

1.家庭环境

家庭环境是孩子语言发展的重要影响因素之一。在阅读方面，父母的阅读和阅读习惯给予孩子的影响尤为显著。家庭中是否有大量的书籍，是否有定期的阅读时间，都会对孩子的词汇扩展产生积极的影响。

2. 学校教育

学校教育是孩子词汇扩展的重要环境之一。教师在课堂上的言传身教，课外阅读的推荐，图书馆的资源等都能够为孩子提供更广泛的语言输入，促进词汇的扩展。

3. 个体兴趣

孩子个体的兴趣爱好对于阅读的效果有着显著的影响。兴趣是激发学习动力和保持学习积极性的重要因素。如果孩子对某个主题或领域充满兴趣，他们更愿意投入时间去阅读相关的内容，从而更好地扩展词汇。

4. 阅读材料的选择

阅读材料的选择直接影响着孩子的词汇扩展。合适的阅读材料应该根据孩子的年龄、兴趣、水平进行选择。对于年龄较小的孩子，可以选择图画书、绘本等富有趣味性的读物；而对于年龄较大的孩子，则可以引导他们尝试更为复杂的文学作品、科普读物等。

5. 阅读的方式和频率

阅读的方式和频率也是影响词汇扩展的因素。定期的阅读时间和丰富多样的阅读方式，如家庭共读、独立阅读、课外阅读等，有助于孩子全面地接触不同类型的词汇，提高词汇的涵盖面。

6. 多模态学习

多模态学习指的是通过多个感官通道来获取信息。阅读通常伴随着视觉、听觉等感官的参与。多模态学习有助于强化孩子对于词汇的记忆，提高记忆的深度。例如，阅读图书时可以结合图画，通过听故事来理解词汇的使用，这样能够更全面地促进词汇的扩展。

（三）如何有效利用阅读促进孩子词汇扩展

1. 营造良好的阅读环境

在家庭和学校中都应该营造良好的阅读环境。在家中，可以设置一个安静舒适的阅读角落，摆放各类书籍，鼓励孩子随时随地进行阅读。在学校，

培养孩子的阅读兴趣与好奇心

可以建立丰富的图书馆资源,定期组织阅读活动,培养学生的阅读兴趣。

2. 定期进行亲子共读

亲子共读是促进孩子语言发展和词汇扩展的重要方式。家长可以定期陪伴孩子一同阅读,共同讨论书中的情节、人物,引导孩子思考和提问,从而深化对词汇的理解。

3. 提供多样化的阅读材料

为孩子提供丰富多样的阅读材料,包括故事书、百科全书、科普读物、文学作品等。这样可以满足孩子不同层次和兴趣的需求,使其在阅读中接触到更为广泛的词汇。

4. 激发兴趣,培养主动性

关注孩子的兴趣点,引导他们选择感兴趣的书籍。激发孩子的主动性,使其在阅读中更加投入,更加愿意尝试新的词汇和表达方式。

5. 多层次引导理解

在阅读过程中,适时地对孩子进行多层次的引导,包括对情节的理解、人物的塑造、词汇的应用等。通过提问、交流,帮助孩子深入思考,拓展他们对词汇的理解深度。

6. 创设语言环境,鼓励语言输出

除了阅读输入,语言输出同样重要。鼓励孩子在阅读后进行语言输出,可以是复述故事、描述人物,也可以是讲自己的想法和感受。这有助于将阅读中学到的词汇应用到实际语境中,加深记忆。

7. 制订合理的阅读计划

在学校和家庭中,可以制订合理的阅读计划。通过每天、每周的安排,确保孩子有足够的时间进行阅读,建立起良好的阅读习惯,从而促进词汇的扩展。

8. 利用技术手段辅助阅读

在现代社会,可以借助技术手段,如电子书、有声书等,为孩子提供更多形式的阅读体验。这样的多样性不仅可以满足孩子的个性化需求，同时也有助于促进词汇的丰富性。

阅读对孩子词汇扩展的作用是多方面且深层次的，它通过提供丰富的语言输入、营造良好的语言环境、激发孩子的阅读兴趣和主动性，进而促进孩子的词汇扩展。同时，家庭、学校以及社会等多个环境要素的合理结合，对孩子的词汇发展起到积极的推动作用。家长、教育者和社会应该共同努力，创造有利于孩子语言发展的环境和条件。

二、阅读对孩子语法和表达能力的提升

语法和表达能力是语言运用的核心能力，对于孩子的语言发展和沟通能力具有关键性作用。阅读作为一种重要的语言输入途径，对孩子语法和表达能力的提升有着深远的影响。这里将通过探讨阅读在孩子语法和表达能力培养中的作用，分析阅读对语法知识习得和表达能力发展的机制，并提出有效的阅读引导策略。

（一）阅读对孩子语法知识的习得

1. 语法知识的重要性

语法是语言的结构和规则，是保障语言表达和有效沟通的基础。良好的语法知识有助于孩子准确理解和运用语言，提高其表达清晰度和沟通效果。因此，语法知识的习得是语言发展的重要环节。

2. 阅读促进语法知识的内化

阅读过程中，孩子接触到了大量的语言结构和句法规则。通过阅读不同类型的书籍，孩子逐渐熟悉了各种句型、语法结构以及词汇的搭配方式。这种大量的语言输入有助于孩子在潜移默化中理解语法知识，使其能够更自然地运用正确的语法结构。

3. 上下文语境帮助语法理解

阅读的语境是帮助孩子理解和掌握语法知识的有效途径之一。在阅读中，孩子不仅能学到孤立的语法规则，更能够通过上下文理解这些规则在实际语境中的运用。这有助于孩子更全面地理解语法的含义和用法，提高其语法意识。

4. 阅读中的多样化语言结构

阅读材料通常包含各种复杂的语言结构，如复合句、并列句等。通过接触这些多样化的语言结构，孩子可以逐渐了解语言的灵活性，学习如何使用不同的句型和结构来表达不同的意思，从而提升语法表达的多样性和丰富度。

5. 阅读培养语法意识

阅读有助于培养孩子的语法意识，使其能够敏感地察觉语言结构的变化和差异。在阅读过程中，孩子逐渐形成对正确语法的感知，能够更迅速地发现和纠正语法错误，提高语言表达的准确性。

6. 阅读对写作的影响

阅读与写作密切相关，良好的阅读习惯有助于孩子更好地运用语法知识进行书面表达。通过模仿和吸收优秀的语言表达方式，孩子在写作中能够更自如地运用各种语法结构，提升文章的表达水平。

（二）阅读对孩子表达能力的提升

1. 词汇丰富度与表达能力

阅读是积累词汇的重要途径之一。丰富的词汇储备为孩子提供了更多选择，使其能够用更准确、更生动的词汇来表达自己的想法和感受。这种词汇的丰富度直接关系到表达能力的提升。

2. 修辞手法与语言表达

阅读中常常包含各种修辞手法，如比喻、拟人、排比等。通过接触这些修辞手法，孩子学会了如何巧妙地运用语言来进行表达，使其表达更具有感染力和表现力。

3. 阅读不同文体的拓展表达方式

阅读不同文体的作品，如小说、散文、新闻报道等，有助于孩子拓展不同的表达方式。每种文体都有其独特的语言特点，通过阅读，孩子能够学到不同文体中的表达技巧，提高自己在不同场合中的语言适应能力。

4. 阅读培养逻辑思维与表达清晰度

阅读不仅仅是语法和词汇的积累，还涉及到逻辑思维和表达清晰度。通过阅读不同类型的文章，孩子能够学到如何合理组织语言，让表达更为流畅、逻辑更为清晰。这对于提高表达能力至关重要。

5. 阅读引发思考与深层次表达

阅读不仅仅是被动地接受信息，更是一种思考的过程。好的阅读材料常常能够引发孩子深层次的思考，激发对于问题的独立见解。这种思考过程有助于提升表达能力，使其在表达观点时更富有深度和独创性。

6. 阅读促进情感表达

文学作品往往涵盖丰富的情感体验，通过阅读，孩子能够学到如何用语言准确、生动地表达各种情感。这不仅提高了表达的情感色彩，也有助于培养孩子对于情感的敏感性和表达情感的能力。

7. 阅读拓展文化视野与跨文化交流

通过阅读不同国家、不同文化的作品，孩子能够了解不同文化中的表达方式和语言习惯。这有助于拓展他们的文化视野，使其更具有跨文化交流的能力，提高在多元文化环境中的语言表达水平。

8. 阅读提高口头表达能力

阅读不仅对写作有促进作用，同时也能够提高孩子的口头表达能力。通过阅读，孩子接触到了各种流畅的语言表达方式，这对于他们的口头表达流利度和表达能力的提升至关重要。

(三) 有效利用阅读促进语法和表达能力的发展

1. 选择适当难度的阅读材料

为了更有效地促进孩子的语法和表达能力的发展，需要根据孩子的年龄和语言水平选择适当难度的阅读材料。过于简单的材料可能无法给予足够挑战，而过于复杂的材料又可能让孩子感到沮丧。因此，选择适当难度的阅读材料是非常重要的。

2. 鼓励多样化的阅读体验

多样化的阅读体验包括阅读不同类型的书籍、不同领域的文章、不同文体的作品等。通过提供多样化的阅读体验，孩子能够接触到更广泛、更丰富的语言表达方式，从而提高其语法和表达的能力。

3. 进行亲子共读和讨论

亲子共读是促进语法和表达能力的重要途径。家长可以选择适合孩子年龄的书籍，与孩子一同阅读，并在阅读后进行讨论。通过与孩子分享对书籍的理解、提出问题、引导孩子表达自己的看法，可以促进语法和表达能力的发展。

4. 提倡有意识的语法学习

在阅读的过程中，可以有意识地引导孩子关注语法结构、句型变化等方面。在发现新的语法知识时，可以进行解释和讨论，帮助孩子理解并消化这些语法规则。这有助于提高孩子对语法的敏感度。

5. 鼓励创造性表达

在阅读的基础上，鼓励孩子进行创造性的表达。可以通过写作、口头表达、绘画等多种方式，让孩子将阅读中学到的语法和表达技巧运用到实际创作中。这有助于巩固所学，提高实际运用能力。

6. 创设良好的语言学习环境

良好的语言学习环境是孩子语法和表达能力提升的关键。在家庭和学校中，要营造出积极、鼓励表达的氛围，让孩子愿意尝试、勇于表达自己的想法和情感。

7. 利用技术手段辅助学习

利用科技手段，如在线阅读平台、语法学习应用等，可以为孩子提供更灵活、个性化的学习方式。这些工具可以根据孩子的学习水平和兴趣，提供相应的学习资源，帮助孩子更有针对性地进行语法和表达能力的提升。

8. 注重语言游戏和趣味性学习

语言游戏和趣味性学习是促进孩子语法和表达能力的有效途径。通过各种语言游戏，如拼字游戏、语法填空等，可以在轻松愉快的氛围中提高孩子对语法的敏感性和理解能力。趣味性学习能够激发孩子学习的兴趣，使其更主动地参与到语法和表达能力的提升中。

9. 培养写作习惯

写作是语法和表达能力的一个重要实践环节。通过培养孩子的写作习惯，让他们将所学的语法知识和表达技巧运用到实际写作中。可以设立写作日记、作文等任务，鼓励孩子通过写作来表达自己的想法和感受，提高其语法和表达的熟练度。

10. 注重反馈和指导

给予孩子及时的反馈和指导对于语法和表达能力的提升至关重要。在阅读、写作等活动中，教师和家长可以对孩子的表达进行评价，指出其中的语法错误、提供建议。这有助于孩子及时纠正错误，不断改进和提高语法和表达水平。

阅读在孩子语法和表达能力的提升中起到了不可替代的作用。通过阅读，孩子能够接触到丰富的语言材料，积累词汇、理解语法规则、提高表达能力。为了更有效地促进孩子的语法和表达能力的发展，需要创造良好的语言学习环境，选择适当难度的阅读材料，进行有意识的语法学习，鼓励创造性表达，培养写作习惯，注重反馈和指导等方面共同发力。通过这些努力，可以帮助孩子在语法和表达方面取得更好的发展，为其未来的学业和职业奠定坚实的语言基础。同时，家庭、学校和社会等各方应共同合作，共同关注孩子语言能力的培养，为其提供更丰富的语言学习资源和支持。

三、阅读对孩子写作技巧的影响

写作技巧是语言表达能力的重要组成部分，对于孩子的学业和综合素养发展至关重要。阅读作为培养写作技巧的有效途径，通过接触各类文学作品、专业知识、实用技能等，为孩子提供了丰富的语言素材和写作范例。这里将深入探讨阅读对孩子写作技巧的积极影响，并提出有效的阅读引导策略。

（一）阅读对写作素材的丰富性提升

1. 阅读拓展主题和内容

阅读不同类型的书籍和文章有助于孩子接触到丰富多样的主题和内容。小说、历史、科普、诗歌等各类文学作品提供了丰富的素材，使孩子能够在写作中选择不同的主题，拓展其写作的广度和深度。

2. 阅读促进文化底蕴积累

文学作品往往反映了不同文化的历史、传统、价值观等。通过阅读，孩子能够了解到各种文化的表达方式和思维模式，为其写作提供了丰富的文化底蕴。这种文化底蕴的积累有助于提升孩子在写作中的文学品位和深度。

3. 阅读拓展写作题材多样性

不同类型的阅读材料有助于拓展写作的题材多样性。从小说中可以获得故事性的素材，从科普读物中可以获取专业知识，从诗歌中可以汲取抒情的灵感。这些多样性的素材有助于孩子在写作中更灵活地选择和运用各种题材。

4. 阅读引发创作灵感

优秀的文学作品常常能够激发读者的创作灵感。通过阅读，孩子可以接触到各种生动有趣、富有想象力的故事和描写，从中获得启发，产生自己独特的写作构思。这有助于培养孩子的创造性思维和独立创作能力。

5. 阅读提供实用写作技能

除文学作品外，一些实用性的阅读材料，如说明书、报告、新闻报道等，也为孩子提供了实用的写作技能。通过学习这些实用写作的例子，孩子能够更好地理解和掌握在实际应用中的写作技巧，使其写作更为务实和有效。

（二）阅读对写作结构的塑造作用

1. 阅读培养写作逻辑

优秀的文学作品往往具有清晰的逻辑结构。通过阅读，孩子能够学到如何在写作中合理组织思路，使文章结构清晰、层次分明。这有助于培养孩子的写作逻辑思维，使其能够更好地表达观点和论证论点。

2. 阅读锤炼篇章连接

阅读中，孩子能够接触到各种巧妙的篇章连接手法，如过渡语句、承上启下的引子等。这些技巧能够使文章段落之间更为紧密地连接，整体结构更为流畅。通过学习这些连接技巧，孩子的写作结构得以提升。

3. 阅读促进段落划分

文学作品中，段落的划分往往有其独特的规律。通过阅读，孩子可以学到如何合理划分段落，使每一段都有明确的主题和论点。这有助于培养孩子在写作中进行合理段落划分的能力，使文章更具可读性。

4. 阅读启迪结构多样性

不同类型的作品常常采用不同的结构形式，如时间顺序、因果关系、对比比较等。通过阅读这些多样化的结构，孩子可以了解到在写作中采用不同结构形式的效果和运用技巧，从而使其在写作中有更多的结构选择。

5. 阅读拓展写作形式

文学作品的形式多种多样，包括小说、散文、诗歌等。通过阅读不同形式的作品，孩子可以了解到不同形式对于表达主题的独特之处。这有助于拓展孩子的写作形式，使其能够更灵活地运用不同的写作手法。

6. 阅读提高文章层次感

优秀的作品常常能够呈现出深度和层次感。通过阅读，孩子可以学到如何使文章更为丰富和有深度。这对于培养孩子的写作层次感至关重要，使其能够在写作中表达更为复杂和深刻的思想。

7. 阅读促进修辞手法的运用

文学作品中充满了各种修辞手法，如比喻、拟人、排比等。通过阅读，孩子能够学到这些修辞手法的运用方式，使其在写作中能够更生动地描绘场景、丰富语言表达，提高文章的表现力。

8. 阅读培养写作细节把握能力

文学作品中的描写常常注重细节，通过细致入微的描写可以使情节更为真实、形象更为生动。通过阅读，孩子能够学到如何把握写作中的细节，使其写作更细腻和有深度。

（三）阅读对写作语言表达的提升

1. 词汇丰富度与语言表达

阅读是积累词汇的重要途径之一。丰富的词汇储备为孩子提供了更多选择，使其能够用更准确、更生动的词汇来表达自己的想法和感受。这种词汇的丰富度直接关系到写作表达能力的提升。

2. 修辞手法与语言表达

阅读文学作品有助于孩子学习并运用各种修辞手法，提高语言表达的艺术性。通过学习比喻、拟人、夸张等修辞手法，孩子能够更巧妙地使用语言，使写作更为生动、有趣。

3. 阅读拓展表达方式

文学作品中常常包含各种独特的表达方式，如心理描写、对话表达、叙述手法等。通过阅读不同类型的作品，孩子可以了解到各种表达方式的运用，从而拓展自己的语言表达手段。

4. 阅读促进情感表达

文学作品往往富含丰富的情感元素。通过阅读，孩子能够学到如何用语言准确、生动地表达各种情感。这不仅提高了表达的情感色彩，也有助于培养孩子对于情感的敏感性和表达情感的能力。

5. 阅读培养修辞感知

优秀的文学作品中常常运用到各种修辞手法，通过阅读，孩子能够逐渐培养修辞感知。他们能够敏感地察觉语言中的美感和艺术性，使其在写作中更具审美意识，提升语言表达的质感。

6. 阅读提升语言准确性

阅读能够帮助孩子熟悉标准的语法结构，使其更容易把握语言的准确性。通过阅读优秀的作品，孩子能够学到正确的语法用法，从而在写作中提高语言表达的准确性。

（四）有效利用阅读促进写作技巧的发展

1. 鼓励广泛的阅读

鼓励孩子广泛阅读各类文学作品、科普读物、新闻报道等，使其能够接触到多样化的文本。广泛的阅读能够拓展孩子的写作视野，为其提供更丰富的写作素材和范例。

2. 进行深度阅读与分析

除了广泛阅读外，还要鼓励孩子进行深度阅读与分析。通过深入解读文学作品、研究不同领域的专业文献，孩子可以更深刻地理解各种写作技巧的应用和效果，从而更好地运用到自己的写作中。

3. 建立阅读与写作的关联

教师和家长可以通过指导孩子将阅读与写作紧密关联起来。在阅读后，可以引导孩子运用所学到的写作技巧进行写作练习。这有助于将阅读所获得的知识转化为实际的写作能力。

4. 提供有针对性的写作任务

根据孩子的年龄和水平，设计有针对性的写作任务。这些任务可以包括叙事、说明、议论等不同类型的写作，使孩子在实践中逐渐掌握各种写作技巧。

5. 进行亲子共读和写作分享

亲子共读是促进语言发展的有效方式，同时也可以在阅读后进行写作分享。家长可以与孩子一同读书，并在阅读后一起讨论所读内容，引导孩子表达自己的见解和想法，从而促进写作技巧的发展。

6. 创设良好的写作氛围

在家庭和学校中，要创设良好的写作氛围。提供充足的时间和空间，鼓励孩子表达自己的观点，展现写作的兴趣和热情。良好的写作氛围能够激发孩子的创作潜力，使其更愿意参与到写作的过程中。

7. 提供有针对性的反馈

在孩子进行写作时，提供有针对性的反馈是非常重要的。教师和家长可以指出孩子写作中的亮点和不足之处，帮助其认识到自身的优势和需要改进之处。这有助于孩子更有针对性地改善写作技巧。

8. 利用科技手段辅助写作学习

科技手段如文字处理软件、在线写作平台等可以有效辅助孩子的写作学习。这些工具不仅提供了便捷的写作环境，还可以通过拼写检查、语法纠错等功能帮助孩子改善语言表达的准确性。

9. 举办写作比赛和展示

组织写作比赛和展示活动是激发孩子写作兴趣和提高写作技巧的有效

手段。通过参与比赛，孩子可以有目的地锻炼写作技巧，同时在展示中接受来自同伴和老师的评价，促进写作水平的提升。

10. 鼓励多样化的写作形式

除了正式的文章写作外，鼓励孩子尝试各种写作形式，如日记、诗歌、小故事等。不同的写作形式有助于培养孩子多样化的表达能力，使其更加灵活地运用各种写作技巧。

阅读对孩子写作技巧的影响是多方面的，从写作素材的丰富性、结构的塑造到语言表达的提升，都起到了不可替代的作用。通过阅读，孩子不仅能够获得丰富的写作素材，还能够学到写作的逻辑结构、表达方式和修辞手法，从而提高写作的水平。

第四节　阅读与孩子情感智慧的培养

一、阅读对孩子情感识别的支持

情感识别是人际交往和社会适应中至关重要的能力之一。孩子在成长过程中，通过学会识别自己和他人的情感，建立起更健康、积极的社交关系。阅读作为一种丰富多彩的体验，不仅提供了文学作品中丰富的情感描写，还通过各类故事情节、人物塑造等方式，帮助孩子培养情感识别的能力。这里将深入探讨阅读对孩子情感识别的积极影响，并提出一些有效的阅读引导策略。

（一）阅读拓展情感词汇与理解

1. 阅读丰富的情感描写

文学作品中常常通过细腻的语言描写传递人物的情感。阅读这些丰富的情感描写，有助于孩子学会用更准确、生动的词汇来表达情感，拓展情感词汇的同时提高对情感的理解。

2. 阅读角色情感体验

文学作品通过各种角色展示了丰富的情感体验，有的是喜悦，有的是忧愁，有的是恐惧。通过阅读，孩子能够体验到不同角色的情感世界，从而更好地理解和感受各种情感。

3. 阅读引导对情感的认同

阅读有助于引导孩子对各种情感的认同。当孩子在文学作品中找到与自己情感相似的场景或人物时，能够更好地理解自己的情感体验，增进对自身情感的认知和认同感。

4. 阅读启发情感共鸣

好的文学作品能够引发读者的情感共鸣。通过阅读，孩子可以与文学作品中的人物产生共鸣，体验到作者所表达的情感，使其更敏感地捕捉并理解他人的情感。

5. 阅读拓展情感识别的场景

不同类型的阅读材料提供了各种各样的情感场景，如家庭、学校、友谊、爱情等。通过阅读不同场景的故事，孩子能够拓展对不同情感场景的认知，更全面地了解社会中不同情感的表达方式。

（二）阅读培养情感表达的能力

1. 阅读激发情感表达的愿望

优秀的文学作品常常通过深刻的情感表达触动读者的内心。通过阅读这些作品，孩子能够激发对情感表达的兴趣和愿望，使其更愿意主动表达自己的情感。

2. 阅读提高情感表达的表达力

文学作品中的情感表达往往非常生动、深刻。通过阅读，孩子可以学到各种生动的表达方式，如比喻、拟人、排比等修辞手法，从而提高自己的情感表达能力。

3. 阅读培养多样化的表达形式

不同类型的阅读材料提供了多样化的表达形式，如小说、诗歌、散文等。通过阅读这些不同形式的作品，孩子可以学到多样的情感表达方式，从而培养多元化的表达能力。

4. 阅读引导情感沟通

文学作品中常常通过人物之间的对话展现情感沟通。通过阅读，孩子可以学到如何通过语言表达情感，促进与他人的情感沟通，使其在人际交往中更加得心应手。

5. 阅读促进情感表达的创造力

优秀的文学作品展现了丰富的想象力和创造力。通过阅读这些作品，孩子能够受到启发，学到如何用更富有创意的方式表达自己的情感，使其情感表达更具个性。

6. 阅读培养情感敏感性

文学作品中往往通过细腻的描写展现人物的情感，这对于培养孩子的情感敏感性至关重要。通过阅读，孩子可以逐渐提高对于情感的敏感性，更细致地感知自己和他人的情感变化。

（三）阅读对情感管理的培养

1. 阅读促进情感认知与情感管理

阅读不仅能够帮助孩子更好地认知和理解自己的情感，还能培养他们有效管理情感的能力。

（1）情感认知

通过阅读不同情感主题的文学作品，孩子可以更深入地认识到情感的多样性和复杂性。阅读中，他们能够感知到角色在面对各种情境时的情感体验，从而拓展对自身情感的认知。了解别人情感的同时，也有助于孩子对自己的情感有更为全面的了解。

（2）情感表达

文学作品中的情感表达为孩子提供了丰富的表达方式。通过模仿文学作品中的情感表达，孩子能够更好地将自己的情感以更生动、贴切的语言表达出来。这有助于他们建立更强大的情感表达能力，减缓因情感抑制而产生的负面影响。

（3）情感管理

阅读可以教导孩子如何更有效地管理情感，使其在面对各种情绪时能够做到冷静思考、理性应对。文学作品中的人物往往经历各种情感波动，通过阅读这些情感故事，孩子可以学到处理情感的方法和策略。这对于培养他们应对挫折、解决问题的能力至关重要。

2. 阅读拓展情感识别的广度和深度

阅读能够拓展孩子对情感识别的广度和深度，使他们更全面、更深刻地理解不同的情感表达。

（1）广度拓展

不同类型的文学作品呈现了各种各样的情感表达，包括喜怒哀乐、恐惧忧虑等。通过阅读不同主题的作品，孩子可以拓展情感的广度，了解和认知更多元的情感状态，增强对情感的包容性。

（2）深度拓展

一部优秀的文学作品往往通过角色的情感内心世界展现出深刻的情感表达。通过阅读这些作品，孩子可以深入了解人物内心的冲突、矛盾，体验到情感的深度。这有助于培养孩子对情感的深刻理解和洞察力。

3. 阅读培养同理心和共情能力

同理心和共情是理解他人情感的重要前提，而阅读正是培养这两种能力的有效途径。

（1）同理心的培养

通过阅读文学作品，孩子可以深入感知文学人物的情感体验，进而产生对他人的同理心。他们能够理解他人的情感，设身处地感受他人的痛苦、喜悦，培养出更为宽广的人际交往视角。

（2）共情能力的提升

阅读不仅提供了情感体验的场景，还通过角色之间的互动、情感传递等方式培养孩子的共情能力。在阅读过程中，孩子能够更好地理解他人的情感需求，提升共情能力，从而更好地与他人建立起情感连接。

4.阅读促进积极情感的培养

阅读有助于培养孩子积极、正面的情感体验，使其更具抗压能力和积极的情感调控能力。

（1）激发希望与乐观

文学作品中往往蕴含着希望、坚持和乐观的情感元素。通过阅读这些作品，孩子能够接触到积极情感的表达，感受到生活中美好的一面，从而培养乐观、积极的情感态度。

（2）鼓励情感表达

阅读作品中的角色通常在面对困境时会表达出各种情感，包括愤怒、悲伤、困惑等。通过阅读这些情感表达，孩子可以理解情感的正常表达方式，同时也被鼓励在适当的时候表达自己的情感，减轻心理负担，培养积极的情感调控策略。

（3）传递正面情感

优秀的文学作品往往能够传递出积极、正面的情感能量。通过阅读这些作品，孩子能够感受到作者对于生活的热爱、对于人性的理解，从而积极引导他们树立积极的情感态度，更好地面对生活的挑战。

（四）有效利用阅读促进情感识别的策略

1.选择适龄、适题材的阅读材料

为了有效促进孩子的情感识别，家长和教育者应该根据孩子的年龄和兴趣选择适龄、适题材的阅读材料。这样可以确保孩子在阅读过程中更容易产生情感共鸣，更好地理解和体验文学作品中的情感。

2. 进行亲子共读和讨论

亲子共读是促进情感识别的重要方式。家长可以选择一些富有情感元素的故事，与孩子一起阅读，并在阅读后进行讨论。通过共同分享对文学作品中情感的理解，促进亲子之间情感的交流和连接。

3. 创设情感体验的活动

在学校或家庭中，可以通过一些有趣的活动来促进孩子的情感体验。例如，组织学生参与角色扮演、情感绘画等活动，让孩子通过亲身参与更深刻地体验和理解情感。

4. 引导学生进行情感写作

除了阅读外，情感写作也是培养孩子情感识别能力的有效途径。通过写作，孩子能够表达自己的情感，同时也有助于加深对情感的认知。教师和家长可以引导学生通过写作来表达自己的情感体验，提高他们对情感的敏感性。

5. 利用多媒体资源辅助阅读

多媒体资源如音频、视频等可以为孩子提供更丰富的感官体验，加深对情感的理解。在进行阅读教学时，可以适度利用多媒体资源，增强情感体验的深度和广度。

6. 定期进行情感识别能力评估

教育者可以定期对学生进行情感识别能力的评估。通过观察学生在阅读、讨论、写作等活动中对情感的表达和理解情况，及时发现问题，有针对性地进行情感识别能力的指导和培养。

7. 建立情感识别的学科融合

情感识别不单单属于语文阅读的范畴，也可以与其他学科加以融合。在进行学科融合的教学时，教师可以借助科学实验、历史事件等多个学科领域的案例，引导学生理解和识别不同情感，丰富情感识别的内容及其应用场景。

8. 利用科技手段提供个性化的学习支持

现代科技手段如人工智能、在线学习平台等，可以提供个性化的学习支持。根据学生的情感识别水平和需求，利用科技手段提供有针对性的学习资源和活动，帮助他们更好地发展情感识别能力。

阅读在孩子情感识别能力的培养中发挥着重要的作用。通过阅读，孩子能够拓展情感词汇，提高情感表达能力，培养同理心和共情能力，有效管理情感，并形成积极、健康的情感态度。在教育实践中，教师和家长可以通过选择适当的阅读材料、进行亲子共读和讨论、创设情感体验的活动等方式，有针对性地引导和培养孩子的情感识别能力。此外，通过多媒体资源的利用、情感写作的指导以及定期的能力评估等手段，也能够更全面地推动孩子情感识别能力的提升。通过这些努力，可以帮助孩子更好地理解自己和他人的情感，更有效地与他人进行沟通，为其社交发展和人际关系的建立打下坚实基础。

二、阅读对孩子情感管理能力的培养

情感管理是人类在面对各种情绪和压力时调整和控制自己情感的能力。这一能力对于个体的心理健康、社交关系、学业成就等方面都具有重要意义。在孩子的成长过程中，情感管理能力的培养显得尤为关键。阅读作为一种丰富多彩的活动，对于培养孩子的情感管理能力有着深远的影响。这里将探讨阅读在对孩子的情感管理能力进行有效培养方面的方式，并提出一些相应的阅读引导策略。

（一）情感调控能力的培养

1. 阅读促进情感认知和反思

阅读不仅是情感认知的过程，同时也是情感反思的过程。通过阅读，孩子可以更好地认识自己的情感，并在文学作品中找到情感调控的方法。文学作品中的角色往往通过面对各种情感挑战，学会了如何调整和处理自己的情感，这对于孩子的情感调控能力培养有着积极的示范作用。

2. 阅读提高情感理解水平

阅读不同类型的文学作品可以帮助孩子更全面地理解和分析情感，进而提高他们的情感理解水平。通过阅读，孩子能够接触到各种情感表达，包括正面的、负面的、复杂的情感，了解情感的多样性和复杂性。这有助于培养孩子更深刻的情感认知，使其能够更准确地理解自己和他人的情感。

3. 阅读启发情感调适策略

文学作品中的角色通常在面对各种情感挑战时会采取不同的情感调适策略。通过阅读这些情感故事，孩子可以从中学到处理情感的方法和技巧。这有助于培养孩子在面对各种情感困扰时能够更有效地调适情感的能力，使其更好地适应生活的起伏。

4. 阅读培养情感自我意识

通过阅读，孩子可以更清晰地认识自己的情感，理解情感的起因和表现形式。文学作品中的角色常常通过对自己情感的反思，逐渐建立起对情感的自我意识。这有助于培养孩子对自己情感的敏感性和洞察力，使其更好地理解自己的情感需求。

5. 阅读促进情感自我调节

文学作品中的角色往往通过各种方式来调节自己的情感，如寻找支持、沉思反思、艺术创作等。通过阅读这些情感故事，孩子可以学到多种情感调节的方法，培养他们更主动地调控情感的能力。这对于帮助孩子更好地应对情感波动、减轻负面情感影响具有重要意义。

（二）培养情感应对和解决问题的能力

1. 阅读引导积极情感应对

阅读积极向上的文学作品能够激发孩子积极应对情感的愿望。这些作品中的角色通常能够在面对挫折和困难时保持积极的心态，通过努力、乐观面对，最终克服困难。通过阅读这样的故事，孩子能够学到积极应对情感的态度和策略，培养乐观向上的情感应对能力。

2. 阅读拓展解决问题的视角

文学作品中的情节常常伴随着人物面临的各种问题，这些问题的解决过程，呈现出各种解决问题的方法。通过阅读，孩子可以拓展看待问题的视角，了解不同背景、不同性格的人如何解决问题，从而培养更灵活、多样的问题解决能力。

3. 阅读激发情感解决问题的创造力

优秀的文学作品往往借助复杂的情节设置和角色塑造，激发读者解决问题的创造力。孩子通过阅读这些作品，可以学到凭借巧妙的思考、创新的方法解决问题的能力，培养他们更具创造性的问题解决策略。

4. 阅读引导合理情感应对

文学作品中的角色在面对问题时往往会有各种情感反应，包括愤怒、沮丧、焦虑等。通过阅读，孩子可以学到不同情感在问题解决过程中的作用，理解何时适宜地表达情感，何时需要冷静思考，从而培养合理的情感应对策略。

5. 阅读促进合作解决问题的能力

一些文学作品中的情节强调了团队合作和协同解决问题的重要性。通过阅读这样的作品，孩子可以理解在团队中协作解决问题的意义，并提高在团队中合理表达情感、理解他人情感、共同应对问题的能力。

（三）阅读与情感管理能力的培养策略

1. 创造丰富多彩的阅读环境

为了培养孩子的情感管理能力，创造一个丰富多彩的阅读环境是至关重要的。提供各种各样的阅读材料，包括小说、诗歌、散文等，以满足孩子不同阅读需求，让他们能够从不同类型的作品中获取丰富的情感体验。

2. 引导深度阅读与讨论

鼓励孩子进行深度阅读，不仅是对文学作品表面情节的理解，更要引导他们深入思考角色的情感体验、问题的解决方式等方面。通过深度阅读与讨论，可以促使孩子深入思考文学作品中的情感表达，从而更全面地理解和应用情感管理的策略。

3. 激发写作创作的兴趣

通过激发孩子的写作兴趣，可以促进他们更深入地思考和表达自己的情感。鼓励孩子撰写情感日记、情感小说或诗歌，通过写作的方式将情感表达出来，有助于培养他们更主动、更深入地管理自己的情感。

4. 制订个性化的阅读计划

针对孩子的年龄、兴趣和情感发展需求，制订个性化的阅读计划。个性化的阅读计划可以帮助孩子更有针对性地选择阅读材料，以满足其情感认知、表达和调控的特定需求，促使情感管理能力的全面发展。

5. 开展情感主题的读书分享会

组织情感主题的读书分享会，让孩子有机会分享自己在阅读中的情感体验，与他人交流和倾诉。通过读书分享，不仅可以促进孩子对情感的认知和表达，还能够培养他们与他人分享情感的能力，拓展社交技能。

6. 引导情感角色扮演活动

通过情感角色扮演活动，让孩子通过模拟不同情感场景，体验和理解角色在情感表达和解决问题中的种种挑战。这种亲身体验有助于孩子更深刻地理解情感管理的复杂性，提高实际应用情感管理策略的能力。

7. 利用多媒体资源提升情感体验

结合多媒体资源如音频、视频等，为孩子提供更加生动丰富的阅读体验。通过多媒体的表现形式，可以使孩子更直观地感受到文学作品中的情感，促进情感的更深层次理解和体验。

8. 建立情感教育课程

在学校设置专门的情感教育课程，以阅读为主要手段，引导学生深入了解自己的情感，学会有效表达和管理情感。结合心理学等相关知识，构建系统的情感教育体系，使学生在学校获得更全面的情感管理培养。

阅读对于孩子情感管理能力的培养具有重要意义。通过阅读，孩子能够提升情感认知水平，培养情感表达能力，加强情感调控能力，提高问题解决能力。家长和教育者可以通过创造丰富多彩的阅读环境、引导深度阅读与讨论、激发写作创作兴趣等策略，有针对性地引导孩子进行阅读，以促进其情感管理能力的全面发展。情感管理能力的提升不仅有助于孩子更好地理解和表达自己的情感，还能够为其未来的人际关系、学业发展等方面打下坚实的基础。因此，阅读在教育实践中应被视为培养孩子全面发展的重要手段之一。

三、阅读在孩子建立同理心上的作用

同理心是指个体能够理解和分享他人感受、体验到他人情感的能力。这一能力对于人际关系、社会交往以及整体心理健康都具有重要作用。在孩子的成长过程中，培养同理心是教育的一个关键目标。阅读作为一种重要的认知和情感体验方式，对于孩子建立同理心具有深远的影响。这里将深入探讨阅读在孩子建立同理心上的作用，并提出一些相关的阅读引导策略。

（一）阅读拓展情感体验的广度

1. 文学作品中的多元情感

阅读不同类型的文学作品可以让孩子接触到丰富多样的情感体验。小说、诗歌、散文等作品中的角色往往经历各种情感，包括喜悦、忧愁、愤怒、爱等。通过阅读这些作品，孩子可以体验到不同情感的变化，从而更好地理解他人的感受。

2. 角色情感体验的共情

文学作品通过角色的情感体验展现了复杂而生动的情感世界。通过阅读，孩子能够与文学作品中的角色建立情感共鸣，感受到他们的喜怒哀乐，进而理解和分享他人的情感体验。这种共情能力是同理心发展的基础。

3. 阅读与情感体验的连接

阅读提供了一种独特的情感体验方式，孩子可以通过文字和想象力深入感知文学作品中的情感。这种通过阅读建立的情感体验，不仅能够拓展孩子对于情感的理解，还能够培养他们理解和表达情感的能力。

（二）阅读培养情感认知的敏感性

1. 文学作品中的情感描写

阅读使孩子接触到丰富的情感描写，作品中的文字往往细腻而深刻地描述了角色的内心世界。通过阅读，孩子能够培养对于情感表达的敏感性，学会通过细微的语言差异理解人物的情感状态。

2. 对情感多样性的认知

文学作品中的角色往往面临多样化的情感挑战，这有助于孩子理解不同背景、不同环境下的情感体验。通过阅读，孩子能够拓展对情感多样性的认知，增强对不同情感表达的理解和尊重。

3. 阅读引导情感表达的自觉性

通过阅读，孩子可以学到如何表达自己的情感，文学作品中的角色往往在情感面前有意识地表达或隐匿。这有助于培养孩子对自己情感的自觉性，使其更主动地去表达和理解自己的情感需求。

（三）阅读促进角色扮演的同理心培养

1. 文学作品中的人物塑造

文学作品通过对角色的生动塑造，使读者能够深入了解他们的性格、经历和情感。通过阅读，孩子可以模仿角色，通过角色扮演的方式感受他们的情感，从而更好地理解和同理他人的情感体验。

2.角色扮演的身临其境感

通过角色扮演，孩子可以将自己融入到文学作品的情境中，感受角色的喜怒哀乐。这种身临其境的体验有助于孩子更全面地理解他人的感受，培养他们的同理心。

3.角色扮演活动

教育者可以通过阅读引导角色扮演活动，让孩子在模仿文学作品中的角色时进行情感体验。这样的活动既能够锻炼孩子的表达能力，又能够促进他们对于他人情感的深入理解，是同理心培养的有效手段。

（四）阅读与亲子共读的同理心培养

1.亲子共读的情感共鸣

亲子共读是培养同理心的重要途径。通过与父母一同阅读，孩子能够在与家长的交流中建立情感共鸣。父母可以选择一些具有情感元素的作品，与孩子一起阅读，并在阅读过程中分享彼此的情感体验，从而促进同理心的发展。

2.亲子共读中的情感交流

亲子共读时，父母可以通过与孩子讨论作品中的情节、角色的情感等方式进行情感交流。这样的亲子互动不仅有助于孩子更深入地理解作品，还能够促进亲子之间的情感沟通，培养孩子对于家庭成员情感的同理心。

3.亲子共读中的情感教育

在亲子共读中，父母可以有意识地进行情感教育。选择一些涉及友谊、困难、合作等主题的作品，通过阅读引导孩子思考他人的感受，让他们学会关心和尊重他人，培养更高层次的同理心。

4.亲子共读的情感陪伴

亲子共读不仅仅是一种教育手段，更是一种情感陪伴。父母在共读时，可以倾听孩子的感受，理解他们的疑惑和困扰，从而更好地支持他们情感的发展。这种情感的陪伴有助于建立孩子对于父母的信任，促进同理心的培养。

(五)阅读引导思考与讨论的同理心培养

1. 阅读引导深度思考

通过引导孩子深度思考文学作品中的情节、人物和情感,可以促进他们更全面地理解作品中所传达的情感信息。深度思考有助于培养孩子更深层次的同理心,使其不仅关注表面的情感体验,更能理解背后的原因和情感的复杂性。

2. 阅读引导分享感受

教育者和家长可以通过阅读引导孩子分享他们的感受。这种分享不仅能够促进情感的表达,还能够使孩子在分享中更好地理解他人的感受。通过分享感受,孩子可以学会用更生动、具体的方式表达自己的情感,增进同理心的发展。

3. 阅读引导角度交流

通过阅读引导孩子从不同的角度去理解文学作品,包括作者的角度、其他角色的角度等。这种角度交流有助于拓展孩子对情感事件的理解,使他们能够更全面地考虑不同人的感受,促进同理心的全面发展。

4. 阅读引导道德思考

一些文学作品中涉及一些道德伦理的问题,通过阅读引导孩子对这些问题进行思考。通过思考这些道德问题,孩子可以更好地理解他人的处境,培养对他人情感的尊重和理解。

阅读在孩子建立同理心方面起到了重要的作用。通过丰富的情感体验、深度的情感认知、角色扮演的同理心培养、亲子共读的情感陪伴以及引导思考与讨论,阅读为孩子提供了广阔的认知和情感发展空间。教育者和家长在引导孩子阅读时,可以有意识地选择一些涉及情感、友谊、困难等主题的文学作品,通过互动、分享、讨论等方式,促进孩子同理心的全面发展。同理心的培养不仅有益于孩子个体的心理健康,还能够为其未来的社交、人际关系以及社会责任感的培养奠定基础。因此,阅读作为一种情感和认知的启蒙方式，在孩子的成长中具有不可忽视的重要性。

第五节 阅读兴趣对孩子学科学习的影响

一、阅读对孩子数学思维的促进

数学思维是指通过数学概念、原理和方法对问题进行分析、推理、解决的思考过程。与阅读一样，数学也是孩子综合发展中极其重要的组成部分。在孩子的学习过程中，阅读不仅仅是语言能力的培养，还与数学思维的促进息息相关。这里将深入探讨阅读对孩子数学思维的促进作用，探讨阅读在培养数学思维方面的重要性。

（一）阅读拓展抽象思维的发展

1. 文学作品中的抽象概念

阅读文学作品常常涉及各种抽象的概念，如时间、空间、人物关系等。通过阅读，孩子可以接触到这些抽象概念，学会通过文字描述建立起对抽象概念的认知，为数学思维的发展打下基础。

2. 阅读与抽象思维的联系

阅读需要读者理解并构建作品中的场景、人物、事件等抽象元素。这种抽象思维的锻炼对于孩子理解数学中的抽象概念、符号表示等都具有积极的影响。阅读让孩子从文字中获取信息，逐渐培养起对抽象概念的敏感性和理解力。

3. 阅读启发数学问题的提出

一些文学作品中的情节和情感冲突往往涉及到数学问题。通过阅读这些作品，孩子不仅能够体验情感，还能够在阅读的过程中自然而然地遇到一些数学问题。这种启发式的学习方式促使孩子主动提出问题，培养了他们解决问题的数学思维。

（二）阅读培养逻辑推理的能力

1. 文学作品中的情节推理

阅读文学作品时，孩子需要理解和推理作品中的情节发展，分析角色的动机、行为背后的原因等。这种逻辑推理的过程培养了孩子对于因果关系和逻辑关系的敏感性，为数学思维中的推理能力奠定了基础。

2. 阅读中的问题解决

文学作品中的角色往往面临各种问题，通过阅读，孩子需要理解问题的本质、寻找解决问题的方法。这种问题解决的思维过程培养了孩子在数学学科中分析问题、提出解决方案的能力。

3. 阅读与数学问题的类比

在阅读的过程中，孩子可能会遇到一些与数学问题类似的情境。通过将阅读中的情境与数学问题进行类比，孩子能够将阅读中获得的逻辑推理能力应用到数学问题中，提高他们解决数学问题的效率和准确性。

（三）阅读拓展空间想象的能力

1. 文学作品中的空间描绘

阅读文学作品时，作品中的场景、空间布局等需要读者通过想象力进行构建。这种空间想象的过程锻炼了孩子的空间思维能力，为后续的几何学等数学领域的学习提供了有力支持。

2. 阅读与几何图形的联系

一些文学作品中的描述可能涉及到几何图形、空间关系等。通过阅读这些作品，孩子能够将文字中的描述与实际几何图形进行连接，拓展了他们对于空间形状和关系的理解。

3. 阅读引发数学模型的构建

一些文学作品中的情节和问题需要读者在大脑中构建数学模型进行解决。通过阅读这样的作品，孩子在解决问题的过程中逐渐培养了将实际情境转化为数学模型的能力，促进了他们的空间想象和建模思维。

（四）阅读促进数学词汇的积累

1. 文学作品中的数学术语

一些文学作品中可能会涉及到一些数学术语，如数字、算法、几何术语等。通过阅读，孩子能够在文学作品中接触到这些数学术语，从而增加了他们对数学词汇的积累。

2. 阅读与数学语境的融合

在阅读的过程中，孩子逐渐能够将文学作品中的数学术语与数学学科的具体概念相联系。这种融合有助于加深孩子对数学概念的理解，提高他们在数学学科中的表达和交流能力。

3. 阅读引发数学问题的思考

孩子通过阅读涉及数学问题的文学作品，可能会遇到需要进行数学思考的情境。这样的情境可以激发孩子对数学问题的兴趣，促使他们主动进行数学思维的锻炼。

（五）阅读引导问题分析与解决的数学思维

1. 文学作品中的问题引导

一些文学作品中的情节发展可能需要读者自行分析和解决，这就需要读者具备一定的问题分析与解决能力。通过阅读这样的作品，孩子逐渐培养了对于问题的敏感性，为数学问题的解决提供了良好的基础。

2. 阅读培养问题拆解的能力

文学作品中的情节问题通常不是一蹴而就的，需要读者逐步拆解，分析问题的各个方面。通过阅读，孩子逐渐培养了将一个大问题拆解为小问题并逐个解决的数学思维能力。

3. 阅读引导解决方案的构建

文学作品中的问题解决通常需要读者构建解决方案，通过阅读这样的作品，孩子可以学到如何制定有效的解决方案，培养了他们构建解决方案的能力。

4.阅读培养灵活运用数学知识的能力

阅读一些文学作品时遇到的问题可能需要读者在解决过程中灵活运用已有的数学知识。通过阅读，孩子能够学到如何将学到的数学知识灵活应用于实际问题，提高他们在解决数学问题时的独立思考和创造性思维。

阅读在孩子数学思维的促进上具有不可替代的作用。通过拓展抽象思维、培养逻辑推理、拓展空间想象、促进数学词汇积累、引导问题分析与解决等方面的作用，阅读为孩子提供了一个丰富的认知和思维发展空间。家长和教育者可以通过引导孩子阅读一些涉及数学问题、数学概念的文学作品，激发他们对于数学的兴趣，培养他们的数学思维能力。此外，教育者还可以通过在数学教学中引入一些具有故事性质的问题，将数学知识与实际情境相结合，提高孩子对数学的学习兴趣和对概念深度理解。综合而言，阅读不仅仅是语言能力的提升，更是孩子多元智能、思维方式的发展助力之一。

二、阅读对孩子科学探究兴趣的引导

科学探究是培养孩子综合素养和创造力的关键环节，而阅读在引导孩子培养科学兴趣和探究精神方面扮演着重要的角色。通过阅读，孩子可以接触到广泛的科学知识，了解科学家的思考方式，激发对科学的好奇心。本文将深入探讨阅读对孩子科学探究兴趣的引导作用，以及如何通过阅读帮助孩子建立积极的科学学习态度。

（一）阅读拓展科学知识的广度

1.科学主题文学作品

一些文学作品融入了丰富的科学元素，通过阅读这些作品，孩子可以在故事情节中接触到科学概念、实验过程等。这样的阅读体验能够拓展孩子对于科学知识的广度，为他们建立起科学兴趣提供了更多元的素材。

2. 科普读物

专门为青少年编写的科普读物旨在用简明易懂的语言向孩子介绍各个科学领域的知识。通过阅读这些科普读物，孩子可以系统性地学习到更多的科学知识，了解科学的发展历程和实际应用，从而激发对科学的浓厚兴趣。

3. 科学绘本

科学绘本以图文结合的形式呈现科学知识，生动有趣。通过阅读科学绘本，孩子可以轻松地了解科学概念，观察实验过程，培养对科学的好奇心。这种形式的阅读有助于让孩子在轻松愉快的氛围中接触科学知识。

（二）阅读培养科学思维的深度

1. 科学推理的案例阅读

科学领域中常常涉及到复杂的推理过程，通过阅读科学案例，孩子可以深入了解科学家是如何进行实验、观察、推理的。这样的阅读经历培养了孩子深度思考问题、形成科学假设的能力。

2. 科学实验步骤的学习

一些科普读物和绘本中会附有简单的科学实验，通过阅读和尝试做这些实验，孩子可以亲身体验科学的乐趣，学会提出问题、制定实验步骤、观察结果、得出结论，培养科学实验的思维方式。

3. 科学问题的探索与解决

通过阅读关于科学发现历史的书籍，孩子可以了解科学问题的发现、探索和解决过程。这样的阅读体验有助于激发孩子对于科学问题的好奇心，培养他们主动探究的科学思维。

（三）阅读激发科学创新的灵感

1. 科学家的传记

通过阅读科学家的传记，孩子可以了解到科学家们是如何发现和创新的。这样的阅读体验有助于激发孩子对于科学创新的兴趣，让他们从科学家的经历中获得启发，勇于追求科学发现。

2. 科学幻想类文学作品

科学幻想类文学作品常常包含未来科技、宇宙探索等元素，通过阅读这类作品，孩子可以拓展自己对于科学未来发展的想象力，激发他们追求科学创新的灵感。

3. 科学问题类小说

一些小说作品通过故事情节融入科学问题的探讨，通过阅读这样的小说，孩子可以在惊险刺激的情节中学到科学原理，激发他们对于科学问题的兴趣，培养科学创新的精神。

（四）阅读培养科学交流的能力

1. 科学论文和期刊

通过阅读一些简化的科学论文或者科普期刊，孩子可以了解到科学家们是如何向其他科学家和公众传达他们的研究成果的。这样的阅读经历有助于培养孩子科学交流的能力，让他们学会用清晰简明的语言表达复杂的科学概念。

2. 科学展示和报告

一些科学书籍或杂志可能包含科学展示和报告的内容，通过阅读这些内容，孩子可以学到如何设计并呈现科学实验和研究成果。这有助于培养孩子在学校或社区进行科学交流和展示的能力。

3. 科学交流活动

一些阅读材料会介绍一些科学交流活动，如科学展览、科学沙龙等。通过参与这些活动，孩子不仅可以学到更多科学知识，还能够提高他们与他人交流科学观点和想法的能力。

（五）阅读引导科学伦理的思考

1. 科学实践中的伦理问题

通过阅读有关科学实践中伦理问题的案例，孩子可以了解到科学家在研究过程中可能面临的伦理困境。这有助于培养孩子对于科学实践中伦理问题的敏感性和思考能力。

2. 科学技术的社会影响

一些科普读物会涉及一些科学技术对社会的影响方面的内容，通过阅读这些材料，孩子可以思考科学研究和技术应用对社会、环境、人类的影响，培养他们在科学实践中考虑伦理问题的思维方式。

3. 阅读伦理讨论

一些科学故事可能会引发一些关于伦理问题的讨论，通过阅读这些故事并参与相关的讨论，孩子能够更深入地理解科学研究中的伦理考量，培养他们在科学实践中思考伦理问题的能力。

阅读对于引导孩子培养科学探究兴趣起到了不可替代的作用。通过拓展科学知识的广度，培养科学思维的深度，激发科学创新的灵感，培养科学交流的能力，引导科学伦理的思考，阅读为孩子提供了一个多层次、全方位的科学学习环境。家长和教育者可以通过引导孩子阅读与科学相关的文学作品、科普读物、科学绘本等，激发他们对科学的兴趣，培养他们对科学探究的积极态度。同时，在学校和家庭教育中，也应该注重培养孩子的科学思维、实践能力，引导他们在科学研究中注重伦理问题，成为具备全面科学素养的综合性人才。科学探究兴趣的培养不仅有助于孩子的学科发展，更为其未来的职业选择和终身学习打下了坚实基础。

三、阅读在孩子历史和社会学科学习中的作用

历史和社会学科是培养孩子综合素养、拓展视野、理解社会发展的重要学科之一。而阅读在孩子历史和社会学科学习中扮演着关键的角色。通过阅读，孩子可以深入了解历史事件、社会现象，培养批判性思维、跨文化理解和公民责任感。这里将详细探讨阅读在孩子历史和社会学科学习中

的作用，以及如何通过阅读激发对历史和社会的兴趣。

（一）阅读拓展历史知识的深度

1.历史小说和传记

通过阅读历史小说和传记，孩子可以在生动有趣的故事中了解历史人物的生平、历史事件的背景，深入感受历史的沧桑和变迁。这样的阅读体验有助于培养孩子对于历史的深度理解和兴趣。

2.历史文献和原始资料

历史文献和原始资料是了解历史事件真实性的重要途径。通过阅读这些资料，孩子可以接触到历史事件的第一手资料，培养他们对于历史真实性的敏感性和分析能力。

3.历史故事集

历史故事集将历史事件以寓教于乐的方式呈现给孩子，通过阅读这些故事，孩子可以轻松愉快地了解历史的发展，培养对历史的浓厚兴趣。

（二）阅读培养社会学科的综合素养

1.社会学概念的学习

社会学概念涉及到社会结构、文化、社会关系等方面的知识。通过阅读社会学方面的书籍，孩子可以系统性地学习这些概念，了解社会的组成和运行机制。

2.社会问题的讨论

部分阅读材料涉及一些社会问题，如贫富差距、种族关系等。通过阅读和参与相关的讨论，孩子可以深入思考社会问题的根本原因和解决办法，培养他们对社会问题的批判性思维。

3.社会文化多样性的体验

社会学科不仅仅关注一个国家或地区的社会现象，还包括了跨文化的研究。通过阅读涉及不同文化的书籍，孩子可以体验到社会的多样性，增强他们的跨文化理解能力和包容性。

(三) 阅读培养历史思考和社会观察的能力

1. 历史事件的因果关系

通过阅读历史事件的叙述，孩子可以逐步培养对历史事件的因果关系的敏感性。这有助于他们理解历史事件的复杂性，培养历史思考的能力。

2. 社会现象的观察与分析

阅读社会学科的书籍，特别是那些关于社会现象的作品，可以帮助孩子培养对社会现象的观察和分析能力。这种能力是理解社会运行机制的重要基础。

3. 历史变革的评估

通过阅读涉及历史变革的书籍，孩子可以了解到历史变革对社会的影响。培养他们评估历史事件对社会的影响的能力，让他们具备更全面的历史思维。

(四) 阅读引导公民责任感的培养

1. 公民参与的阅读材料

一些阅读材料可能涉及到公民参与的议题，如社会公益、环保等。通过阅读这些材料，孩子可以了解到公民参与的重要性，培养他们对社会的责任感。

2. 历史人物的榜样作用

通过阅读历史人物的传记，孩子可以了解到一些为社会作出巨大贡献的人物，从而激发他们对于社会责任的认识，明白每个人都要成为社会的积极参与者。

3. 社会问题的呼吁与行动

一些阅读材料会通过社会问题的描写呼吁人们关注并采取行动。通过阅读这些材料，孩子可以了解到社会问题的紧迫性，激起他们参与社会活动的意愿。

（五）阅读促进社会交往技能的培养

1. 社会交往技能的阅读材料

一些书籍会通过故事情节展现人际关系、合作、沟通等社会交往技能。通过阅读这些材料，孩子可以学到与他人合作、沟通的技能，提高他们在社会中的适应力和人际关系处理能力。

2. 社会交往的案例学习

阅读一些关于社会学科领域的案例分析，孩子可以了解到不同社会交往情境下的处理方式和技巧。这种案例学习有助于培养孩子在社会中更为灵活、智慧地处理人际关系的能力。

3. 阅读与团队协作

部分阅读材料涉及一些团队协作的主题，通过阅读这些材料，孩子可以了解到团队协作的重要性，培养他们在集体中发挥作用、协调资源的能力。

阅读在孩子历史和社会学科学习中发挥着不可或缺的作用。通过拓展历史知识的深度、培养社会学科的综合素养、培养历史思考和社会观察的能力、引导公民责任感的培养、促进社会交往技能的培养，阅读为孩子提供了一个多维度、全方位的历史和社会学科学习环境。教育者和家长可以通过引导孩子阅读历史小说、传记、社会学科的书籍等，激发他们对于历史和社会学科的兴趣，培养他们综合素养和社会责任感。在学校和家庭教育中，也应注重培养孩子对社会的观察力、批判性思维和团队协作精神，帮助他们更好地适应社会的发展和变化。通过阅读，孩子将能够更全面地理解和参与到社会的各个层面，成为具备社会责任感和公民素养的人。

第六节　激发孩子阅读兴趣的长远价值

一、阅读对孩子职业发展的积极影响

随着社会的不断发展，职业领域变得越来越复杂多样，培养孩子良好的阅读习惯对于他们未来的职业发展至关重要。阅读不仅能够提高孩子的语言表达能力、思维逻辑能力，更能够拓展他们的知识面、激发创造力、培养解决问题的能力。这里将探讨阅读在孩子职业发展中的积极影响，并具体阐述阅读如何促进孩子的语言表达、思维逻辑、知识储备、创造力和问题解决能力，最终为他们的职业道路奠定坚实基础。

（一）阅读提高孩子的语言表达能力

1. 丰富的词汇积累

阅读不仅让孩子接触到各种各样的词汇，而且通过阅读，他们能够更好地理解词汇的用法和语境，从而丰富自己的词汇积累。这对于孩子的语言表达能力是至关重要的，因为一个丰富的词汇库能够使他们更准确、更生动地表达自己的思想和观点。

2. 阅读各类文体的能力

不同的文体有不同的语言表达方式，通过阅读小说、新闻、散文、科普读物等不同类型的文本，孩子可以学会灵活运用不同的语言表达方式，提高他们语言表达的多样性和灵活性。

3. 阅读与写作的关联

阅读和写作是相辅相成的过程。通过阅读，孩子能够接触到各种写作风格和结构，了解到不同领域的写作特点。这有助于他们培养扎实的写作基础，提高语言表达的准确性和流畅度。

（二）阅读促进孩子的思维逻辑发展

1. 阅读培养批判性思维

阅读过程中，孩子会面临对信息的分析、评价和推理的任务，这有助于培养他们的批判性思维能力。在未来职业发展中，批判性思维是解决问题、做出决策的重要能力。

2. 阅读提升抽象思维

一些文学作品、科普读物和哲学类书籍常常涉及到抽象的概念和思想。通过阅读这些材料，孩子能够锻炼抽象思维的能力，更好地应对职业中的复杂问题和抽象概念。

3. 阅读培养逻辑推理

逻辑推理是解决问题和进行决策的关键步骤。阅读中的情节、推理和论证过程能够帮助孩子培养逻辑推理的能力，让他们更具职业竞争力。

（三）阅读丰富孩子的知识储备

1. 阅读促进多学科知识积累

阅读不仅局限于某一个学科领域，而是涉及到各个领域的知识。通过阅读，孩子可以了解到历史、科学、文学、艺术等多个学科的知识，拓展他们的学科广度，有助于培养跨学科学习的综合能力。

2. 阅读拓宽专业领域

对于某一专业领域的深入了解和掌握，阅读是必不可少的途径。无论是医学、工程学、艺术还是商业管理，通过阅读相关领域的专业文献和书籍，孩子能够在未来的职业生涯中更具优势。

3. 阅读与技术发展

随着科技的不断进步，对于技术的了解成为现代职业中的重要素养。阅读与技术相关的书籍和资料，可以帮助孩子紧跟技术发展的步伐，提高他们在科技领域的竞争力。

（四）阅读激发孩子的创造力

1.阅读文学作品的启发

文学作品常常包含丰富的想象力和创造性，通过阅读这些作品，孩子可以受到作者独特的表达方式和创作思维的启发，培养他们的创造性思维。

2.阅读科普作品的启示

科普作品以通俗易懂的方式呈现科学知识，通过阅读这类作品，孩子可以了解到科学家是如何进行创新和发现的，激发他们对科学领域的创造性兴趣。这样的阅读体验有助于培养孩子在解决问题和面对挑战时能够灵活运用创造性思维的能力。

3.阅读行业前沿的资讯

不同行业的前沿资讯常常涉及创新技术和新兴领域，通过阅读相关的资讯，孩子可以及时了解到行业动态和未来趋势，为他们的职业规划提供更多的创新思路和方向。

（五）阅读培养孩子的问题解决能力

1.阅读培养解决问题的方法

阅读过程中，孩子会遇到各种问题，包括理解文本、分析情节、推断结论等。通过解决这些问题，他们能够培养问题解决的方法和思维方式，这对于职业中遇到的实际问题具有积极的影响。

2.阅读案例分析的训练

一些阅读材料可能涉及案例分析，通过阅读这些案例，孩子可以学到在实际情境中解决问题的策略和方法。这有助于培养他们面对复杂问题时的条理性和决策能力。

3.阅读经验分享的启示

许多成功人士会在书籍中分享他们的经验和面对问题时的心得。通过阅读这些书籍，孩子可以汲取他人的经验，学到解决问题的智慧，为自己的职业生涯做好准备。

（六）阅读促进职业发展规划

1. 职业发展书籍的参考

阅读关于职业发展规划的书籍，孩子可以了解到不同行业的职业特点、发展趋势和所需技能。这有助于他们更明晰自己的职业兴趣和发展方向。

2. 行业前辈的经验分享

一些成功的行业前辈会在书籍中分享他们的职业经验和成功之道。通过阅读这些分享，孩子可以从他人的经验中受到启发，更有针对性地制订自己的职业规划。

3. 职业技能培养书籍

阅读关于职业技能培养的书籍，孩子可以了解到在不同行业中所需的专业技能和软技能。这有助于他们提前规划自己的学习和发展路径，更好地适应职业发展的需求。

阅读对孩子的职业发展有着多方面的积极影响。通过促进语言表达能力、培养思维逻辑、拓展知识储备、激发创造力和加强问题解决能力，阅读为孩子提供了一个全面发展的学习平台。家长和教育者应该鼓励孩子养成良好的阅读习惯，引导他们阅读各种类型的书籍，培养多元思维和跨学科的视野。在职业规划方面，阅读关于职业发展的书籍和经验分享，帮助孩子更好地了解职业领域，制定合理的职业规划，为未来的职业生涯打下坚实的基础。阅读不仅是知识的获取，更是培养素养、塑造性格的重要途径，对于孩子全面发展和未来的职业成功起着不可替代的作用。

二、阅读在孩子人生追求和个人成就上的意义

人生的追求和个人成就构成了一个人丰富多彩的人生旅程。阅读作为一种重要的思维活动，对于孩子的人生追求和个人成就有着深远的意义。本文将探讨阅读在培养孩子的理想追求、价值观念、人际关系、心智发展

以及实现个人成就方面的作用，旨在帮助家长和教育者更好地认识阅读的价值，引导孩子在阅读中找到人生的意义和方向。

（一）阅读培养理想追求

1. 阅读拓宽视野

阅读是一扇通向广阔知识世界的窗户。通过阅读，孩子可以了解到各种各样的人生故事、各行各业的奋斗历程，拓宽他们的视野，帮助他们在多元的选择中找到理想追求的方向。

2. 文学作品的情感启示

文学作品常常通过丰富的情感描写展示了人物对理想的追求和坚持。通过阅读文学作品，孩子可以从中获取情感启示，激发对于理想的追求，塑造积极向上的人生态度。

3. 阅读激发创新思维

一些创新思想和理念常常源于书籍和文学作品。通过阅读，孩子可以接触到不同领域的创新理念，激发他们对创新和变革的渴望，培养追求卓越的理念。

（二）阅读塑造价值观念

1. 阅读传递正面价值观

许多优秀的文学作品和启发性书籍都传递着积极向上的价值观。通过阅读这些作品，孩子可以接触到正直、勇敢、责任等价值观，引导他们树立正确的人生观和价值观。

2. 阅读对道德观念的塑造

一些富有道德教育意义的故事和传记通过阅读传递给孩子正确的道德观念。这有助于培养孩子正确的人际关系观念，促使他们在追求个人成就的同时不失为社会贡献的责任感。

3. 阅读引导责任心的培养

一些书籍通过展现人物在实现自己理想的过程中所承担的责任，引导孩子理解责任与成就之间的关系。阅读有助于培养孩子对个人行为和社会责任的正确认识。

(三) 阅读促进人际关系的建立

1. 阅读增进情感共鸣

文学作品中的人物形象和情节往往能够引发读者的情感共鸣。通过与书中人物的情感共鸣，孩子能够更好地理解自己和他人，培养良好的人际关系。

2. 阅读拓宽交往圈子

阅读不仅是一种独自的活动，更是可以成为与他人分享的话题。通过参与读书俱乐部、参加文学讨论等阅读活动，孩子能够拓宽自己的交往圈子，建立更丰富的人际关系。

3. 阅读培养沟通技巧

阅读过程中，孩子需要理解作者的意图，并将自己的理解表达出来。这有助于培养他们的表达和沟通能力，提高在人际交往中的沟通效果。

(四) 阅读促进心智发展

1. 阅读培养批判性思维

阅读不仅是对文字的被动地接收，更是对信息的主动处理。通过阅读，孩子可以培养批判性思维，学会对信息进行分析、评价和推理，提高解决问题的能力。

2. 阅读拓展抽象思维

文学作品和科普读物中常常涉及到一些抽象的概念和思想。通过阅读这些材料，孩子能够锻炼抽象思维的能力，提高在复杂情境中进行思维分析和综合判断的能力。

3. 阅读促进解决问题的方法

阅读过程中，孩子会面临各种问题，包括理解文本、分析情节、推断结论等。通过解决这些问题，他们能够培养问题解决的方法和思维方式，从而在面对生活中的实际问题时更具应对能力。

（五）阅读助力个人成就的实现

1. 阅读拓宽职业视野

通过阅读各种职业发展方向的书籍，孩子可以了解到不同行业的特点、发展趋势和所需技能。这有助于他们更明晰自己的职业兴趣和规划，为个人成就的实现提供有力支持。

2. 阅读成功人士的经验分享

许多成功的人士会在书籍中分享他们的成功经验和心得。通过阅读这些经验分享，孩子可以从他人的成功和失败中汲取经验教训，为自己的成就路径提供借鉴。

3. 阅读激发创业精神

创业不仅仅是一种经济行为，更是一种对于人生的全面追求。通过阅读有关创业的书籍，孩子可以了解到创业者的心路历程、创新思维和团队合作的重要性，激发他们的创业精神，助力个人成就的实现。

阅读对于孩子的人生追求和个人成就有着深远的影响。通过培养理想追求、塑造价值观念、促进人际关系、助力心智发展以及实现个人成就，阅读为孩子提供了一个全方位的成长平台。家长和教育者应该重视阅读的重要性，引导孩子养成良好的阅读习惯，培养他们的人文情操和社会责任感。在阅读的过程中，孩子能够通过吸收丰富的人生经验，提升自己的思维能力和人际交往技巧，从而更好地实现个人成就，追求更高层次的人生追求。阅读，不仅是获取知识的途径，更是引领孩子走向成功的心灵导师。通过精心选择合适的读物，引导孩子进行深度思考，阅读将成为孩子人生道路上的不竭动力，助力他们迎接未来的挑战，创造属于自己的辉煌。

三、长期阅读习惯对孩子心理健康的益处

在当今信息爆炸的时代，培养孩子具备良好的阅读习惯不仅对其学业有益，更对心理健康的发展产生积极影响。长期阅读不仅能够丰富知识，提高认知水平，还能够塑造健康的心理状态。这里将深入探讨长期阅读习惯对孩子心理健康的益处，从认知发展、情感调控、社交技能、抗压能力以及自我认知等方面展开讨论，旨在为家长和教育者提供更深层次的理解和指导。

（一）认知发展的促进

1. 语言表达能力的提升

长期阅读使孩子丰富了词汇库和增强了语言表达能力。通过阅读各种文学作品、知识性书籍，孩子接触到不同领域的专业术语和丰富的表达方式，提高了他们的语言表达能力。良好的语言表达能力不仅有助于沟通，还有助于情感表达和思想交流，从而促进正向的认知发展。

2. 逻辑思维能力的培养

阅读通常伴随着对情节、人物关系、问题解决等方面的思考。长期阅读可以锻炼孩子的逻辑思维能力，培养他们对信息的分析、判断和综合能力。逻辑思维的提升有助于孩子更好地厘清事物之间的因果关系，形成系统性的认知结构。

3. 想象力和创造力的激发

文学作品和一些富有创意的书籍能够激发孩子的想象力和创造力。长期沉浸在这些作品中，孩子能够学会从不同的角度去思考问题，培养独立思考和创新的能力。想象力的发展有助于孩子更好地应对未知的情境，展现更高水平的认知能力。

（二）情感调控的加强

1. 情感体验与表达

阅读不仅是认知活动，更是一种情感体验。文学作品中的人物命运、情感起伏往往能够引起孩子的共鸣。通过阅读，孩子能够学会体验和表达各种情感，培养情感的敏感性和情感表达的能力，有助于情感调控的健康发展。

2. 情绪管理和调适

阅读有助于孩子理解和面对各种情绪，包括喜怒哀乐。文学作品中的人物常常经历各种命运波折，通过他们的故事，孩子可以学到积极应对困难和负面情绪的方法。长期阅读培养了孩子的情绪管理和调适能力，使其能更加稳定地应对生活中的情感波动。

3. 共情能力的培养

阅读能够让孩子从不同角度去理解他人的感受和想法，培养他们的共情能力。通过身临其境地体验文学作品中的情感冲突和人物命运，孩子能够更好地理解他人，建立良好的人际关系，有助于心理健康的全面发展。

（三）社交技能的提升

1. 沟通能力的加强

阅读培养了孩子丰富的词汇和语言表达能力，这对于沟通能力的提升至关重要。通过阅读，孩子不仅能够学到丰富的表达方式，还能够理解不同的沟通语境和目的，提高在交往中的语言敏感性和沟通效果。

2. 团队协作与合作精神

一些阅读材料会涉及团队合作、集体行动方面的主题。通过阅读这些材料，孩子能够了解到团队协作的重要性，培养团队合作精神，提高在群体中相互协作的能力。

3. 人际关系的建立和维护

阅读丰富了孩子的社会经验，使其更好地理解人性和人情世故。通过阅读，孩子能够学到人际交往的技巧，建立和维护良好的人际关系，培养社交技能，为将来的职业生涯奠定基础。

（四）抗压能力的提高

1. 对抗挫折与困境的能力

文学作品中的人物往往在故事中面临各种挑战和困境，通过他们的坚持和努力最终克服困难。这样的情节有助于孩子培养对抗挫折的能力，使其在面对生活中的困境时更具韧性。

2. 自我调节和冷静思考

阅读不仅是一种信息获取的过程，更是一种沉思和反思的活动。通过阅读，孩子可以学到冷静思考的重要性，培养面对问题时自我调节的能力，使其能够在压力下保持冷静，更好地应对各种挑战。

3. 未知情境下的应对能力

文学作品中的情节变幻莫测，这有助于培养孩子在未知情境下的应对能力。长期阅读使孩子能够更好地适应不同的环境和情境，提高应对新事物的灵活性和创新性。

（五）自我认知和心智发展

1. 对自我认知的深入理解

通过阅读，孩子能够深入理解自己的思想、情感和行为。文学作品中的人物常常经历自我探索的过程，这有助于孩子更清晰地认识自己，形成积极的自我认知。

2. 增强解决问题的能力

文学作品中的情节常常需要人物通过思考和行动来解决问题。长期阅读培养了孩子解决问题的能力，使其在生活中能够更好地分析问题、制定解决方案，并持之以恒地执行。

3. 提高自我效能感

通过阅读一些成功人士的传记和经验分享，孩子可以了解到成功背后的艰辛和努力。这有助于提高孩子的自我效能感，使其相信自己有能力克服困难，迎接挑战。

长期阅读习惯对孩子心理健康的益处是多方面的。通过认知发展、情感调控、社交技能、抗压能力以及自我认知等方面的提升，阅读为孩子创造了一个全面发展的学习平台。家长和教育者应该重视培养孩子的阅读习惯，提供多样化、丰富有趣的阅读材料，激发他们对知识的兴趣。在阅读的过程中，孩子能够培养积极的心态，更好地理解自己和他人，提高解决问题的能力，形成健康的人际关系，增强对未知情境的适应能力，从而培养出更为坚忍、自信、积极向上的个体。阅读，不仅仅是一种学习方式，更是一种促进心理健康的重要手段，为孩子的成长奠定坚实的基础。

第二章 创造有趣的阅读环境

第一节 家庭中的阅读氛围建设

一、营造愉快的家庭氛围

家庭是每个人成长的温床,是情感的发源地。在家庭中,一个温馨、和谐、愉快的氛围对于个体的心理健康和全面发展至关重要。本文将深入探讨如何在家庭中营造愉快的氛围,从沟通、尊重、亲密关系、共同活动、正面教养等方面提供建议,旨在帮助家长创造一个积极向上的家庭环境,促使家庭成员在快乐中共同成长。

(一)积极的沟通模式

1. 倾听的重要性

家庭中的沟通不仅仅是信息的传递,更是感情的交流。通过倾听家庭成员的需求、感受和想法,可以建立起更加深入的沟通。倾听是尊重的表现,能够增进家庭成员之间的理解和信任。

2. 表达真实感受

家庭成员应该学会表达自己的真实感受,包括喜怒哀乐。通过真实的表达,可以促进情感的流动,避免情感的积压。家庭成员之间应该感到自由，能够在家庭中表达真实的情感。

3. 积极的沟通技巧

在家庭中，积极的沟通技巧是非常重要的。这包括使用正面的语言、避免攻击性的言辞、善于表达自己的需求和期望等。良好的沟通技巧有助于消除误解，提高家庭成员之间的沟通效果。

(二) 尊重与理解

1. 尊重个体差异

每个家庭成员都是独特的个体，拥有自己的兴趣、爱好、需求和性格。在家庭中，尊重个体差异是建立愉快氛围的基础。家长应该鼓励孩子表达他们自己的想法，而不是将自己的观点强加给孩子。

2. 理解情感变化

家庭成员在不同的时期会面临各种情感的波动，这是正常的生理和心理变化。在家庭中，理解并接纳家庭成员的情感变化，及时提供支持和鼓励，有助于维持家庭的和谐。

3. 接纳多元文化

家庭中可能存在不同的文化背景、信仰和价值观。尊重并接纳这些多元文化的存在，有助于形成包容性的家庭氛围。在家庭中，可以通过分享不同的文化传统、庆祝节日等方式促进家庭成员之间的理解和团结。

(三) 亲密关系的培养

1. 共同建立亲密关系

家庭成员之间的亲密关系是建立在相互关心、信任和支持基础上的。通过共同参与家庭生活、分享喜悦和悲伤，家庭成员之间的亲密关系可以得到深化。

2. 定期进行家庭活动

定期进行家庭活动是促进家庭亲密关系的有效途径。这可以是一次家庭聚餐、户外活动、电影夜等。通过这些活动，家庭成员可以加深对彼此的了解，增进感情。

3.培养共同的兴趣爱好

共同的兴趣爱好有助于家庭成员之间形成默契和共鸣。可以选择一些适合全家参与的活动，例如旅行、健身、游戏等，培养共同的兴趣爱好，加深亲密关系。

（四）共同参与的正面教养

1.亲子互动的重要性

在家庭中，亲子互动是建立良好亲子关系的关键。父母应该花更多的时间陪伴孩子，参与到他们的学习、游戏和日常活动中，建立起亲子之间的深厚情感。

2.制定积极的家规

在家庭中，制定积极的家规是建立秩序和规范行为的方式之一。这并不是要限制家庭成员的自由，而是通过明确的规则和期望，使家庭成员更容易理解彼此的需求，从而促进和谐共处。

3.鼓励积极行为的强化

在家庭教育中，强调对积极行为的鼓励和强化是至关重要的。通过及时给予肯定和奖励，可以增强家庭成员的自尊心和彼此之间的信任。正面的教养方式有助于培养积极向上的家庭氛围。

（五）共同面对困难

1.培养解决问题的能力

在家庭中，面对问题和困难是不可避免的。家长可以教育孩子如何面对困难，培养他们解决问题的能力。通过共同协作，家庭成员能够更好地应对生活中的各种挑战。

2.着重于团队合作

将家庭成员视为一个团队，共同合作解决问题。这种团队合作的精神有助于培养家庭成员之间的团结和凝聚力。在共同面对困难的过程中，家庭成员能够更好地体验到团队协作的重要性。

3.鼓励积极应对挑战

家庭成员应该学会积极应对挑战，而不是回避问题。通过鼓励家庭成员共同面对问题并寻找解决方案，家庭中的氛围将更加积极向上。家长的引导和激励对于孩子培养积极面对问题的态度至关重要。

(六)创造欢乐和愉悦的时刻

1.培养轻松的氛围

在家庭中，创造轻松、愉快的氛围对于缓解紧张和疲劳至关重要。可以通过一些有趣的活动、轻松的笑话、幽默的交流等方式，让家庭充满欢声笑语。

2.定期进行家庭活动

定期的家庭活动是创造欢乐时刻的有效手段。可以选择一些家庭成员都喜欢的活动，例如电影夜、户外烧烤、桌游比赛等，共同享受欢乐的时光。

3.鼓励幽默和乐观

幽默和乐观是调动家庭氛围的重要元素。家长可以在日常生活中注重培养家庭成员的幽默感，以及在面对问题时保持积极乐观的态度。这有助于缓解紧张情绪，创造轻松的家庭氛围。

(七)建立家庭传统和回忆

1.建立家庭传统

家庭传统是家庭中代代相传的习俗和活动，是家庭凝聚力的来源之一。可以选择一些家庭成员都喜欢的传统活动，例如每年的家庭聚餐、假期的庆祝活动等，形成家庭的独特传统。

2.记录美好瞬间

家庭成员可以一起记录生活中的美好瞬间，通过照片、日记等方式保存下来。这样的记录不仅能够回顾家庭成员的成长点滴，还可以在未来的岁月里成为珍贵的回忆。通过记录美好瞬间，不仅强化了家庭的凝聚力，也为每个家庭成员提供了一种情感寄托。

3. 共同制定家庭价值观

家庭价值观是家庭成员共同遵循的一系列信念和原则。共同制定家庭价值观有助于在家庭中建立起共同的目标和信仰，使家庭成员更紧密地联系在一起。这些共同的价值观将成为家庭成员行为和决策的基准。

（八）参与社区和公益活动

1. 培养社会责任感

通过参与社区和公益活动，家庭成员可以共同体验奉献和服务的价值。这有助于培养家庭成员的社会责任感，让每个人都意识到自己可以为社会做出贡献。

2. 共同追求共同目标

参与社区和公益活动不仅能够促进家庭成员之间的合作和团结，还能够为整个家庭设定共同的目标。共同追求社会责任和公益事业，家庭成员之间的联系将更加深厚。

3. 提升家庭幸福感

研究表明，参与社区和公益活动与家庭幸福感之间存在着积极的关联。通过为他人服务，家庭成员能够感受到成就感和满足感，这有助于提升整个家庭的幸福感。

（九）营造健康的生活方式

1. 共同制定健康目标

家庭成员可以一起制定健康目标，例如锻炼计划、健康饮食等。通过共同努力实现健康目标，不仅有助于家庭成员的身体健康，也能够培养团队合作的精神。

2. 保持积极的生活态度

积极的生活态度对于家庭的健康氛围至关重要。家庭成员可以共同关注身心健康，培养良好的生活习惯，共同面对生活中的挑战，保持积极的生活态度。

3.共同享受健康活动

家庭成员可以一起参与各种健康活动，例如户外运动、健身操、瑜伽等。这不仅有助于提高身体素质，还能够增进家庭成员之间的亲密度。

营造愉快的家庭氛围需要家庭成员共同努力，建立在沟通、尊重、亲密关系、共同参与的正面教养、共同面对困难、创造欢笑和愉悦的时刻、建立家庭传统和回忆、参与社区和公益活动、营造健康的生活方式等多个方面的基础上。通过这些共同努力，家庭将成为每个成员安心的港湾，为他们提供温暖、支持和成长的空间。一个愉快的家庭氛围将不仅影响家庭成员的个体成长，也对整个社会产生积极的影响。因此，家长和家庭成员应该共同努力，使家庭成为幸福的温床，培养积极向上的家庭文化，为每个家庭成员的幸福生活添砖加瓦。

二、父母的角色与榜样作用

父母是孩子成长过程中最为重要的影响因素之一。他们不仅是孩子的监护人和教育者，更是孩子的榜样和引导者。父母的角色在塑造孩子的性格、价值观和行为习惯上发挥着至关重要的作用。这里将深入探讨父母的角色，以及他们在孩子生活中的榜样作用，旨在为父母提供一些建议，帮助他们更好地履行父母的责任，并为孩子提供积极的成长环境。

（一）父母的角色

1.监护者

作为孩子的监护者，父母肩负着保障孩子安全、提供生活保障的责任。这包括满足孩子的基本需求，保障他们的身体健康和安全，为他们提供一个温暖、稳定的生活环境。

2. 教育者

父母是孩子的第一任教育者。他们在孩子的早期阶段就开始对其进行基本的启蒙教育，包括语言、道德、礼仪等方面。父母对孩子的教育不仅仅是传授知识，更是引导他们建立正确的价值观和人生观。

3. 指导者

在孩子的成长过程中，父母不仅要传授知识，还要在他们面临抉择和决策时起到指导作用。父母的经验和智慧对于孩子在人生道路上找到正确方向至关重要，他们需要为孩子提供良好的决策和问题解决的能力。

4. 支持者

在孩子面对困难和挑战时，父母是最重要的支持者。他们的鼓励和支持能够帮助孩子克服困难，增强他们的自信心和抗压能力。一个有父母支持的孩子更容易面对生活的各种挑战。

5. 榜样

父母的言行举止对孩子的影响远远超出其他角色。他们是孩子最重要的榜样，孩子往往会通过观察父母的行为来学习和模仿。因此，父母的言传身教对于孩子的价值观和行为习惯的形成至关重要。

（二）父母的榜样作用

1. 语言表达与沟通方式

父母的语言表达和沟通方式直接影响孩子的语言能力和社交技能的培养。如果父母在沟通中表现出尊重、耐心和理解，孩子很可能会学到良好的沟通技巧，形成积极的人际关系。

2. 情感表达和管理

父母在处理情感问题时的表现，将直接影响孩子的情感表达和管理能力。如果父母能够正确地处理自己的情绪，并以平和的态度引导孩子学会表达和处理情感，孩子将更容易发展出健康的情感管理能力。父母可以通过积极的情感表达、倾听孩子的情感需求以及共同解决问题的方式，培养孩子面对情感波动时的冷静和理智。

3. 道德与价值观

父母是孩子道德和价值观的首要引导者。他们的行为和言传身教将直接影响孩子对道德准则和价值观的理解和选择。通过父母的榜样作用，孩子可以建立起正直、责任心和同理心等重要的品质。

4. 学习态度和习惯

父母的学习态度和学习习惯对孩子的学习兴趣和学业成就有着深远的影响。如果父母展现出对知识的重视、对学习的热情，并且在生活中注重培养良好的学习习惯，孩子更容易养成积极主动的学习态度。

5. 解决问题和决策能力

父母在处理问题和做决定时的方式，会在孩子心中构建起关于问题解决与决策的模型。通过父母的示范和引导，孩子将学到面对困难时的坚忍和灵活解决问题的能力，以及在决策时的思考和权衡。

6. 社交技能和人际关系

父母在社交场合中的表现将对孩子的社交技能和人际关系产生深远影响。如果父母能够建立积极的人际关系、表现出对他人的尊重和关爱，孩子更轻松地发展出健康的社交技能，与他人建立良好的关系。

7. 健康生活方式

父母的生活方式往往会成为孩子效仿的对象。如果父母注重健康饮食、积极参与体育锻炼以及保持良好的生活习惯，孩子将更容易养成健康的生活习惯，并对身体健康有深刻的认识。

（三）父母如何成为良好的榜样

1. 自我反思

父母首先需要对自己的言行进行深刻的自我反思。了解自己的优点和不足，关注自己的行为对孩子的潜在影响，以及是否达到自己期望的榜样形象。通过反思，父母能够更有针对性地进行行为调整。

2. 培养积极的情感管理

父母应该学会有效地管理自己的情感，并在面对问题时表现出冷静和理智。通过培养积极的情感管理方式，父母能够为孩子树立正确的情感表达和处理模式。

3. 强调道德和价值观

父母在言行中要强调并传递家庭所重视的道德和价值观。通过积极引导孩子思考、讨论伦理和价值观问题，形成积极的品德导向。

4. 营造积极学习氛围

父母可以通过积极参与孩子的学习、与他们分享自己的学习经历，以及展现对知识的渴望，来激发孩子的学习兴趣。鼓励孩子面对困难，培养解决问题的能力。

5. 培养健康生活方式

父母要注重自己的生活方式，包括良好的饮食习惯、适度的运动和规律的作息等。借助自身示范，鼓励孩子养成健康的生活方式，形成良好的生活习惯。

6. 提升社交技能

在社交场合中，父母要展现出积极主动、善于沟通和尊重他人的特质。这样的示范有助于培养孩子的社交技能和人际关系，让他们学会与他人进行积极的互动。

（四）父母的角色与榜样作用在不同阶段的重要性

1. 婴幼儿期

在婴幼儿期，父母的榜样作用对于孩子的成长至关重要。他们是孩子生活中的第一位榜样，婴幼儿通过模仿父母的表情、动作和语言，建立起对世界的认知。

2. 儿童阶段

在儿童阶段，父母的榜样作用仍然非常重要。他们的行为和言传身教将对孩子的价值观、学习态度和行为习惯产生深远的影响。在这个阶段，父母可以通过积极参与孩子的学习、关心他们的情感需求以及鼓励他们探索新事物，培养孩子的好奇心和积极向上的人生态度。

3.青少年期

青少年期是孩子性格和人格发展的关键时期。父母在这个阶段的榜样作用更加明显。他们的行为举止、道德品质以及对社会的态度将深刻影响青少年的发展方向。父母需要注重与青少年的沟通，尊重他们的独立性，同时展示出积极负责的榜样形象。

4.成年阶段

即使孩子进入成年阶段，父母的榜样作用依然存在。成年后的孩子可能会面临更多的挑战和责任，而父母作为榜样，仍然能够为他们提供引导和支持。通过与成年子女保持紧密的关系，父母可以成为他们的依靠和榜样。

父母的角色与榜样作用对孩子的成长有着深远的影响。作为孩子的监护者、教育者、指导者、支持者和榜样，父母在培养孩子的品格、价值观、学习态度以及社交技能等方面发挥着关键作用。他们的行为和言传身教直接塑造着孩子的认知和行为模式。

为了更好地履行责任，父母需要进行自我反思，关注自己的言行对孩子的潜在影响。通过培养积极的情感管理、强调道德和价值观、营造积极的学习氛围、培养健康的生活方式以及提升社交技能，父母可以成为孩子良好的榜样，为他们提供积极向上的成长环境。

无论在孩子的哪个成长阶段，父母的榜样作用都至关重要。从婴幼儿期到成年阶段，父母都能通过自己的言行举止对孩子产生深刻的影响。因此，父母应该认识到自己榜样作用的重要性，**努力成为孩子值得学习和尊重的典范**。在父母的引导下，孩子将更容易培养出积极向上的品格，成为成熟、独立、有责任心的人。

三、养成家庭共读的习惯

在现代社会，家庭共读逐渐成为家长关注的重要教育方式。随着社会节奏的加快和信息技术的发展，人们更加注重培养孩子的阅读兴趣和能力，而家庭共读作为一种亲子活动，不仅可以促进亲子关系，还有助于孩子语言表达能力、认知发展等方面的提升。以下将探讨创造家庭共读的传统，旨在为家长提供一些建议，促进家庭共读的实践，培养孩子良好的阅读习惯。

（一）家庭共读的价值

1. 促进亲子关系

家庭共读是家长和孩子之间共同参与的亲子活动，通过这种方式，家长可以主动加入到孩子的成长过程中。共读时的互动和分享不仅能够拉近亲子之间的距离，还有助于建立家庭温馨和睦的氛围。

2. 培养阅读兴趣

在家庭共读的环境中，孩子能够感受到阅读的乐趣。通过父母的引导和陪伴，孩子更容易培养起对阅读的兴趣，从而愿意主动去阅读更多的书籍，拓展知识。

3. 提升语言表达能力

家庭共读是一个语言沟通的过程，通过和父母的对话，孩子可以更好地表达自己的想法和情感。这有助于提升孩子的语言表达能力，培养他们的沟通技巧和表达能力。

4. 促进认知发展

阅读是一种认知活动，通过家庭共读，孩子可以接触到各种各样的信息，拓展认知领域。在与父母的互动中，他们能够学到更多的知识，提升自己的认知水平，培养独立思考的能力。

5. 塑造良好的价值观

家庭共读的过程中，父母可以选择一些富有教育意义的书籍，通过阅读这些作品，可以在潜移默化中传递一些积极的价值观念，引导孩子形成正确的人生观和价值观。

(二) 养成家庭共读的习惯

1. 营造友好阅读的家庭环境

要养成家庭共读的习惯，首先需要营造一个友好阅读的家庭环境。在家里设置一个温馨的阅读角落，摆放一些吸引孩子注意的图书，让家庭成为一个充满书香的地方。

2. 建立每日共读的时间

在快节奏的现代生活中，家长可以通过规划每天的共读时间，养成共读的习惯。无论是在晚餐前、睡前，还是其他固定的时间段，都可以成为家庭共读的时刻。

3. 选择适龄的图书

为了让共读更具针对性和趣味性，家长可以选择适合孩子年龄的图书。对于年幼的孩子，可以选择图文并茂、富有韵律感的绘本；对于学龄期的孩子，可以选择内容丰富、富有启发性的小说。

4. 亲子互动，引导讨论

在共读过程中，父母可以与孩子进行亲子互动，引导讨论书中的内容。可以提出一些问题，询问孩子对故事的理解和看法，激发他们的思考和表达欲望。

5. 多样化的阅读形式

养成家庭共读的习惯并不仅仅局限于纸质图书，还可以包括电子书、有声书等多种形式。这样的多样化阅读形式可以更好地满足孩子的阅读需求，提供更广泛的阅读体验。

6. 建立家庭图书馆

在家庭中建立一个小型的家庭图书馆，让孩子可以随时选择自己感兴趣的图书。这种方式不仅能够激发孩子对阅读的主动性，还可以培养他们整理和管理的能力。

7. 共同参与文学活动

除了阅读图书，还可以参与一些与文学相关的活动，如戏剧表演、故事编写、绘画等。通过这些活动，可以增强孩子对文学的理解和兴趣，同时促进家庭成员之间的互动。

8. 制定阅读计划

制定家庭阅读计划是创造共读习惯的有效方式。家长可以与孩子共同制定每周或每月的阅读目标，让孩子在规定的时间内完成一定数量的阅读任务，从而培养他们的自律性和责任感。

9. 创造特色的共读仪式

为了使共读变得更加有仪式感，可以创造一些特色的共读仪式。例如，每周选择一个家庭成员作为"故事大王"，由他负责选择并讲述故事，或者在共读结束后进行小型庆祝活动，让孩子期待每次的共读时间。

10. 培养家庭读书的氛围

家长可以通过自身的行为来树立阅读的榜样。在家庭中，父母可以经常阅读书籍，将阅读作为一种生活方式，使阅读成为家庭中的一项常规活动。在这种氛围中，孩子更容易养成阅读的习惯。

（三）应对共读中可能面临的挑战

尽管家庭共读有很多好处，但在实践中也可能面临一些挑战。以下是一些常见的问题及应对策略：

1. 孩子对阅读兴趣不高

如果孩子对阅读兴趣不高，家长可以选择与孩子一起挑选更符合他们兴趣爱好的图书，或者通过其他有趣的方式引导他们关注阅读。

2. 家长时间有限

在繁忙的生活中，家长可能会觉得没有足够的时间参与共读。在这种情况下，可以灵活安排共读时间，将共读融入到日常生活中，比如在晚餐后、睡前等。

3. 孩子年龄差异大

对于年龄差异较大的兄弟姐妹，家长可以根据孩子的年龄选择适当的图书，也可以让年龄较大的孩子参与引导年龄较小的孩子，共同分享阅读的乐趣。

4. 孩子抗拒共读

有时孩子可能因为其他活动或兴趣而抗拒共读。在这种情况下，可以采用渐进的方式，逐渐增加共读的时间，通过创造有趣的共读体验，使孩子逐渐喜欢上阅读。

养成家庭共读的习惯对于孩子的成长有着重要的意义。通过共读，不仅可以促进亲子关系，还能培养孩子的阅读兴趣、提升语言表达能力、促进认知发展等。家庭共读不仅仅是一种教育方法，更是一种家庭文化的传承。在共读的过程中，家庭成员之间共同分享知识、情感，建立起珍贵的家庭记忆。

第二节 设立有吸引力的孩子阅读角落

一、打造孩子舒适的阅读空间

在现代社会，儿童阅读不仅是一种学习活动，更是培养孩子综合素养和思维能力的重要途径。为了激发孩子对阅读的兴趣，营造一个舒适、愉悦的阅读环境尤为关键。以下将探讨如何打造孩子舒适的阅读空间，以促使孩子更主动地参与阅读，并建立良好的阅读习惯。

（一）了解儿童阅读需求

1. 年龄和兴趣

不同年龄段的孩子对阅读空间的需求有所不同。年幼的儿童可能更喜欢色彩丰富、富有趣味性的阅读环境，而青少年则可能更注重私密性和个性化。此外，了解孩子的兴趣爱好，有针对性地准备阅读材料，也是打造阅读空间的重要因素之一。

2. 学习和休闲需求

阅读空间不仅是一个学习的场所，更是孩子进行休闲和放松的地方。因此，需要考虑在阅读空间中融入一些舒适的元素，使孩子在阅读的同时也能享受到放松的感觉。

3. 功能性需求

儿童阅读空间应当具备一些基本的功能性需求，例如良好的采光和通风，以及有供足够存储空间的书架和储物柜。这有助于创造一个适合长时间阅读的环境，提高孩子的阅读舒适度。

（二）打造舒适的阅读环境

1. 选择合适的空间

首先，选择一个适合儿童阅读的空间。这个空间可以是孩子的卧室、客厅的一角，或者专门设计的阅读室。无论选择哪种空间，都应确保空间明亮、通风，远离噪音干扰。

2. 良好的光照设计

良好的光照是阅读空间的重要因素。选择自然光线充足的地方，如果条件有限，可以添加柔和的台灯或阅读灯，保证阅读时的光线充足而不刺眼。

3. 色彩搭配

色彩对于儿童的情感和注意力有着重要的影响。在阅读空间的设计中，可以选择明亮而温暖的色调，如淡蓝色、淡黄色等，这有助于营造轻松宜人的氛围。

4. 舒适的座椅和布局

提供舒适的座椅是打造阅读空间的关键。可以选择一款柔软、有弹性的座椅，以保证孩子在阅读时能够坐得舒服。此外，注意空间的布局，保证书籍的摆放和取阅的便利性。

5. 个性化装饰

在阅读空间中加入一些个性化的装饰，如孩子喜欢的壁画、自己的手工作品等。这可以让孩子更有归属感，增添空间的趣味性。

6. 音乐和氛围

适当的音乐可以为阅读创造出一个安静而温馨的氛围。选择一些轻柔的音乐或自然声音，如雨声、海浪声，帮助孩子放松身心，更好地沉浸在阅读的世界中。

7. 注重儿童安全

在打造阅读空间时，要注意儿童的安全问题。避免使用尖锐的家具和装饰品，确保所有电器设备的安全性。此外，需要定期检查和维护，以保障空间的安全使用。

8. 提供多样化的阅读材料

在阅读空间中放置丰富多样的阅读材料，包括绘本、故事书、科普书等，以满足不同年龄段孩子的阅读需求。同时，定期更新和调整书籍，保持阅读空间的新鲜感。

(三) 激发孩子的阅读兴趣

1. 与孩子共同选择图书

在阅读空间中设置一个小型的图书角，让孩子可以自主选择自己感兴趣的图书。通过参与选择过程，孩子更容易对阅读产生浓厚的兴趣。

2. 鼓励家庭共读

在打造阅读空间的同时，鼓励家庭成员一同参与阅读。可以定期组织家庭共读时间，让孩子感受到家人共同阅读的温馨氛围。

3. 建立奖励机制

设立一些小型的奖励机制，鼓励孩子在阅读空间中保持良好的阅读习惯。可以是一些小礼物、表扬的话语等，让孩子在阅读中获得积极的反馈。

4. 提供多样的阅读体验

给孩子不仅可以提供传统的纸质图书，还可以引入电子书、有声书等。这有助于满足不同孩子的阅读喜好，拓展他们的阅读体验。

5. 鼓励孩子自主阅读

在阅读空间中，给予孩子足够的自主权，让他们能够自主选择阅读的内容和时间。这有助于培养孩子的阅读兴趣和自主学习能力。

（四）培养孩子的阅读习惯

1. 设立固定的阅读时间

在打造阅读空间的同时，建立固定的阅读时间。这可以是每天的晚餐后、睡前一段时间等。通过固定的时间，培养孩子的阅读习惯，使阅读成为日常生活的一部分。

2. 激发孩子的好奇心

在阅读空间中，可以设置一些引人入胜的展示板、知识角，激发孩子的好奇心。例如，展示一些有趣的科学实验模型、地图、植物标本等，让孩子在阅读的同时能够进行更多的探索。

3. 以身作则，培养孩子阅读热情

家长作为孩子的榜样，需要在阅读空间中展示积极的阅读习惯。在孩子面前展示自己对阅读的热情，可以是在阅读空间中阅读自己的书籍，或者与孩子共同分享自己的阅读体验。通过家长的积极示范，更容易激发孩子对阅读的兴趣。

4. 亲子阅读互动

建立亲子阅读的互动环节，可以选择一些适合亲子共读的图书，通过亲子阅读时间，增强家庭成员之间的情感联系。在亲子阅读中，家长可以用生动的语言讲述故事，与孩子互动，提问，让阅读不仅是孩子的单独活动，更成为亲子共同享受的时刻。

5. 建立阅读记录

在阅读空间中设置一个专门的阅读记录区域，可以是一个小型的日记本或贴纸板。鼓励孩子记录每次阅读的内容、感受和心得，以此建立孩子对阅读的自我认知，并促进他们形成良好的阅读习惯。

6. 阅读挑战和奖励

设立一些小型的阅读挑战，例如每月读完一定数量的书籍，或者完成某个主题的阅读挑战。为完成挑战的孩子给予奖励，可以是小礼物、奖状等，以鼓励孩子持续保持阅读习惯。

7. 培养独立阅读的能力

在阅读空间中，要鼓励孩子逐渐培养独立阅读的能力。给予他们适当的选择权，让他们自己决定阅读的内容和时间，培养独立思考和自主学习的习惯。

（五）阅读空间的更新与维护

1. 定期更新图书和空间装饰

为了保持阅读空间的新鲜感，定期更新图书和空间装饰是必要的。可以根据季节、节日或孩子的年龄变化，适时调整阅读空间的布置和展示，引入新的元素，让孩子对阅读空间充满期待。

2. 定期清理和整理

保持阅读空间的整洁和清爽也是很重要的。定期清理和整理书籍、玩具、家具，确保空间没有过多的杂物，为孩子提供一个舒适、宽敞的阅读环境。

3. 定期检查安全问题

定期检查阅读空间的安全问题同样至关重要。检查插座、电器设备、家具的稳固性，确保孩子在阅读空间中的安全。

4. 参与孩子的反馈

定期向孩子征询关于阅读空间的反馈，了解他们的喜好和需求。可以通过问卷、小组讨论等方式，了解孩子对阅读空间的期望，以便进行更有针对性的改进和更新。

给孩子打造舒适的阅读空间是培养良好阅读习惯的重要一环。通过了解孩子的需求，精心设计阅读空间的布局和元素，以及建立起家庭共读的传统，可以在潜移默化中培养孩子对阅读的浓厚兴趣。阅读空间不仅是孩子学习的场所，更是一个温馨、充满爱的成长角落。通过持续的关注和维护，让阅读空间成为孩子愿意深度沉浸于书海的港湾，引导他们在阅读中享受学习的快乐，培养自主学习的能力，助力其全面发展。

二、选择适合孩子的家具和装饰

孩子的成长环境对其身心健康和全面发展起着至关重要的作用。在孩子的生活空间中，选择合适的家具和装饰不仅可以提供良好的居住体验，还有助于培养其审美意识和独立性。本文将探讨如何选择适合孩子的家具和装饰，以创造一个温馨、安全、有利于成长的生活环境。

（一）理解孩子的发展特点

1. 年龄段和发展阶段

不同年龄段的孩子有不同的发展需求，因此选择家具和装饰时需要考虑到孩子所处的发展阶段。婴幼儿时期，重点关注安全性和舒适性；学龄前期，关注激发创造力和好奇心；学龄期，考虑学习和休闲的结合。

2. 兴趣和爱好

了解孩子的兴趣和爱好是选择家具和装饰的关键。一些热衷于艺术的孩子可能喜欢色彩丰富的装饰品，而对于热爱阅读的孩子，舒适的阅读角落就显得尤为重要。充分考虑孩子的个性，使家具和装饰能够满足他们的兴趣和需求。

3. 空间利用

孩子的房间通常较小，因此在选择家具和装饰时需要充分考虑空间的利用。选择功能性强的家具，如带储物功能的床、折叠桌椅等，可以更有效地利用有限的空间。

（二）儿童房家具选择指南

1. 儿童床

（1）安全稳固

选择儿童床时，首要考虑的是安全性。确保床的结构稳固，不易摇晃，防止儿童在玩耍时发生意外。床的边缘应设计成圆润的，避免尖锐的边角。

（2）舒适度

儿童的睡眠质量对其成长至关重要。选择舒适的床垫和床上用品，注意床的高度和宽度，以适应不同年龄段孩子的需求。

（3）多功能性

考虑选择一些具有多功能性的床，例如带有床下储物空间的床架，可以方便存放孩子的玩具、衣物等，提高空间利用率。

2. 儿童书桌与椅子

（1）调整高度

儿童书桌与椅子的高度应该能够随着孩子的成长而调整。确保书桌高度适中，以保护孩子的颈椎和视力。

（2）舒适设计

椅子的设计应该符合人体工程学，座椅宽松、通风，确保孩子在学习时保持良好的姿势，减轻背部的负担。

（3）色彩选择

在颜色上可以选择一些明亮而温馨的色彩，有助于激发孩子的学习兴趣。同时，考虑到家具的耐脏性，选择容易清洁的材质。

3. 儿童衣柜

（1）容量和分米

儿童衣柜的容量需要足够存放孩子的衣物和配饰，同时可以考虑选择一些具有分类功能的衣柜，方便孩子整理和找到自己的物品。

（2）安全设计

衣柜的设计应该避免尖锐的边缘，确保孩子在使用时不会受伤。柜门的打开和关闭要顺畅，以防止夹到孩子的手指。

（3）有趣的装饰

在衣柜的外观设计上可以考虑一些有趣的元素，比如彩色的柜体、卡通图案等，以增加孩子的兴趣和对空间的归属感。

4. 儿童储物柜和玩具柜

（1）储物功能

儿童房通常需要储物柜来存放各类玩具、书籍和学习用品。选择储物柜时，要考虑其储物功能和分类设计，方便孩子整理和取用物品。

（2）安全性

儿童储物柜的设计要符合安全标准，柜门和抽屉的设计要方便孩子自己打开和关闭，避免尖锐的边缘和易夹手的地方。

（3）易清洁

考虑到儿童房的清洁和整理通常由家长负责，选择易清洁的材质，如防水、防污的表面，可以减轻家长的负担。

（三）儿童房装饰的注意事项

1. 安全环保

选择装饰品时要确保材质安全无害，避免有害物质的使用。尽量选择环保材料，以保证孩子在房间中的健康安全。

2. 色彩搭配

儿童对色彩有着强烈的感知和喜好，选择装饰品时可以考虑一些明亮、活泼的颜色，以激发孩子的好奇心和创造力。同时，要避免颜色过于刺眼或过于深沉，影响孩子的视觉健康。

3. 亲子参与

在选择装饰品的过程中，可以让孩子参与其中，听取他们的意见和尊重他们的喜好。这不仅可以满足孩子的个性需求，还可以培养其主动参与家庭事务的习惯。

4. 功能性

装饰品除了美观外，还可以具有一些功能性。例如，选择一些既能作为装饰又能作为储物的家具，或者选择带有教育功能的装饰品，既满足孩子的需求，又能促进其学习。

5. 易清理和维护

考虑到孩子可能会在房间中进行各种活动，选择装饰品时要注意易清理和维护。避免选择容易沾染灰尘或难以清洁的材料，以减轻家长的家务负担。

（四）定期更新和维护

1. 考虑孩子的成长

随着孩子的成长，他们的兴趣和需求也会发生变化。因此，家具和装饰的选择应该是灵活的，定期更新以适应孩子不同年龄段的发展。

2. 检查安全隐患

定期检查家具和装饰品是否存在安全隐患，如是否有锐利的边缘、易夹手的地方等。及时修复或更换存在问题的家具和装饰，确保孩子的安全。

3. 了解孩子的需求

随着孩子的成长，他们可能会对房间的布置和装饰提出自己的意见和建议。家长可以与孩子一起讨论，了解他们的需求和喜好，共同打造一个更符合孩子期望的房间。

选择适合孩子的家具和装饰不仅关乎家居美感，更关乎孩子的身心健康和成长。通过了解孩子的发展特点、年龄需求和兴趣爱好，精心选择家具和装饰，可以为孩子提供一个安全、舒适、有趣的生活空间。在儿童房的设计和装饰中，注重功能性、安全性、易清理和灵活性，可以为孩子提供一个促进学习、发展兴趣的理想场所。

在选择家具时，需要考虑床、书桌、椅子、衣柜等基本家具，确保其符合儿童的生理和心理发展需求。床的安全稳固、书桌椅子的高度适中、衣柜的分类储物功能等都是需要重点关注的方面。多功能性、易清理的设计有助于提高家具的实用性，同时也需考虑到孩子的好奇心和活泼性。

在装饰方面，要注重色彩搭配、安全环保、亲子参与和功能性。明亮、活泼的颜色可以激发孩子的好奇心和创造力，要避免选择过于刺眼或深沉的颜色。安全环保的材料是选择装饰品的首要条件，保证孩子在房间中的健康安全。亲子参与可以培养孩子的主动性和对家庭事务的参与意识。装饰品不仅要美观，还要具有一定的功能性，满足孩子娱乐和学习的需求。

定期更新和维护是保持儿童房宜居性的关键。孩子的兴趣和需求随着年龄的增长而变化，需要定期更新家具和装饰来适应这些变化。定期检查家具和装饰是否存在安全隐患，了解孩子的需求，使房间始终保持安全、温馨、符合孩子成长需求的状态。

最后，家具和装饰的选择不仅是为了打造一个美观的空间，更是为了为孩子提供一个促进身心健康和全面发展的生活环境。在儿童房的设计中，家长可以通过关注孩子的需求、参与孩子的选择和维护工作，共同创造一个温馨、安全、有利于成长的生活空间，为孩子的幸福童年奠定坚实的基础。

三、利用自然光和灯光创造宜人的阅读环境

阅读是一种愉悦且富有启发性的活动，而创造一个宜人的阅读环境对于提高孩子的阅读体验和促进学习兴趣至关重要。在室内环境中，自然光

和灯光的运用可以极大地影响阅读的舒适度和效果。这里将探讨如何充分利用自然光和灯光，创造一个温馨、明亮、舒适的阅读空间。

（一）自然光在阅读环境中的重要性

1. 自然光的光谱特性

自然光是一种白色光，包含了整个可见光谱的颜色。相比之下，人工光源常常只包含有限的光谱范围。自然光的多彩性有助于保护眼睛的健康，提高阅读的舒适感。

2. 自然光的生物钟调节

自然光中的蓝光成分对于人体的生物钟调节起着重要作用。通过在白天接受足够的自然光，尤其是在早晨，有助于维持身体的生物钟，促使晚上更好地入睡。这对于儿童和青少年的学习和发育尤为关键。

3. 自然光的空间感和通透感

自然光的照射可以使室内空间更富有层次感，增加深度和立体感。它还能够提高空间的通透感，使房间更加明亮和宜人。这种感觉对于阅读环境的舒适度和吸引力至关重要。

（二）优化自然光的利用

1. 窗户的设计和布局

窗户的设计和布局直接影响自然光的进入。大尺寸的窗户和充足的窗户数量可以确保更多的自然光照射到室内。考虑窗帘的选择，可以选择透明或半透明的窗帘，使得自然光能够更均匀地散布在室内。

2. 利用反光材料

在室内设计中，合理地利用反光材料可以增强自然光的反射和扩散。墙面、地板或家具的选择可以考虑使用明亮的颜色和有反光效果的材料，以增加室内的亮度。

3. 定期清理窗户

清理窗户是保持自然通透的关键。灰尘和污垢会影响光线的穿透力，定期清理可以确保窗户清晰透亮，充分利用自然光资源。

（三）灯光设计与阅读环境

1. 灯具的选择

在自然光不足的情况下，人工灯光的选择尤为重要。应选择色温适中的灯具，以避免发冷的光线造成视觉疲劳。同时选择可调光的灯具，根据不同的阅读场景和需求调节光线亮度。

2. 色温的考虑

不同的场景和时间需要不同色温的灯光。在晚上或需要营造温馨氛围的时候，可以选择较为温暖的色温；而在白天或需要专注阅读时，可以选择较冷的色温，提高注意力。

3. 避免眩光和阴影

良好的灯光设计应该避免产生眩光和阴影，以保护眼睛的舒适度。可以选择带有漫反射器或采用间接照明的灯具，减轻灯光直接照射到阅读材料的强度。

4. 多灯组合

在阅读角落或书桌周围，可以采用多灯组合的设计，确保整个区域都能够得到均匀的照明。同时，可以根据需要选择落地灯、台灯或壁灯，提供不同高度和方向的照明。

（四）创造宜人的阅读环境

1. 阅读角的设计

在室内布置一个专门的阅读角，可以根据窗户的位置设计，充分利用自然光。选择舒适的阅读椅和桌子，搭配柔和的灯光，打造一个宜人而私密的阅读空间。

2. 灯光与家具搭配

在选择家具的同时，考虑灯光与家具的搭配也是关键的一环。为书桌或阅读角选择适当的台灯或壁灯，确保光线能够准确照射到阅读区域。考虑灯具的设计和颜色，使其与家具风格相协调，形成整体的装饰效果。

3. 植物的点缀

摆放一些室内植物也是创造宜人阅读环境的好方法。植物不仅可以增加室内空气质量，还能够提供一些自然的绿色元素，使阅读空间更加生机勃勃。

4. 个性化装饰

根据阅读者的个性和喜好，个性化的装饰可以增添阅读空间的趣味性。可以选择一些喜爱的画作、装饰品或在书架摆放一些收藏的书籍，使整个空间更富有个性。

5. 使用调光系统

为了更好地满足不同时间和场景的照明需求，可以考虑使用调光系统。这样可以根据阅读的需要调整灯光的亮度，既满足白天明亮的阅读环境，又可以在晚上营造出温馨舒适的氛围。

（五）阅读环境与心理健康的关系

1. 舒适的阅读环境对心理健康的影响

一个舒适、宜人的阅读环境对于心理健康有着积极的影响。明亮的光线和温馨的氛围可以带来愉悦感，增加人的幸福感和满足感。在这样的环境中阅读，有助于缓解压力、提高注意力。

2. 自然光与生物钟的调节

充足的自然光照射对于维护生物钟的正常运转非常重要。良好的生物钟调节与规律的作息时间相关，有助于提高入睡质量、调整情绪和改善注意力。在阅读环境中，适当引入自然光可以更好地保持人体生物钟的稳定性。

3. 良好照明与阅读效果的提升

良好的照明是保证阅读效果的关键因素之一。充足、均匀的光线可以减轻眼睛疲劳，提高文字的清晰度，有助于更好地理解和吸收信息。适宜的灯光设计有助于创造一个舒适、专注的阅读氛围，促进学习和思考。

在打造宜人的阅读环境时，充分利用自然光和灯光是至关重要的。通过合理的窗户设计、良好的灯具选择和合适的照明布局，可以打造一个温馨、明亮、舒适的阅读空间。这不仅对保护眼睛健康、提高阅读效果有益，还对心理健康和学习兴趣的培养起到积极的作用。在实际生活中，家长和个人都可以根据自己的需求和喜好，通过巧妙的设计和布置，创造一个让阅读变得更加愉悦、有趣的空间。

第三节　多样化的阅读材料选择

一、探索各类文学作品

文学是人类智慧和创造力的结晶，是一种通过文字表达思想、情感、体验的艺术形式。各类文学作品包罗万象，涵盖了小说、诗歌、戏剧、散文等多种形式，每一类文学作品都有其独特的表达方式和表现手法。这里将探索各类文学作品的特点、魅力和影响，旨在引领读者进入文学的广阔世界，感受文字的力量。

（一）小说：人生百态的缤纷画卷

1. 小说的定义和特点

小说是一种以虚构故事为主要表现手段的文学体裁。它通过人物、情节、对话等元素，展现了丰富的人生百态，是文学中最为广泛流行的形式之一。小说可以分为长篇小说、中篇小说和短篇小说，每一种形式都有其独特的叙事风格和叙述结构。

2. 小说的魅力

小说以其生动的描写和深刻的情感刻画吸引着读者。通过小说，读者可以走进作者构建的世界，与小说中的人物一同经历起伏跌宕的情节。小说具有强烈的情感共鸣力，让人在阅读中产生共鸣、思考，对人生有着深刻的启示。

3. 经典小说的影响

经典小说是文学史上的瑰宝，它们的影响力超越了时间和空间的限制。例如，曹雪芹的《红楼梦》、莎士比亚的《哈姆雷特》、托尔斯泰的《战争与和平》、狄更斯的《雾都孤儿》等作品，不仅在当时引起了巨大的反响，而且至今仍然被广泛研究和传播，对后世文学产生了深远的影响。

（二）诗歌：情感的细腻表达

1. 诗歌的定义和特点

诗歌是一种以高度压缩和抒情的方式表达思想、情感的文学形式。它通常以韵律和节奏为基础，通过精练的语言描绘深沉的情感或独特的景象。诗歌分为多种形式，包括古典诗、现代诗、散文诗等，每一种都在表达方式和语言运用上有其独特之处。

2. 诗歌的艺术魅力

诗歌以其精致的语言和深刻的思想令人着迷。通过简短的文字，诗人能够表达出丰富而深刻的情感，唤起读者内心的共鸣。诗歌常常具有音乐性的韵律，使人在阅读中产生一种美的享受，宛如欣赏一幅抽象的艺术画作。

3. 经典诗歌的永恒之美

一首经典的诗歌可以超越时代和文化的限制，持久地存在于人们的心灵深处。例如，李白的《将进酒》、席慕蓉的《夜泊牛渚怀古》、莎士比亚的十四行诗等，都以其独特的语言和深刻的思想成为文学史上的经典之作。这些诗歌通过对人生、爱情、自然等主题的表达，打破了语言的限制，触及了人类共同的情感和思考，因而在文学史上留下了深远的影响。

（三）戏剧：舞台上的人生

1. 戏剧的定义和特点

戏剧是一种通过舞台表演展示故事的文学形式，它包括话剧、音乐剧、舞台剧等多种类型。戏剧通过人物的对话、动作和舞台设计，生动地呈现出故事情节，以引起观众的情感共鸣和思考。

2. 戏剧的表演艺术

戏剧是一门表演艺术，它融合了文学、音乐、舞蹈等多种艺术形式。演员通过表演技巧、声音、肢体语言等手段，将文字呈现得更加生动。戏剧具有强烈的现场感，观众能够在舞台上亲身感受人物的情感起伏和故事的发展。

3. 戏剧的社会反映

许多戏剧作品通过对社会现象和人性的揭示，成为社会思潮和文化变革的反映。莎士比亚的《哈姆雷特》深刻地探讨了权力、背叛和复仇的主题，而贝克特的《等待戈多》则通过对存在主义的深刻探讨，引起了对人生和存在的思考。

（四）散文：平凡生活的哲思

1. 散文的定义和特点

散文是一种以平实的语言和叙述方式表达作者思想、感情和见解的文学形式。散文通常不受格律的限制，注重文字的表达和修辞的运用。它可以是散文随笔、散文小品、散文诗等多种形式，适合表达日常生活中的琐事、心情和思考。

2. 散文的亲和力

散文以其贴近生活、平易近人的特点，更容易引起读者的共鸣。作者通过散文可以表达对生活的独特见解，观察细微之处，传递情感。散文常常富有真实感，读者在阅读中能够找到自己的影子，感受到作者对生活的独到见解。

3. 散文的文学价值

一些著名的散文作品通过对人生、自然、人性等主题的深刻反思，具有较高的文学价值。例如鲁迅的《藤野先生》、朱自清的《匆匆》等，通过散文的形式深刻揭示了社会现象和人类内心的复杂性。

（五）文学的多元性与跨界创新

1. 文学的多元性

文学作品之间存在着多元性，即不同文学形式之间相互交织、相互渗透。一些文学作品既包含了小说的叙事特点，又具备了诗歌的抒情色彩；一些戏剧作品则融合了散文的思考和表达。这种多元性丰富了文学的表现形式，使作品更具创新性和独特性。

2. 文学的跨界创新

在当代文学中，越来越多的作品突破传统文学形式的界限，进行跨界创新。文学作品与影视、音乐、绘画等艺术形式相结合，创造出更为多样和富有创意的艺术形态。这种跨界创新既打破了传统文学形式的限制，也拓展了文学作品的表现手法。

（1）文学与影视

许多文学作品被改编成影视剧或电影，通过图像和声音的表达，使故事更直观地呈现在观众面前。例如，《权力的游戏》改编自乔治·R·R·马丁的小说《冰与火之歌》，成功地在屏幕上展现了奇幻世界的宏伟画面，吸引了全球观众。

（2）文学与音乐

文学作品与音乐的结合也是一种常见的跨界创新。一些音乐人通过创作歌曲，将文学作品中的情感和主题进行音乐表达。例如，鲍勃·迪伦凭借他那深刻的歌词获得诺贝尔文学奖，展现出文学与音乐的卓越融合。

（3）文学与绘画

文学作品与绘画相互启发，艺术家通过画笔表达对文学作品的理解和情感。一些插图小说或绘本则将文字与图像相结合，为读者呈现更为生动和具体的场景。这种交叉创新使得文学作品在视觉艺术领域得以延伸。

（六）文学作品的阅读体验

1. 阅读的沉浸感

文学作品的魅力在于它可以带领读者进入一个全新的世界，与虚构的人物共度时光。在阅读过程中，读者会沉浸在故事情节中，感受到其中的悲欢离合，体会到文学作品所引发的情感共鸣。

2. 阅读的思考空间

文学作品常常涉及深刻的人生哲理和社会问题，通过对人物性格、情节发展的思考，读者能够拓展自己的认知边界，进一步理解生活的复杂性。阅读是一种思考的过程，文学作品为读者提供了广阔的思考空间。

3. 阅读的情感共鸣

文学作品通过对情感的细腻描绘，引发读者内心深处的共鸣。读者可能会在作品中找到与自己相似的经历或感受，这种情感共鸣超越了时间和空间的限制，让阅读成为一种心灵的交流。

各类文学作品构成了丰富多彩的文学世界，每一种形式都在不同层面上展示了人类的智慧和情感。小说通过故事叙述展现人生百态，诗歌以抒情的方式表达深刻的情感，戏剧通过舞台表演呈现人物的命运，散文则以平实的语言反映日常琐事。文学的多元性和跨界创新使其在不断发展中保持生机勃勃。

阅读文学作品不仅是一种享受，更是一种思考和感悟的过程。通过阅读，人们能够开启想象的大门，感受不同时代文化的魅力。文学作品在丰富读者精神世界的同时，也激发了对人生、社会、艺术的深层次思考。因此，走进文学的世界，探索各类文学作品，是一次充满启发和意义的冒险。

二、引导孩子尝试阅读非虚构作品

在当今信息爆炸的时代，孩子们接触到的信息形式愈加多样，然而，除了小说、童话故事，非虚构作品也是一种有益的阅读选择。非虚构作品以真实事件和事实为基础，为孩子们提供了深入了解世界的窗口。本文将探讨如何引导孩子尝试阅读非虚构作品，拓展他们的认知，培养批判性思维和终身学习的习惯。

（一）认识非虚构作品

1.非虚构作品的定义

非虚构作品是以真实事件、人物或事实为基础的文学作品，主要目的在于传递信息、表达观点或解释现实。它包括多种形式，如传记、科普读物、历史记载、社会评论等，为读者展现了更为真实和客观的世界。

2.非虚构作品的特点

真实性：非虚构作品以真实的事件和事实为基础，注重客观性和真实性，使读者更好地了解事物的本质。

启发思考：非虚构作品常常探讨深刻的话题，引发读者对社会、科学、历史等方面的思考，促进认知水平的提升。

多样性：这一类作品涵盖了广泛的主题，包括但不限于人物传记、自然科学、历史事件、社会问题等，满足不同读者的兴趣。

（二）为何引导孩子阅读非虚构作品？

1.拓展知识领域

非虚构作品为孩子提供了更为深刻和广泛的认知，不仅丰富了他们的学科知识，还拓展了对世界各个领域的理解。

2.培养批判性思维

通过接触真实的事实和事件，孩子们可以培养批判性思维，学会分辨信息的真伪，形成独立的判断能力。

3.增强语言表达能力

阅读非虚构作品有助于提升孩子的语言表达能力。这类作品往往使用准确、生动的语言，帮助孩子更好地理解并表达复杂的概念。

4. 培养好奇心和求知欲

非虚构作品中蕴含丰富的知识和故事，可以激发孩子的好奇心，引导他们主动去探究、学习，形成积极向上的求知欲。

（三）引导孩子阅读的策略

1. 选择适龄适宜的作品

针对不同年龄段的孩子，可以选择适当难度和主题的非虚构作品。对于初学者，可以选择图文结合、插图丰富的作品，以增强理解和吸引力。

2. 与兴趣结合

了解孩子的兴趣爱好，选择与之相关的非虚构作品。如果孩子对动物感兴趣，可以选择有关自然、动物行为的科普读物；如果对历史感兴趣，可以选择描写历史事件或人物的作品。

3. 以轻松愉悦的方式引导

初次接触非虚构作品时，可以选择一些轻松、幽默的作品，通过愉悦的阅读体验培养孩子的兴趣。逐渐引导他们走进更深入的主题。

4. 与学科知识结合

将非虚构作品与学科知识结合，使阅读变得更有针对性。例如，通过阅读科普读物学习科学知识，通过阅读历史记载了解历史事件。

（四）推荐经典非虚构作品

1.《DK儿童地理大百科》系列

作者：英国DK公司

这是一套以地理为主题的科普读物，通过生动的语言和有趣的插图，向孩子们介绍了地球的奇妙之处，激发了对地理知识的兴趣。

2.《中国少年儿童百科全书》系列

编者：林崇德

这一系列作品以图文并茂的方式，全面介绍了科学、艺术、历史等多个领域的知识，适合初中阶段的孩子阅读。

3.《时间简史》

作者：史蒂芬·霍金

这本科普巨著以通俗易懂的语言介绍了宇宙的起源、演化和各种基本物理概念，适合对宇宙和科学感兴趣的学生。

4.《小岛经济学》

作者：彼得·D.希夫；安德鲁·J.希夫

这本书以寓教于乐的方式，通过描述一个荒岛上的生活场景，介绍了经济学的基本原理，使孩子在轻松愉快中学到了实用的知识。

（五）培养孩子阅读非虚构作品的方法

1. 以家庭为阅读基地

在家庭中创造一个良好的阅读氛围，让孩子在轻松、温馨的环境中沉浸在阅读的乐趣中。

2. 与孩子一同阅读

家长可以陪伴孩子一同阅读非虚构作品，分享彼此的感受和理解，促进家庭成员之间的交流。

3. 定期进行阅读分享

可以定期组织阅读分享活动，让孩子有机会向家人和同龄人分享自己的阅读体验，激发对阅读的兴趣。

4. 利用多媒体资源

结合多媒体资源，如有声读物、科普视频等，使孩子在视听的同时增进对知识的理解。

5. 建立奖励机制

适度的奖励机制可以激励孩子更加积极地参与阅读，例如设立阅读奖章、设定小目标等。

(六) 非虚构作品的挑战与解决方案

1. 专业领域的难度

某些非虚构作品可能涉及专业领域的知识，对孩子来说可能较为困难。解决方法是选择贴近孩子兴趣的主题，由浅入深，逐步提升难度。

2. 文字量大

相较于一些儿童小说，非虚构作品的文字量可能较大。可以采用分段阅读、逐段讲解的方式，减轻孩子的阅读压力。

3. 缺乏趣味性

有些非虚构作品可能显得较为严肃，缺乏趣味性。选择生动有趣、图文并茂的作品，或通过互动方式提升趣味性。

引导孩子尝试阅读非虚构作品，就是为他们打开一扇通往真实世界的大门，让他们在知识的海洋中遨游。通过多样的主题和形式，非虚构作品能够激发孩子的好奇心、培养批判性思维，为他们的成长提供坚实的知识基础。在家庭、学校和社会的共同努力下，孩子们将能够享受到非虚构作品带来的丰富阅读体验，迎接更为广阔的知识世界。

三、鼓励阅读跨文化和跨时代的作品

文学是一座桥梁，连接着不同文化、不同时代的人们。在全球化时代，鼓励阅读跨文化和跨时代的作品，不仅能够帮助人们更好地理解世界，还能够拓展个体的视野，培养跨文化理解和尊重差异的能力。这里将探讨为何鼓励阅读跨文化和跨时代的作品，并提供一些具体的阅读推荐与方法。

(一) 跨文化阅读的重要性

1. 文化差异的理解

阅读跨文化的作品，使读者能够深入了解不同文化的历史、传统、价值观念和生活方式。通过文学作品，人们可以感受到世界的多样性，增进对文化差异的理解和尊重。

2. 拓展思维边界

跨文化的作品通常涉及独特的思想体系和观念，挑战读者的认知框架，激发思考的深度。这有助于培养开放、包容的思维方式，使人更加灵活应对多元化的社会环境。

3. 提升语言能力

通过阅读不同文化背景的作品，读者将接触到各种各样的表达方式、修辞手法和语言风格，提升语言理解和运用的能力。这对于培养多语言能力尤为重要。

(二) 跨时代阅读的益处

1. 历史沉淀的智慧

跨时代的作品承载着过去时期的社会、文化和人类经验，使读者能够在文学的世界里穿越时空，领略历史的沧桑，汲取前人的智慧。

2. 当代问题的反思

通过阅读过去的文学作品，人们可以看到当时社会的问题、人类的困惑和挑战。这有助于读者更深刻地理解当代社会问题的根源，并为解决这些问题提供启示。

3. 打破时间束缚

文学作品能够让人们在时间上自由穿梭，体验不同时代的风貌。跨时代阅读使读者能够超越当前，感受到时间的流转，加深对生命的思考。

(三) 鼓励孩子跨文化阅读的方法

1. 提供多元文学选择

为孩子提供来自不同文化背景的儿童文学作品，包括传统童话、民间故事、现代儿童文学等。这样的选择能够帮助孩子更早地认识和理解多元文化。

2. 与孩子一同探讨

在孩子阅读完一本跨文化作品后，与他们进行深入的讨论。询问他们对不同文化元素的理解和感受，引导他们思考文学作品中所包含的文化信息。

3. 举办文化交流活动

组织一些文化交流活动，让孩子与来自不同文化背景的人交流，分享各自的文学作品和故事。这有助于培养孩子的跨文化沟通能力。

4. 通过旅行体验文化

如果条件允许，带孩子亲身体验不同文化。旅行能够让孩子更深刻地感受到不同文化的独特之处，促使他们对跨文化阅读产生更浓厚的兴趣。

（四）鼓励孩子跨时代阅读的方法

1. 打破经典作品的障碍

经典作品往往语言复杂，情节古老，对于一些年轻的读者来说可能存在一定难度。可以选择以图书馆或学校为单位，组织有趣的经典文学阅读活动，通过集体讨论和互助学习，降低孩子们阅读经典作品的难度。

2. 利用现代媒体资源

结合现代媒体资源，比如播客、电影、动画等，为孩子呈现经典作品的精彩部分。这种多媒体的形式能够更好地激发孩子的兴趣，帮助他们更好地理解和欣赏经典之美。

3. 建立阅读俱乐部

建立一个跨时代阅读俱乐部，让孩子们共同选择和阅读一些经典作品。通过小组讨论，分享理解和感悟，增加对经典作品的兴趣。

4. 跨学科整合

将经典作品与其他学科进行整合，通过历史、社会学、科学等不同领域的视角来解读经典作品。这样的综合性学习有助于加深对作品意义的理解，拓展知识面。

（五）跨文化和跨时代阅读的具体推荐

1. 跨文化阅读推荐

（1）《小王子》

作者：安托万·德·圣-埃克苏佩里

这部经典的法国文学作品以童话的形式，探讨了人类的本质、友谊和责任等主题。通过小王子在不同星球上的冒险，读者能够感受到不同文化的独特魅力。

（2）《千与千寻》

导演：宫崎骏

这部日本动画电影深受全球观众喜爱，通过讲述一个少女在神秘的灵界冒险的故事，展现了日本文化中独特的神话和传统元素。

（3）《麦田里的守望者》

作者：杰罗母·大卫·塞林格

美国文学的代表之一，通过描写主人公霍尔顿·考尔菲尔德的成长经历，展现了美国社会和家庭的缺失与冷漠。对青少年来说，是一部引人深思的作品。

2. 跨时代阅读推荐

（1）《傲慢与偏见》

作者：简·奥斯汀

这部19世纪英国经典小说以调侃和幽默的方式，揭示了当时社会的阶级观念和女性地位。通过主人公伊丽莎白·班内特的眼睛，读者能够窥见当时社会的风貌。

（2）《一九八四》

作者：乔治·奥威尔

这部具有强烈政治寓意的小说描绘了一个被极权主义统治的世界。尽管是在上世纪中期创作的，但其中对权力、自由和思想控制的讨论仍然具有现代意义。

（3）《人类简史：从动物到上帝》

作者：尤瓦尔·赫拉利

这本非虚构作品通过对人类历史的全球性审视，讲述了人类文明的起源和演变。作者以独特的视角阐释了人类社会的发展和未来走向，引发读者对历史的思考。

（六）跨文化和跨时代阅读的挑战与解决方案

1. 语言障碍

一些经典作品使用古老的语言或特定的方言，可能会对读者造成一定的语言障碍。解决方法是选择有注释或辅助材料的版本，辅以课堂讲解，帮助读者更好地理解语境。

2. 文化差异理解不透彻

有些文学作品涉及到特定文化的传统、习俗等，读者可能因为缺乏相关背景知识而理解不透彻。解决方法是辅以相关文化解读材料，或在阅读后进行小组讨论，分享对不同文化的理解。

3. 主题过于沉重

一些跨文化和跨时代的作品可能涉及沉重的社会议题，对于小读者来说可能显得较为沉重。解决方法是在老师或家长引导下选择适合年龄段的版本，或通过轻松愉悦的方式引导学生接触这些主题。

鼓励阅读跨文化和跨时代的作品是培养个体全球视野和人文素养的重要途径。通过文学之旅，读者可以在书籍的海洋中航行，穿越时空，领略不同文化和时代的风采。在学校、家庭和社会的共同努力下，为年轻一代打开一扇通向更广阔世界的大门，培养他们成为具有国际视野的公民。

第四节　与孩子共读的家庭活动

一、制定家庭共读时间表

在当今繁忙的社会中，家庭共读不仅是促进亲子关系的有效途径，还有助于培养孩子的阅读兴趣和提升家庭成员的综合素养。制定一份家庭共读时间表，明确共读的时间、内容和方式，可以帮助家庭成员更有组织地投入到阅读中，创造温馨的共读氛围。这里将深入探讨如何制定家庭共读时间表，让共读成为家庭生活中不可或缺的一部分。

（一）家庭共读的重要性

1. 促进亲子关系

共读是一种亲密的家庭活动，通过共同分享故事、交流想法，不仅能够增进亲子感情，还有助于家庭成员之间的沟通和理解。

2. 培养阅读兴趣

在家庭共读的过程中，孩子可以体验到阅读的乐趣，建立起对书籍的喜爱和主动阅读的动力，培养终身学习的习惯。

3. 提升语言表达能力

通过听父母或兄弟姐妹的朗读，孩子不仅能够提升语言理解能力，还能够模仿正确的发音和语调，有助于提高他们的语言表达能力。

4. 传承文化价值观

许多家庭共读的书籍涉及丰富的文化、历史和道德教育内容，通过共读，可以传承家族的文化价值观，让孩子在家庭中感受到文明的传承。

（二）制定家庭共读时间表

1. 明确共读的时间点

在制定家庭共读时间表时，首先需要明确共读的时间点。这可以根据家庭成员的工作、学习和生活习惯来确定。通常，晚餐后、睡前是比较适合的时间，让共读成为一天中的固定仪式。

2. 确定共读的频率

共读不一定要每天都进行，可以根据家庭成员的时间安排，制定合理的频率。可以是每周两次，也可以是每周末一次，关键是保持一定的连续性，不要让共读成为孩子生活中的负担。

3. 选择共读的内容

在家庭共读时间表中，需要明确每次共读选择的书籍或故事内容。可以根据孩子的年龄、兴趣和家庭成员的建议，轮流选择书籍，确保每个家庭成员都能参与到共读中。

4. 制定共读的时间长度

共读的时间不必太长，特别是对于年幼的孩子。根据家庭成员的情况，可以制定每次共读的时间长度，一般在15到30分钟之间。要保持足够的灵活性，让共读时间成为一段轻松愉悦的体验。

5. 设定共读的目标

在共读时间表中，可以设定一些共读的目标，例如完成一本书、探讨一个故事中的主题等。这有助于引导家庭成员更有目的地进行共读，增强共读的深度。

（三）家庭共读时间表的实践建议

1. 创造舒适的共读环境

共读的环境对于孩子的阅读体验至关重要。可以在柔和的灯光下，准备舒适的坐垫或椅子，为每个家庭成员提供一个温馨的共读环境。

2. 制定奖励机制

在家庭共读时间表中，可以设定一些小奖励，例如完成一个阶段性目标的家庭成员可以选择下一次共读的书籍，或者享受一个小小的家庭活动。这有助于激发孩子的兴趣和参与度，使共读成为一种大家期待的活动。

3. 引入多媒体资源

为了增加共读的趣味性，可以适度引入多媒体资源，如有声读物、音频故事等。这样不仅能够吸引孩子的注意力，还能够丰富共读的形式，使其更具娱乐性。

4. 尊重每个家庭成员的意愿

在共读时间表中，应尊重每个家庭成员的意愿，不强求每个人都参与，更不要强迫孩子进行共读。共读应该是一种轻松、自愿的活动，不应造成任何的压力。

5. 注重互动和讨论

共读不仅仅是简单地朗读故事，更应该注重互动和讨论。在共读的过程中，可以提出问题、分享感受，鼓励孩子表达自己的观点，促进家庭成员之间的交流。

（四）家庭共读时间表的具体安排

1. 星期一至星期五

19:30 — 20:00：晚餐后，整理好家庭共读的环境，每个家庭成员选择一本自己喜欢的书籍。

20:00 — 20:30：开始家庭共读时间，每个人依次朗读自己选择的书籍，其他家庭成员可以进行听故事、讨论和提问。

2. 星期六

19:00 — 20:00：安排一个较长的共读时间，选择一部较为复杂和有趣的故事或小说，全家一同投入到共读中。

3. 星期日

20:30 — 21:00：睡前共读时间，选择一些温馨的童话故事，帮助孩子在愉悦的氛围中入睡。

（五）家庭共读时间表的评估和调整

1. 定期评估

每隔一段时间，可以定期评估家庭共读时间表的执行情况。通过询问家庭成员的感受、收集反馈意见，了解每个人对共读时间的期望和建议。

2. 灵活调整

家庭共读时间表应该是一个灵活的框架，能够根据家庭成员的生活变化进行调整。例如，有特殊活动的日子可以暂时取消共读，保持活动的轻松和愉悦。

3. 鼓励家庭成员参与规划

家庭共读时间表的制定不应是一家之主的决定,而是应该鼓励家庭成员共同参与规划。这样可以更好地满足每个人的需求,提高共读的参与度。

4. 不断丰富共读内容

定期更新家庭共读的书单,引入新的、有趣的作品。这有助于保持家庭共读的新鲜感,避免因内容单一而导致兴趣减退。

家庭共读时间表的制定是为了更好地将共读融入到家庭生活中,创造一个充满爱和温馨的阅读环境。通过明确的时间安排、丰富的内容选择和灵活的调整机制,可以让共读成为家庭成员期待的、有趣的日常活动。共读不仅是培养孩子阅读习惯的有效手段,更是促进家庭和谐的纽带,让亲情在共读的时光中愈加深厚。

二、创意性的家庭共读活动

家庭共读不仅是培养孩子阅读兴趣的有效途径,也是促进亲子关系、创造温馨家庭氛围的重要活动。为了使家庭共读更富有趣味性和创意性,以下将介绍一些创意性的家庭共读活动,旨在激发孩子的阅读兴趣,同时增进家庭成员之间的互动和共鸣。

(一) 家庭共读游戏

1. 读书角色扮演

为了让共读更具趣味,家庭成员可以选择并扮演书中的角色。每个人可以选择自己喜欢的角色,通过扮演,深入理解角色的情感和思想,增加对故事的理解。

2. 书中场景还原

选择一些家庭共读的经典场景,让家庭成员一起动手还原。可以通过手工、绘画或搭建模型等方式,将故事中的场景呈现出来,让孩子通过参与感受故事的真实性。

3. 故事接龙

在共读的过程中，通过轮流编故事的方式，家庭成员可以根据原故事的情节继续编，发挥创意，产生意想不到的效果。这种互动的方式不仅让共读更富有趣味性，还锻炼了孩子的创造力。

(二) 互动式阅读体验

1. 绘本 DIY

选取一本绘本，每个家庭成员都可以为书中的角色或场景创作自己的绘画作品。通过 DIY 绘本的方式，增强孩子对故事的投入感，同时培养他们对绘画的兴趣。

2. 角色问答游戏

在共读过程中，父母可以扮演"提问者"角色，向孩子提出一些与故事相关的问题。孩子则扮演"回答者"角色，通过回答问题巩固对故事的理解，并展示自己的想象力。

3. 快速阅读时间

设定一个快速阅读时间，全家成员在规定的时间内尽量阅读更多的故事片段。通过竞赛的方式，激发孩子对阅读的兴趣，同时增加家庭成员之间的互动。

(三) 主题性家庭共读

1. 按主题选择书目

每个月或每个季度，为家庭共读设定一个主题，然后选择与主题相关的书目。主题可以是季节、节日、科普知识等，让共读更具有针对性和趣味性。

2. 家庭共读展览

在共读的过程中，每个家庭成员可以选择一本自己喜欢的书，然后进行展览。展览可以包括书的介绍、自己的感受、绘画作品等，让每个人都成为共读的"导演"。

3. 家庭共读活动周

设立一个家庭共读活动周，每天安排不同的共读活动。比如，有一天是家庭阅读马拉松，有一天是共读讨论会，有一天是 DIY 手工制作与故事相关的物品等。通过不同形式的活动，增加共读的多样性。

（四）数字化创新家庭共读

1. 互动电子书阅读

利用互动电子书，通过触摸屏或声音互动，使共读更加生动有趣。一些互动电子书还提供配套的游戏和小测验，增加了学习的趣味性。

2. 视频故事时间

录制家庭成员朗读故事的视频，制作成家庭故事集锦。这样的视频既能够记录下孩子的成长，也可以在亲友间分享，形成家庭的文化传承。

3. 利用社交媒体分享

在家庭共读的过程中，可以利用社交媒体平台分享孩子的阅读成果、家庭共读活动照片等。通过分享，不仅可以鼓励孩子，还能够与其他家庭交流经验，形成一个共读的社区。

（五）创意空间的共读

1. 阅读角落 DIY

为家庭打造一个专属的阅读角落，可以选择柔和的灯光、舒适的坐垫、喜爱的书籍和装饰品。这个阅读角落不仅是共读的场所，也是孩子独立阅读的好去处。

2. 室外共读

在阳光明媚的日子，家庭可以选择在室外进行共读活动。可以在花园、阳台，或在户外公园摆放席子，享受户外的清新空气，让共读变得更加轻松愉快。

3. 星空共读

在晚上选择一个晴朗的夜晚，一家人一起躺在院子里或阳台上，仰望星空。在星光的映照下，共读一些有关星星、宇宙的故事，增加共读的仪式感和浪漫氛围。

（六）文学节日庆祝

1. 世界读书日

每年的4月23日是世界读书日，可以在这一天策划一场特别的家庭共读活动。可以选择家庭成员共同喜欢的书籍，一起读书、分享感受，甚至可以准备一些小礼物庆祝这个特殊的日子。

2. 家庭文学夜

不定期地举办一场家庭文学夜活动，可以邀请家庭成员朗读自己喜欢的诗歌、散文或小说，也可以表演一些有趣的短剧。这样的活动不仅增进了家庭成员对文学的了解，还培养了表达和沟通的能力。

3. 亲子读书会

定期组织亲子读书会，家庭成员可以选择自己喜欢的书籍，分享阅读心得，讨论故事中的情节和人物。这样的活动不仅加深了对书籍的理解，还促进了家庭成员之间的亲密关系。

（七）跨学科共读

1. 科学与阅读结合

选择一些涉及科学知识的书籍，进行科学实验或观察活动。比如，读一本关于植物的书，然后一起在家里或花园里种植一盆植物，观察其生长的过程。

2. 历史与阅读结合

在阅读历史小说或历史故事的同时，可以一起进行历史考察，参观博物馆、历史遗迹，或者通过互联网进行虚拟历史之旅，让共读更具实践性。

3. 艺术与阅读结合

选择一些以艺术为主题的书籍，读完后可以进行手工艺术创作。比如，读一本关于画家的传记，然后一起尝试模仿画家的艺术风格，进行绘画创作。

（八）共读的亲子活动

1. 亲子读书马拉松

选择一个周末或假期，家庭成员一起参加亲子读书马拉松。每个人选择一本书，在规定的时间内独立或共同阅读，然后分享自己的感受和心得。

2. 亲子读书分享会

每个月安排一个亲子读书分享会，家庭成员可以选择自己喜欢的一本书，通过简短的分享介绍故事情节、人物特点和自己的感受。这样的活动不仅促进了家庭成员对书籍的理解，还锻炼了表达能力。

3. 家庭共读挑战赛

设定一个共读挑战赛，比如每个季度选择一个主题，家庭成员共同阅读相关的书籍，然后在一个特定的时间内完成一些任务，比如绘画、手工制作、小剧场表演等。通过挑战赛，激发孩子的学习兴趣和动力。

（九）家庭共读的评估和调整

1. 定期回顾

每隔一段时间，家庭成员可以一起回顾家庭共读的活动，分享各自的感受和建议。通过讨论，了解每个人对共读活动的期望，发现不足之处，为下一阶段的活动调整提供参考。

2. 家庭成员投票

在家庭共读的过程中，可以定期进行家庭成员投票，让每个人选择自己最喜欢的共读活动，并提出新的创意建议。这样的参与方式能够增加每个成员的话语权，使共读活动更符合整个家庭的兴趣和期望。

3. 活动效果调查

定期进行家庭共读活动效果的调查，通过问卷或小组讨论了解家庭成员对活动的满意度和改进建议。了解哪些活动受到欢迎，哪些需要调整，可以更有针对性地进行改进。

4. 引入新元素

不断引入新的元素和主题,使家庭共读保持新鲜感。可以根据家庭成员的兴趣和季节变化,调整活动内容,引入新的创意元素,提升共读的吸引力。

创意性的家庭共读活动不仅丰富了共读的形式,也让孩子在阅读中获得更多的乐趣。通过游戏、互动、主题和跨学科的方式,不仅促进了孩子的认知和情感发展,也增进了家庭成员之间的亲子关系。在共读的过程中,家庭成员能够更深入地理解彼此,共同创造出丰富多彩的家庭共读记忆。希望这些创意性的家庭共读活动能够激发更多家庭的共读兴趣,让阅读成为家庭生活中不可或缺的美好时光。

第五节 互动性的家庭讨论和分享

一、提问引导家庭讨论

家庭是每个人生活的港湾,而家庭氛围的和谐与否直接影响到每个家庭成员的幸福感和生活质量。要建立一个和谐的家庭氛围,家庭成员之间的沟通、理解、尊重是至关重要的。通过有针对性的提问,可以引导家庭成员思考、交流,共同探讨一些重要的话题,促进家庭的共建。本文将提供一系列的问题,帮助家庭成员展开深入的讨论,从而促进家庭关系更加紧密和谐。

(一)沟通与理解

1. 个人需求的沟通

你认为家庭成员之间在日常生活中是否足够畅快地进行沟通?

在沟通中,你觉得自己的需求是否得到足够的关注和理解?

是否有一些你希望家庭成员能够更多了解的个人需求,但尚未表达出来？

2. 共同兴趣的发现

家庭成员之间是否有一些共同的兴趣爱好，你觉得这些兴趣是否得到了充分的发掘和共享？

是否有一些你一直以来感兴趣的事物，但还没有机会在家庭中分享？

3. 意见的表达与尊重

在家庭决策中，你觉得自己的意见是否得到了足够的尊重和考虑？

是否有一些重要的决策，在家庭中还没有达成共识，需要进行更深入的讨论？

（二）共同的家庭目标

1. 家庭的远景规划

家庭成员对于未来有哪些共同的期望和规划？

是否有一些家庭目标，比如购房、子女教育、旅行等，大家可以共同努力实现？

2. 家庭价值观的探讨

家庭成员对于家庭的核心价值观有哪些共同的认知？

是否有一些家庭成员认为重要的价值观尚未被充分强调，需要进一步明确？

3. 家庭经济规划

家庭对于经济规划和理财有哪些共同的原则和目标？

是否有一些经济方面的问题需要家庭成员一起商讨和解决？

（三）解决问题的方式

1. 处理冲突的方法

家庭成员在面对冲突时是否有一些固定的处理方式，大家都能够接受和理解？

是否有一些长期存在的问题需要家庭成员共同协商和解决？

2. 沟通的技巧

家庭成员之间是否有一些良好的沟通技巧，能够更好地表达自己的想法和感受？

是否有一些需要改进的沟通方式，以减少误解和冲突？

3. 共同承担责任

家庭中的责任分工是否合理，每个人是否感到公平？

是否有一些家庭成员觉得某些责任分配不公，需要重新调整？

（四）家庭成员的个人成长

1. 支持个人发展的空间

家庭中是否有为每个成员提供追求个人发展的空间和支持的机制？

是否有一些家庭成员对于自己的个人发展有更多的期待和需求，需要共同讨论？

2. 教育理念和实践

家庭成员对于子女教育的理念是否一致，是否有一些共同的教育原则？

是否有一些教育方面的问题需要家庭成员共同思考和制定相应的策略？

3. 时间管理和平衡

家庭成员是否能够合理安排时间，平衡工作、学习和生活？

是否有一些家庭成员感到时间压力过大，需要共同探讨如何更好地管理时间？

（五）家庭活动与共同体验

1. 共同参与的家庭活动

家庭成员是否有一些共同喜好的活动，能够让大家更好地沟通和共享快乐？

是否有一些新的家庭活动的提议，可以尝试引入新的元素，丰富家庭生活？

2. 家庭节日和庆祝活动

家庭在节日和重要日子是否有一些共同的庆祝活动，让大家更加有归属感？

是否有一些特殊的日子，家庭成员希望能够更加隆重地庆祝，需要进行讨论和规划？

3. 家庭旅行和经验分享

家庭成员是否有一些共同的旅行计划，可以一起探讨和安排？

是否有一些家庭成员有过一些特别的经历，值得分享和交流？

（六）**心理健康与关爱**

1. 家庭成员的心理健康

家庭成员在心理健康方面是否感到充实和满足？

是否有一些家庭成员在心理健康方面有一些特殊的需求，需要得到更多的关注和支持？

2. 家庭中的关爱表达

家庭成员之间是否能够充分表达对彼此的关爱和支持？

是否有一些家庭成员觉得在关爱表达方面存在一些困扰，需要进行更加细致的沟通？

3. 应对压力和困难的策略

家庭成员在面对压力和困难时是否有一些共同的应对策略？

是否有人在某些方面感到困扰，需要家庭成员共同想办法解决？

通过这一系列的提问，希望能够引导家庭成员展开深入的讨论，加深彼此之间的理解和关系。家庭是一个共同体，每个成员都对家庭氛围和关系负有责任。通过共同的努力，建立一个和谐、温馨的家庭氛围，将成为家庭成员共同的目标。愿这些问题能够成为家庭讨论的起点，帮助大家共同打造一个温暖而美好的家庭。

二、利用故事激发家庭对话

在现代社会中，随着家庭成员的生活节奏加快、工作学习的压力增大，家庭对话往往受到一些限制。然而，通过故事的方式，我们可以打破这种局面，激发家庭成员间更深层次的对话。故事是一种强大的沟通工具，它不仅能够传递信息，更能够引发情感共鸣，拉近家庭成员之间的距离。本文将探讨如何利用故事激发家庭对话，创造一个更加和谐、温馨的家庭氛围。

（一）**故事的魅力**

1. **故事的情感连接**

故事是情感的表达器，它能够触动人心，唤起共鸣。家庭成员通过分享故事，不仅可以了解彼此的经历和感受，还能够建立情感连接。一个感人的故事往往能够引发共鸣，让家庭成员更加理解和关心彼此。

2. **故事的启示和教育**

故事中往往蕴含着深刻的启示和教育意义。通过讲述故事，家庭成员可以从中汲取经验教训，学到人生的道理。这种学习不仅仅局限于表面的知识，更是对于价值观、道德准则的深刻体悟，有助于家庭成员的共同成长。

3. **故事的创造性表达**

故事是一种创造性的表达方式，通过构建情节、刻画人物，家庭成员可以用更轻松愉快的方式表达自己。这有助于家庭成员展示自己的个性，提高沟通的自由度，创造更加宽松的氛围。

（二）**选择适合的故事**

1. **考虑家庭成员的兴趣和年龄**

在选择故事时，要考虑家庭成员的兴趣和年龄差异。对于年幼的孩子，可以选择富有想象力和趣味性的童话故事；对于青少年，可以选择一些涉及友情、成长、挑战的故事；而对于成年家庭成员，则可以选择更加深刻、成熟的故事，涉及家庭、事业、人生观等方面。

2.关注故事的主题和价值观

故事的主题和价值观对于家庭成员的启示意义极大。选择一些能够引发讨论、思考的故事，有助于激发家庭成员的共鸣，并促使他们在对话中表达个人观点和感悟。

3.多元化的故事类型

家庭对话的多元性需要多样性的故事类型。除了小说、童话之外，还可以选择真实故事、历史故事、科幻故事等，以满足家庭成员的多样化兴趣和需求。多元的故事类型有助于激发更广泛的对话话题。

（三）故事与家庭对话的结合

1.定期开展家庭阅读时间

为了培养家庭成员的阅读兴趣，可以定期开展家庭阅读时间。在这个时间里，可以选择一部故事书或小说，由家庭成员轮流讲述故事，然后展开讨论。这不仅可以提高家庭成员的阅读能力，还能够促进家庭成员之间的对话。

2.创造轻松的氛围

故事讲述和家庭对话应该是一种轻松、愉快的体验。可以在讲述故事的过程中加入一些幽默元素，或者选择一些富有趣味性的故事，以缓解家庭成员的压力，让对话更加轻松自在。

3.鼓励每个人分享自己的故事

在家庭对话中，不仅要听取故事，还要鼓励每个人分享自己的故事。这可以是个人经历、成就、困扰，或者是一些有趣的事情。通过分享个人故事，可以更深入地了解家庭成员，促进更为深刻的对话。

（四）故事引发的家庭对话示例

1.情感共鸣的故事

选择一部能引起情感共鸣的故事，例如关于友情、家庭关系的故事。

在家庭成员听完故事后，可以分享彼此对于故事中人物情感的感受，谈论自己在类似情境中的体会。

2. 道德与价值观的故事

选择一部涉及道德与价值观的故事，例如关于正直、宽容、助人为乐的故事。在家庭成员分享故事后，可以展开对于这些价值观的讨论，了解每个人在这些方面的看法，并共同探讨如何在现实生活中践行这些价值观。

3. 成长与挑战的故事

选择一部关于成长与挑战的故事，例如主人公在困境中成长，克服自身难题的故事。家庭成员可以分享自己在生活中面对的成长与挑战，彼此鼓励和支持，共同探讨如何面对生活中的困境。

4. 历史与文化的故事

选择一部关于历史与文化的故事，例如某个时代的传奇故事、文学作品或者家族传承的故事。通过分享这样的故事，家庭成员可以更深刻地了解彼此的文化背景、家族历史，促进对于家庭根源的认识和尊重。

（五）故事引发对话的益处

1. 加强家庭成员的关系

通过故事引发对话，可以加强家庭成员之间的关系。在共同聆听、讲述故事的过程中，家庭成员更容易感受到亲情、友情的温暖，拉近了彼此的距离。

2. 培养沟通能力

家庭对话是沟通能力的锻炼场所。通过分享故事，家庭成员能够提高表达和倾听的技能，学会更好地理解对方，培养有效沟通的能力。

3. 促进共同成长

故事中的经验教训、启示往往能够成为家庭成员共同成长的动力。在对话中，家庭成员可以从他人的故事中学到经验，共同探讨如何在生活中更好地面对困境、追求目标。

4. 创造家庭共同记忆

通过共同聆听、讲述故事，家庭成员创造了共同的记忆。这些故事成为家庭的一部分，代表着成员们共同的经历和情感，形成了家庭的独特文化。

（六）家庭对话面临的挑战与应对方法

1. 时间和计划安排

现代生活节奏快，家庭成员的时间往往有限。为了克服这一挑战，可以制定一个家庭对话的计划安排，选择适当的时间段，保证家庭成员能够集中注意力参与对话。

2. 兴趣差异

不同年龄层次、不同兴趣爱好的家庭成员可能对于故事的选择有不同的偏好。为了应对兴趣差异，可以轮流选择故事，也可以在一定范围内满足每个家庭成员的兴趣需求。

3. 创造轻松的氛围

有些家庭成员可能不太愿意参与对话，可能因为害羞、担忧被评价等原因。创造轻松、包容的氛围是解决这一挑战的关键，家庭成员需要感受到在这个环境中他们可以自由表达，而不用担心被批评。

4. 多元化的对话形式

家庭对话不一定局限于口头交流，也可以通过写信、绘画、剧本创作等多元化的形式进行。这样的多元化可以满足不同成员的表达方式，丰富家庭对话的内容和形式。

故事是连接家庭成员之间感情的桥梁，是传递价值观念的工具。通过合理选择故事，精心设计对话形式，家庭成员可以在轻松、愉快的氛围中展开深入的对话。家庭对话不仅仅是一种交流方式，更是共同成长、建设和谐家庭的途径。

在现代社会，亲情、友情、爱情等关系面临各种挑战，而家庭对话可以成为缓解这些挑战的有效手段。通过分享故事，家庭成员可以更好地理解对方的内心世界，引起共鸣，减轻沟通障碍。同时，家庭对话还能够促进家庭成员之间的情感联系，强化亲情，让家庭成员在彼此的陪伴中感受到温暖与安全。

在家庭对话的过程中，不仅仅是信息的传递，更是情感的交流和价值观的碰撞。家庭成员可以从故事中汲取启示，培养共同的家庭价值观，使得家庭成员在面对社会和生活中的挑战时更具凝聚力。

最后，要注意家庭对话是一个长期而持续的过程，需要家庭成员共同努力。通过不断尝试和调整，找到适合家庭的对话方式，激发家庭成员的参与热情，共同创造一个理解、尊重、温馨的家庭氛围。让故事成为家庭中一道灿烂的风景，让对话成为家庭成员心灵相通的桥梁，共同书写幸福和谐的家庭篇章。

第六节　利用科技创造创新的阅读体验

一、探索数字化阅读平台

随着科技的迅猛发展，数字化阅读平台逐渐崭露头角，成为现代人获取信息、阅读图书的新方式。这一数字化阅读的浪潮为人们提供了更为便捷、多样化的阅读体验，同时也对传统纸质阅读方式提出了挑战。此处将深入探讨数字化阅读平台的兴起、优势、挑战以及对阅读文化和行为的影响。

（一）数字化阅读平台的兴起

1. 移动设备的普及

数字化阅读平台的兴起与移动设备的普及密不可分。随着智能手机和平板电脑的广泛应用，人们可以随时随地携带大量的电子书籍，实现便捷的阅读体验。移动设备的便携性为数字化阅读的普及提供了技术支持。

2. 互联网的发展

互联网的高速发展为数字化阅读平台提供了良好的基础。通过互联网，读者可以轻松获取电子书籍、杂志、新闻等多样化的阅读资源。同时，数字化阅读平台也为作者、出版商提供了更广泛的传播渠道，推动了数字出版的繁荣。

3. 创新的阅读模式

数字化阅读平台通过引入创新的阅读模式，如电子墨水技术、互动式阅读等，为读者带来了全新的阅读体验。这些创新使得数字化阅读更贴近传统纸质阅读的感觉，同时又具备了更多的互动和个性化选择的可能性。

（二）数字化阅读平台的优势

1. 便捷性与可携带性

数字化阅读平台最大的优势之一就是便捷性和可携带性。在一个小小的电子设备上，读者可以携带数以千计的书籍，轻松随身携带，解决了纸质书籍难以携带的问题。无论是在公交车上、咖啡馆里，还是在床上、沙发上，读者都能方便地进行阅读。

2. 多样化的内容形式

数字化阅读平台提供了丰富多样的内容形式，包括电子书、漫画、杂志、新闻等。读者可以根据自己的兴趣和需求选择不同形式的阅读材料。这种多样性满足了不同人群的阅读欲望，使阅读成为更加个性化和多元化的体验。

3. 互动和社交功能

数字化阅读平台通过引入互动和社交功能，拉近了读者之间的距离。读者可以在平台上分享阅读心得、评价图书，甚至和其他读者进行实时交流。这种社交化的阅读体验使阅读不再是孤独的行为，而是一种可以分享和交流的社区活动。

4. 个性化推荐和定制化服务

数字化阅读平台通过分析读者的阅读习惯、历史记录，能够为每位读者提供个性化的图书推荐。这种定制化的服务让读者更容易找到符合自己兴趣的内容，提高了阅读的效率和满足感。

（三）**数字化阅读平台面临的挑战**

1. **数字版权和盗版问题**

数字化阅读平台面临着数字版权和盗版问题。由于数字内容的易复制性，一些不法分子可能通过盗版手段非法传播图书、漫画等作品，侵害了作者和出版社的合法权益。数字化阅读平台需要加强版权保护措施，以确保创作者和出版社的权益。

2. **阅读体验的数字化差异**

虽然数字化阅读平台通过引入电子墨水技术等手段提高了阅读体验的质量，但与纸质阅读相比，仍存在一些差异。比如，电子设备发的光会对眼睛造成一定程度的疲劳，而纸质书籍则不存在这个问题。这些差异使得一些读者仍更偏好传统的纸质阅读方式。

3. **数字化阅读平台的数据安全**

随着数字化阅读平台的发展，用户的阅读数据也在不断积累。保护用户的阅读隐私和数据安全成为一个重要问题。平台需要建立健全的隐私政策和安全机制，确保用户的个人信息不被滥用或泄露。

4. **数字鸿沟的存在**

数字化阅读平台的兴起并非全球普及，一些地区依然存在数字鸿沟。部分地区的人们可能无法轻松获取数字设备或者高质量的网络连接，致使他们难以参与数字化阅读。解决数字鸿沟问题需要综合考虑经济、教育和技术等多方面因素。

（四）数字化阅读对阅读文化和行为的影响

1. 阅读方式的多元化

数字化阅读的兴起促使阅读方式的多元化发展。传统的纸质阅读与数字化阅读相辅相成，读者可以根据自己的需求和喜好选择不同的阅读方式。这种多元化丰富了阅读体验，满足了不同人群的阅读需求。

2. 阅读社交化

数字化阅读平台引入的社交功能让阅读变得更具社交性。读者可以在平台上与其他读者分享感想、交流意见，形成阅读社区。这种社交化的阅读体验加强了读者之间的联系，使阅读不再是孤立的个体行为，而是一种共享和互动的活动。

3. 阅读个性化与定制化

数字化阅读平台通过分析用户的阅读行为，提供个性化的图书推荐，实现阅读的个性化和定制化。这种服务模式促使出版商更关注读者的兴趣和需求，同时也帮助读者更快速地找到符合自己喜好的内容，推动了阅读市场的进一步发展。

4. 阅读普及与信息获取的便捷性

数字化阅读的兴起推动了阅读的普及，降低了获取信息的门槛。人们可以通过数字化阅读平台获取到丰富的阅读资源，包括图书、文章、报纸、杂志等，满足了不同层次、不同领域对知识的需求。这种便捷性促进了信息的更广泛传播，使阅读不再受制于地域和时间。

（五）数字化阅读的未来发展趋势

1. 技术创新驱动

随着技术的不断创新，数字化阅读平台将继续引入更先进的技术，提升阅读体验。例如，增强现实（AR）和虚拟现实（VR）技术的应用将为读者带来更为沉浸式的阅读体验，模拟出纸质书籍无法提供的视觉和感官感受。

2. 内容生态的完善

数字化阅读平台将更加注重建设内容生态系统，通过与作者、出版社、读者等多方的合作，推动数字内容的创作、传播和消费。构建完善的内容生态将有助于提高数字化阅读平台的影响力和可持续发展性。

3. 人工智能的应用

人工智能（AI）的应用将进一步提升数字化阅读平台的智能化水平。通过分析用户的阅读行为，智能推荐更符合用户兴趣的内容，提高推荐的准确性。同时，AI还可以帮助出版商了解读者的需求，更好地创作和推出符合市场需求的作品。

4. 区块链技术的应用

区块链技术的应用将有助于解决数字化阅读领域的版权和数据安全问题。通过区块链的去中心化特性，可以建立起更加透明、可信赖的数字版权管理系统，保护创作者和出版商的权益。同时，区块链还可以确保用户阅读数据的安全性，增强数字化阅读平台的可信度。

随着数字化阅读平台的兴起，阅读体验正在经历前所未有的变革。数字化阅读平台不仅改变了人们获取信息和阅读的方式，也影响了阅读文化和行为。数字化阅读的优势在于便捷性、多样性和个性化，但同时也面临着一些挑战，如数字版权问题和阅读体验的数字化差异。

未来，数字化阅读平台将在技术创新、内容生态完善、人工智能和区块链技术的推动下迎来更为广阔的发展前景。随着社会的不断进步和科技的不断发展，数字化阅读将继续与传统纸质阅读相互融合，共同构建更为丰富多彩的阅读世界。

二、利用电子书和有声书

随着科技的迅速发展，数字化阅读工具逐渐崭露头角，其中电子书和有声书成为数字时代阅读的两大亮点。电子书通过数字化形式呈现文本内容，而有声书则以声音的方式呈现，为读者提供了更为灵活和多样的阅读体验。这里将深入探讨电子书和有声书在阅读中的优势、应用场景以及对阅读习惯和文化的影响。

（一）电子书的崛起

1. 电子书的定义

电子书是以数字形式存在的图书，可以通过电子设备如电脑、平板电脑、电子阅读器等进行阅读。电子书通常以文本、图片、超链接等形式呈现，与传统的纸质书籍相比，具有数字化的特点，便携性较强。

2. 电子书的优势

便携性与可存储性：电子书可以存储在电子设备上，读者可以随时随地携带大量图书，解决了纸质书籍携带不便的问题。

个性化阅读体验：电子书阅读器通常提供调整字体、亮度、背景等功能，满足读者个性化的阅读需求。

全文搜索与标注功能：电子书支持全文搜索和标注，方便读者快速查找信息，记录想法和作笔记。

环保和可持续：电子书的数字化形式减少了纸张的使用，有利于环保，同时也降低了印刷和物流的成本。

3. 电子书的应用场景

学术研究：学者可以通过电子书获取最新的学术著作，方便查找和引用文献。

职业发展：专业人士可以通过电子书学习新知识、提升技能，保持职业竞争力。

休闲阅读：普通读者可以通过电子书阅读小说、杂志等，享受便捷的休闲阅读体验。

（二）有声书的盛行

1. 有声书的定义

有声书是一种以声音形式呈现的图书，通常由专业的配音员朗读。有声书可以通过在线平台或者专门的应用进行收听，也可以在多种设备上播放，包括智能手机、平板电脑和智能音箱。

2. 有声书的优势

多任务阅读：有声书可以在做其他事情的同时进行听阅，如驾车、锻炼、做家务等，实现多任务阅读。

丰富的声音表现力：专业的配音员通过声音表达情感、人物性格等，为读者呈现更为生动的阅读体验。

无视觉疲劳：有声书不需要读者盯着文字，减轻了眼睛的视觉疲劳，特别适合长时间驾车或工作的人群。

辅助学习：有声书可以帮助学生、学者更好地理解和记忆学科知识，提高学习效果。

3. 有声书的应用场景

驾车听书：家长驾车途中通过有声书让孩子进行听阅，提升旅途中的愉悦度。

户外锻炼：在慢跑、散步等户外活动中通过有声书进行听阅，将运动和阅读相结合。

工作学习：在工作间隙通过有声书学习新知识，提高工作效率。

睡前放松：在入睡前通过有声书放松身心，促进睡眠。

（三）数字化阅读工具对阅读习惯的影响

1. 个性化和定制化

数字化阅读工具如电子书阅读器和有声书应用通过智能推荐算法，为用户提供个性化的阅读体验。用户可以根据兴趣、阅读历史等信息获得定制化的推荐书目，从而更好地满足个体化的阅读需求。

2.阅读的场景多样化

传统的纸质书籍受限于场地和光线,而电子书和有声书则可以在不同场景中进行阅读。用户可以在地铁、公交、咖啡馆等各种场所轻松享受阅读,使阅读变得更加多样化和便捷。

3.阅读的碎片化

电子书和有声书的特点使得阅读更加碎片化,适应了现代人快节奏生活的需求。读者可以利用碎片时间,如等车、排队、运动等,进行阅读,充分利用碎片时间提高阅读效率。

4.阅读体验的交互性增强

电子书阅读器和有声书应用通过引入交互性元素,如翻页、书签、搜索等功能,增强了阅读的交互性。读者可以更灵活地与内容互动,个性化调整阅读体验,使阅读变得更具互动性和趣味性。

5.阅读社交化

数字化阅读工具的社交功能为读者提供了交流和分享的平台。读者可以在平台上发表阅读心得、评论书籍,与其他读者互动,形成数字化阅读社区。这种社交化的阅读体验使阅读不再是孤立的行为,而是一种更具社交性的活动。

电子书和有声书的兴起标志着数字化阅读时代的来临,为读者提供了更为便捷、灵活、个性化的阅读选择。随着数字化阅读工具的不断完善和普及,人们的阅读体验和习惯也将发生深刻的变化。在未来,数字化阅读将继续引领阅读文化的发展,推动阅读习惯的创新和多样化。

在数字化阅读的浪潮中,电子书和有声书作为代表性的数字化阅读形式,将持续推动阅读文化的进步。它们不仅是传统纸质阅读的有益补充,更是数字时代阅读新风尚的引领者。通过不断创新、改进,数字化阅读将为我们打开更加广阔的阅读世界,让阅读成为生活中更为丰富、深刻的体验。

三、利用虚拟现实技术拓展阅读体验

随着科技的迅速发展，虚拟现实（VR）技术逐渐渗透到各个领域，其中包括阅读。虚拟现实技术通过创造出身临其境的沉浸式体验，为用户提供了一种全新的阅读方式。此处将深入探讨虚拟现实技术在拓展阅读体验方面的应用，探讨其在文学、教育和娱乐领域的潜在影响。

（一）虚拟现实技术概述

1. 虚拟现实技术定义

虚拟现实技术是一种利用计算机生成的虚拟环境，通过模拟感官体验，使用户感觉好像置身于虚构的场景中。虚拟现实技术包括虚拟现实头戴式显示设备、手柄控制器、全景摄像头等硬件设备，以及虚拟现实应用程序的开发。

2. 虚拟现实技术的特点

沉浸感：用户通过虚拟现实头戴设备沉浸于虚拟环境中，感觉仿佛身临其境。

交互性：虚拟现实技术支持用户与虚拟环境进行互动，通过手柄、手势等方式进行操作。

全景体验：用户可以360度环视虚拟环境，获得更为真实的观感。

个性化：虚拟现实技术允许用户根据个人兴趣和需求定制虚拟体验，实现个性化阅读。

（二）虚拟现实技术在文学领域的应用

1. 虚拟小说与沉浸式叙事

虚拟现实技术为文学作品的呈现提供了新的可能性。通过虚拟现实设备，读者可以沉浸于故事场景中，如同亲临故事发生的地点。这种沉浸式叙事为读者创造了更加丰富、感性的阅读体验，使文学作品更具感染力。

2. 文学创作的虚拟化

作家可以利用虚拟现实技术创建虚拟的创作空间。在这个虚拟环境中，作家可以与自己的文学角色互动，观察故事发展，以便更好地构思和编写小说。这种虚拟化的文学创作环境有助于提升创作效率和质量。

3. 虚拟图书馆与文学展览

虚拟现实技术使得建立虚拟图书馆和文学展览成为可能。读者可以在虚拟环境中浏览图书馆的书籍，参与文学活动，与其他读者交流。这为图书馆和文学机构提供了一种全新的展示和互动方式。

（三）虚拟现实技术在教育领域的应用

1. 沉浸式学科体验

虚拟现实技术为学科学习提供了更为沉浸式的体验。例如，学生可以通过虚拟现实技术参观古代文明的遗址，亲身感受历史文化。这种沉浸式学科体验有助于激发学生的学习兴趣，提高学科理解深度。

2. 虚拟实验室与实践操作

在科学和工程领域，虚拟现实技术可以用于创建虚拟实验室。学生可以通过虚拟环境进行化学、物理等实验操作，观察实验结果，而无需真实的实验室设备。这不仅提高了实验的安全性，还拓展了学生的实践经验。

3. 虚拟导览与学科深度学习

虚拟现实技术可以用于创建虚拟校园和博物馆导览。学生可以在虚拟环境中自由漫游，了解校园或博物馆的历史、建筑等信息。这种虚拟导览有助于学生更全面地了解知识，提高学科深度学习的效果。

4. 虚拟教育空间与在线学习

虚拟现实技术为在线学习提供了更具互动性和参与感的教育空间。学生可以通过虚拟现实头戴设备参与虚拟课堂，与教师和同学进行实时互动。这种虚拟教育空间可以弥补在线学习中面对面交流的不足，提高学习效果。

（四）虚拟现实技术在娱乐领域的应用

1. 虚拟阅读体验

虚拟现实技术为阅读提供了全新的娱乐方式。读者可以穿上虚拟现实头戴设备，沉浸于书中的场景，如同亲身经历故事中的冒险。这种虚拟阅读体验将阅读与娱乐相结合，使阅读不再是静态的文字，而是一个充满生动感的冒险旅程。

2. 虚拟现实游戏与故事叙述

虚拟现实技术为游戏开发带来了革命性的改变。游戏开发者可以利用虚拟现实技术创造更为真实、沉浸的游戏世界。这种沉浸式的虚拟游戏环境为玩家提供了更为丰富、有趣的娱乐体验，故事叙述也更具张力和情感。

3. 虚拟演出与文学改编

虚拟现实技术为文学作品的改编提供了新的可能性。作家的创作可以通过虚拟现实技术转化为虚拟演出，观众可以在虚拟环境中亲身体验文学作品的情节和人物。这种虚拟演出为文学作品注入了新的生命力，使其更加具有观赏性和互动性。

（五）虚拟现实技术面临的挑战和未来发展趋势

1. 技术硬件和成本

虚拟现实技术的硬件设备，尤其是高质量的虚拟现实头戴设备，仍然面临成本较高的问题。这使得普及虚拟现实技术仍然面临一定的挑战。未来，随着技术的进步和生产规模的扩大，可以预期硬件成本将逐渐降低，促进虚拟现实技术的更广泛应用。

2. 内容创作和应用场景

虚拟现实技术需要更丰富多样的内容创作，包括文学、教育和娱乐领域。同时，虚拟现实技术的应用场景需要不断拓展，以满足用户多样化的需求。未来，随着创作者和开发者对虚拟现实技术的深入理解，更多创新性的内容和应用场景将不断涌现。

3. 用户体验和适用性

虚拟现实技术的用户体验和适用性仍然是一个需要不断优化的问题。部分用户可能感到眩晕等不适，而一些场景可能对特定人群不友好。为了更好地适应用户需求，虚拟现实技术需要在硬件、软件和用户交互方面进行不断的改进和创新。

4. 隐私和安全问题

虚拟现实技术涉及到用户个人信息、行为数据等隐私问题。安全性方面，用户在虚拟环境中可能受到潜在的风险，例如碰撞、摔倒等。未来，随着对隐私和安全问题的更深入研究，相关法规和标准的建立，虚拟现实技术将更好地保障用户的权益和安全。

5. 教育体系的接受和整合

虚拟现实技术在教育领域的应用需要得到教育体系的接受和整合。学校和教育机构需要投入更多资源，培训教师使用虚拟现实技术进行教学，同时整合虚拟现实技术到教学大纲和资源体系中。这需要一定时间和资源的投入，但也将为教育带来更多创新和变革。

虚拟现实技术作为一个新兴的技术领域，正在逐渐改变着人们的阅读、学习和娱乐体验。在文学领域，虚拟现实技术赋予了作家和读者更加丰富、沉浸的互动方式，打破了传统阅读的界限，创造出全新的叙事维度。在教育领域，虚拟现实技术为学生提供了更具实践性的学习体验，促使学科知识更加深入人心。在娱乐领域，虚拟现实技术让游戏、演出和文学作品变得更加引人入胜，为用户带来全新的娱乐感受。

然而，虚拟现实技术也面临着一系列挑战，包括硬件成本、内容创作、用户体验和隐私安全等问题。这些挑战需要技术研究者、创作者、生产者和政府等多方面的共同努力来解决。随着技术的不断进步和社会对虚拟现实技术的逐渐接受，相信这些挑战将迎刃而解。

未来，虚拟现实技术的发展将更加全面、深入。技术硬件的不断创新将推动虚拟现实设备更加轻便智能，提高用户体验。内容创作者将探索更多创新的虚拟现实应用场景，为用户带来更多元化的选择。教育领域将进一步整合虚拟现实技术，提升教学效果。同时，随着虚拟现实技术在不同领域的深入应用，社会对其认知和接受度也将逐渐提高。

在这个数字化、智能化的时代，虚拟现实技术为我们开辟了一个崭新的空间，拓展了阅读、学习和娱乐的可能性。我们期待看到虚拟现实技术在未来的发展中，为人们带来更加丰富、有趣、深刻的体验，推动人类文化和科技的融合，为社会进步做出更大的贡献。

第三章 启发孩子的好奇心

第一节 好奇心在孩子学习中的作用

一、好奇心是问题探究的驱动力

好奇心是人类智慧进步的根本动力之一。它驱使着我们主动追寻未知，对世界的奥秘进行探究。本文将深入探讨好奇心对问题探究的驱动力，探讨好奇心如何激发人们对问题的兴趣，推动科学、文化和个人发展的进步。

（一）好奇心的定义与特征

1. 好奇心的定义

好奇心是一种对未知事物的强烈兴趣和追求，驱使个体主动寻求新知识、新经验的心理状态。好奇心推动人们超越当前的认知范围，追求更深层次的理解。

2. 好奇心的特征

主动性：好奇心驱使人们自发地主动去了解、探究事物，而非被动接受信息。

探索欲望：好奇心激发了人们对未知领域的渴望，促使其勇于探索、冒险。

学习动力：好奇心是学习的重要动力之一，推动个体主动获取知识和技能。

问题驱动：好奇心使个体对问题感兴趣，愿意通过提问、研究等方式深入了解。

（二）好奇心与问题探究的关系

1. 好奇心引发问题

好奇心常常是问题产生的根源。当个体对某个现象、事件感到好奇时，就会产生问题意识，想要找到答案。

2. 好奇心驱动问题探究

好奇心是问题探究的驱动力，它激发人们对问题进行深入思考、实验和研究。好奇心促使人们主动提出问题，并寻找解决方案。

3. 好奇心推动知识深度

好奇心驱使人们深入挖掘问题背后的原因和机制，推动知识的深度发展。通过对问题的深度探究，个体能够建立更为全面的认知结构。

（三）好奇心在科学研究中的作用

1. 问题驱动科学研究

科学研究的出发点往往是科学家对某个现象或问题的好奇心。科学家通过提出假设、设计实验，寻找问题的答案，推动科学知识的发展。

2. 创新的源泉

好奇心是创新的源泉之一。科学家和发明家在对问题产生好奇心的基础上，通过实验和研究，不断寻找新的解决方案，推动科技创新的发展。

3. 科学普及的推手

好奇心是科学普及的重要推手。对于普通大众来说，好奇心激发了对科学知识的兴趣，促使他们更愿意参与科普活动，了解科学的奥秘。

(四) 好奇心在文化和艺术中的体现

1. 文学作品中的好奇心

文学作品往往通过人物的好奇心推动故事情节的发展。主人公的好奇心驱使他们勇敢地面对未知，经历各种冒险和探险，为作品注入了活力。

2. 艺术创作的灵感

好奇心是艺术创作的灵感之一。艺术家常常受到好奇心的驱使，探索新的艺术形式、题材和表达方式，创作出独特而富有创意的作品。

3. 文化传承的动力

好奇心推动文化的传承和发展。人们对历史、传统文化的好奇心促使他们深入研究、保护和传承文化遗产，使文化得以继续演进。

(五) 好奇心对个人发展的积极影响

1. 学习兴趣的培养

好奇心是学习兴趣的重要驱动力。个体对问题的好奇心使其更愿意主动学习，追求深入的知识。

2. 创业和职业发展

在职业生涯中，好奇心是创业者和职业人士取得成功的关键因素之一。对新行业、新技术的好奇心推动了创业者不断创新，拓展了职业发展的可能性。

3. 解决问题的能力

好奇心培养了解决问题的能力。通过对问题的探究，个体锻炼了批判性思维、逻辑思考和创新能力，使其更具有解决现实生活中各种挑战的能力。

4. 自我发现与成长

好奇心驱使个体不断探索自己的兴趣、激发潜在的才能，促使其在不同领域中发现自己的独特之处。这种自我发现与成长是个体发展的重要组成部分。

（六）培养和激发好奇心的方法

1. 创造多样化的学习环境

提供丰富多样的学习资源和体验，激发学生对不同领域的兴趣，培养他们的好奇心。

2. 鼓励提问和质疑

鼓励学生提出问题和质疑，培养他们主动思考和寻找答案的能力，建立批判性思维。

3. 实践和体验

通过实际操作和亲身体验，使学生更深入地了解知识，激发他们的好奇心，增强学习的乐趣和深度。

4. 提供挑战性任务

给予学生一些有挑战性的任务，鼓励他们尝试新的方法和解决问题的思路，培养解决问题的能力。

5. 创造开放的学习氛围

建立一个既开放、包容又鼓励分享和探讨的学习氛围，让学生敢于表达自己的观点，激发彼此之间的好奇心。

（七）好奇心对问题探究的局限性与应对策略

1. 好奇心对问题探究的过度

好奇心过度可能导致分散注意力，使个体过于追求新奇而无法深入研究。应对策略是培养专注力，让个体在探索中保持深度思考。

2. 好奇心与安全风险

好奇心驱使人们冒险尝试，可能带来安全风险。应对策略是培养风险意识，教育个体在追求好奇心的同时注意安全。

3. 好奇心的消退

在某些情况下，个体可能由于环境、教育等原因失去好奇心。应对策略是通过创新教育方式、提供新颖刺激的学习环境，重新激发个体的好奇心。

好奇心是人类认知活动中一支强大的推动力，它推动了科学、文化、艺术的发展，也促进了个体的成长与创新。通过了解好奇心的定义、特征，以及其在问题探究、科学研究、文化和艺术中的作用，我们可以更好地认识到好奇心对个体和社会的积极影响。

在培养和激发好奇心的过程中，创造多样化的学习环境、鼓励提问和质疑、实践和体验、提供挑战性任务、创造开放的学习氛围等方法都可以发挥积极作用。同时，我们也需要认识到好奇心存在一些局限性，如好奇心过度、好奇心与安全风险、好奇心的消退等问题，需要通过有效的策略来加以应对。

总体而言，好奇心是推动个体不断进步和社会不断发展的一种重要动力，因此在教育、工作和生活中应该注重培养和激发好奇心，让其成为人们不断追求知识、解决问题的强大力量。

二、好奇心对学科学习的促进

好奇心是人类智慧和学习动力的源泉之一。在学科学习中，好奇心发挥着重要的作用，推动着个体对知识的深入探究和理解。本文将探讨好奇心对学科学习的促进作用，深入分析好奇心如何激发学生的学科兴趣，促使他们更积极地参与学科学习，提高学习效果。

（一）好奇心与学科学习的关系

1. 好奇心是学科学习的动力

好奇心是学科学习的驱动力之一，它使个体对学科知识产生兴趣，愿意主动去探究、了解，而不仅仅是为了完成学业任务。

2. 好奇心推动问题探究

学科学习往往需要通过提出问题、深入思考和实际操作来探究知识。好奇心促使学生在学科学习中提出问题，主动寻找答案，推动了问题探究的过程。

3. 好奇心是学科发展的动力

在学科领域，科学家和学者通常受到好奇心的驱使，对未知领域进行深入研究，推动了学科知识的不断发展和创新。

（二）好奇心激发学科兴趣

1. 学科知识的引导

好奇心可以通过引导学科知识的方式来激发学科兴趣。教师在教学中可以通过引入有趣的案例、实例，让学生感受到学科知识的魅力，引发他们的好奇心。

2. 跨学科的连接

好奇心可以通过跨学科的连接来激发学科兴趣。将不同学科之间的知识联系起来，展示学科之间的关联性，使学生更全面地理解和应用知识，从而激发他们对学科的好奇心。

3. 真实世界的应用

将学科知识与真实世界的应用联系起来，让学生看到学科知识在实际生活中的应用和重要性。这样的联系能够激发学生对学科的好奇心，使他们更愿意深入学习相关知识。

（三）好奇心促使积极参与学科学习

1. 主动提问

好奇心驱使学生更加主动地提问。通过提出问题，学生可以更深入地了解学科知识，并激发对问题的探究欲望。

2. 积极参与课堂讨论

好奇心促使学生更积极地参与课堂讨论。学生通过与教师和同学的互动，交流自己的想法，促进对学科知识的独立思考和深入理解。

3. 主动阅读和研究

好奇心推动学生主动进行阅读和研究。学生因好奇心而愿意主动获取更多的信息，深入挖掘学科知识，提高了自主学习的能力。

（四）好奇心拓展学科边界

1. 探索未知领域

好奇心驱使学生去探索未知的学科领域。学生对于学科的好奇心可以推动他们主动了解新领域的知识，拓展学科学习的边界。

2. 跨学科学习

好奇心促使学生进行跨学科学习。学生可能因为对多个学科的好奇心而主动学习不同学科的知识，形成更全面的学科认知。

3. 学科整合

好奇心促使学生在学科整合方面进行尝试。学生可能因为对学科间关联性的好奇心而尝试将不同学科的知识进行整合，形成更综合的学科认知。

（五）好奇心提高学科学习深度

1. 深入思考问题

好奇心驱使学生深入思考学科问题。学生在对学科知识产生好奇心的基础上，更愿意花时间深入思考问题的各个方面，从而加深对知识的理解。

2. 主动进行实践和实验

好奇心推动学生主动进行实践和实验。学生因为对学科知识的好奇心而愿意亲自动手，通过实际操作来验证理论，提高学科学习的深度。

3. 持续学习

好奇心使学生保持对学科知识的持续学习。学生因为好奇心的驱动，不仅在课堂上努力学习，还会通过阅读、研究等方式持续深化对学科的认识。

（六）好奇心的培养与发展

1. 创造鼓励提问的氛围

教育者应该创造一个鼓励学生提问的学习氛围。在课堂上，教师可以鼓励学生随时提出问题，展开讨论，使学生感受到好奇心的重要性。

2. 提供多样的学科资源

为学生提供多样的学科资源,包括书籍、视频、实验器材等,激发学生对学科知识的好奇心。多样的资源可以让学生从不同角度了解学科,产生更多的好奇心。

3. 鼓励学科实践

通过组织学科实践活动,让学生亲自动手,实践学科知识。实践是激发好奇心、深化学科认知的有效途径,通过实践,学生可以更深入地理解学科知识。

4. 引导学科兴趣

教育者可以通过引导学科兴趣来激发好奇心。了解学生的兴趣爱好,将学科知识与学生感兴趣的内容结合起来,使学科学习更具吸引力。

(七) 好奇心对学科学习的局限性与应对策略

1. 不同学科的差异

不同学科之间的知识结构和难度存在差异,某些学科可能更容易激发好奇心。教育者应该针对不同学科的特点,采用不同的激发好奇心的方法。

2. 个体差异

不同学生的好奇心水平存在差异,一些学生可能天生对某些学科更感兴趣。教育者应该关注学生的个体差异,采用个性化的教学方法,激发每个学生的好奇心。

3. 社会环境的影响

社会环境对好奇心的培养也有重要影响。一些社会文化对特定学科的重视程度可能影响学生对该学科的好奇心。教育者可以通过创造积极的社会环境,强调学科的重要性,提高学生对学科的好奇心。

好奇心是学科学习中的重要驱动力,它推动着学生对学科知识的深入探究和理解。通过激发学科兴趣、促使积极参与学科学习、拓展学科边界和提高学科学习深度,好奇心在学科学习中发挥着不可替代的作用。教育者应该注重培养和激发学生的好奇心,通过创造丰富多彩的学科学习环境,引导学生主动探究问题,使学科学习更加有趣、深入,培养学生的学科思维和解决问题的能力。同时,需要认识到好奇心存在一些局限性,采取有效策略加以应对,确保好奇心的充分发挥。通过不断地培养和引导好奇心,可以更好地激发学生的学科潜力,推动他们在学科学习中取得更大的成就。

三、好奇心在创造性思维中的作用

好奇心是一种强大的心理力量,它不仅推动着个体主动追求知识,也在创造性思维的过程中发挥着至关重要的作用。创造性思维是一种能够产生新颖、有趣、有价值的想法和解决问题方式的思维模式。在这篇文章中,我们将深入探讨好奇心在创造性思维中的作用,分析好奇心如何激发创造性思维,推动创新和创造力的发展。

(一)好奇心与创造性思维的关系

1. 好奇心是创造性思维的动力

好奇心是创造性思维的驱动力之一。当个体对未知、新颖的事物感到好奇时,就会激发探索、发现的欲望,从而推动创造性思维的发展。

2. 好奇心推动问题的提出

创造性思维常常始于问题的提出。好奇心驱使个体对周围的事物提出问题,探究问题的背后原因,从而引发创造性思维的过程。

3. 好奇心促进跨领域联想

好奇心使个体更愿意涉足不同领域,寻找灵感和创新。通过将不同领域的知识进行联想,形成新的观点和理念,好奇心促进了跨领域的创造性思维。

(二)好奇心激发创造性思维

1. 打破固有思维模式

好奇心驱使个体打破既有的思维模式。对于那些常规、习以为常的事物，好奇心促使个体以新的视角去看待问题，从而激发创造性思维。

2. 提出独特问题

好奇心使个体能够提出独特而富有创意的问题。通过思考问题的不同方面，好奇心引导着个体追问更深层次的问题，从而推动创造性思维的发展。

3. 鼓励尝试与实验

好奇心驱使个体进行尝试和实验。通过不断尝试新的方法、新的理念，好奇心引导着个体在实践中发展创造性思维，寻找创新的可能性。

4. 探索未知领域

好奇心使个体愿意主动探索未知领域。在未知领域中，个体常常会遇到新的挑战和问题，激发创造性思维的动力。

(三) **好奇心推动创新的发展**

1. 促进新观点的产生

好奇心驱使个体产生新观点。通过对事物进行深入思考和独特的观察，好奇心激发了对于世界的新认知，推动了新观点的产生。

2. 引导新技术的发明

好奇心常常是新技术发明的动力之一。对于技术问题的好奇心推动了人们不断探索、尝试新的科技手段，从而促进了创新技术的发明。

3. 促使新产品的设计

好奇心在产品设计领域也发挥着巨大的作用。对于用户需求的好奇心使设计师更关注用户体验，创造出更符合市场需求的新产品。

(四) **好奇心培养创造性思维的策略**

1. 创造多样化的学习环境

提供多样化的学习环境，包括各种书籍、文献、实验设备等，激发学生对不同领域的好奇心，推动创造性思维的发展。

2. 鼓励自主学习

鼓励学生进行自主学习，培养他们主动追求知识的好奇心。通过自主学习，学生可以更自由地探索各种领域，培养创造性思维。

3. 提供创新项目和实践机会

提供创新项目和实践机会，让学生能够在实际操作中体验到创造性思维的乐趣。实践中的尝试和探索有助于激发好奇心，培养创造性思维。

4. 培养跨学科思维

鼓励学生进行跨学科学习，培养他们在不同领域之间建立联系的能力。跨学科的思维方式有助于形成新颖的观点，促进创造性思维的发展。

（五）好奇心对创造性思维发展的局限性与应对策略

1. 过度好奇心可能导致注意力分散。

有时候，个体可能因为对太多事物感到好奇而难以集中精力。为了应对这一局限性，可以通过设定清晰的学习目标和优先级，帮助个体更有效地管理好奇心，避免过度分散。

2. 面对失败的挑战

好奇心推动个体尝试新事物，但这也意味着面对失败的可能性。有些个体可能因为害怕失败而不敢尝试新的创意。教育者可以通过鼓励其积极面对失败，将失败视为学习和改进的机会，从而降低失败带来的心理压力，保持好奇心的积极作用。

3. 个体差异和文化因素

不同个体对好奇心的反应存在差异，而且文化因素也可能影响好奇心的表现。一些文化可能更注重传统、规矩，对于好奇心的表达存在一定限制。教育者需要了解学生的文化背景和个体差异，采用灵活的教育策略来培养和引导好奇心。

（六）好奇心与团队创新

1. 团队中的协同作用

在团队创新中，好奇心不仅仅是个体层面的品质，还可以在团队中发挥协同作用。团队成员的好奇心相互激发，推动团队集思广益，产生更富创造性的解决方案。

2. 促进知识分享

好奇心鼓励团队成员主动分享他们所了解的知识，促进团队中的知识交流。这种知识的分享有助于在团队中形成更全面、多元的思考，推动创新和发展。

3. 多元团队构建

在组建团队时，考虑到团队成员的多元性，包括不同背景、专业领域和经验。多元的团队构成有助于引入更广泛的视角和思维方式，促进团队中创造性思维的涌现。

（七）好奇心在教育和工作中的应用

1. 教育中的好奇心培养

在教育中，教育者可以通过设计引人入胜的学科内容、鼓励提问和讨论，以及提供实践机会等方式，培养学生的好奇心。激发学生对知识的兴趣，引导他们在学习中保持好奇心，从而促进创造性思维的培养。

2. 工作中的好奇心应用

在工作场景中，领导可以鼓励员工提出问题、尝试新方法，并提供创新项目和培训机会。营造鼓励创新的工作环境，培养员工保持好奇心，推动组织创新和发展。

好奇心在创造性思维中扮演着不可替代的角色。通过激发好奇心，个体更容易打破固有思维模式，产生新观点，探索未知领域，从而推动创新和创造力的发展。教育者和雇主应该重视好奇心的培养，通过创造多样化的学习和工作环境，鼓励尝试和实践，引导个体保持积极的好奇心，从而促进个体和组织的创造性思维和创新水平。

第二节　鼓励孩子提出问题

一、培养孩子提问的习惯

提问是一种重要的认知和学习手段，对于儿童的思维发展和知识积累至关重要。培养孩子提问的习惯不仅有助于拓展他们的思维边界，还能促进自主学习和解决问题的能力。接下来，我们将探讨为什么培养孩子提问的习惯如此重要，以及如何在教育和家庭环境中有效地培养这一习惯。

（一）培养提问习惯的重要性

1. 促进思维深度和广度

提问是思维的起点，是引导思考的桥梁。培养提问的习惯能够激发孩子深入思考，拓展思维的广度，使他们能够从不同角度审视问题，形成更全面的认知。

2. 激发好奇心与求知欲

提问是好奇心和求知欲的表现，通过提问，孩子能够主动探索未知，寻求答案。这种主动性的学习态度有助于培养孩子对知识的热爱和主动学习的习惯。

3. 培养解决问题的能力

提问是解决问题的第一步，它帮助孩子厘清问题本质，找到解决问题的线索。通过培养提问的习惯，孩子将更加熟练地运用这一关键的解决问题的技能。

4. 促进语言表达能力

提问不仅仅是获取信息的手段，同时也是表达思想的方式。通过频繁提问，孩子将锻炼语言表达能力，学会清晰地表达自己的观点和疑惑。

（二）如何培养提问习惯

1. 提供启发性的学习环境

创造一个富有启发性的学习环境对培养提问习惯至关重要。教育者和家长可以提供各种有趣、多样的学习资源，激发孩子的好奇心，引导他们思考和提问。

2. 鼓励开放性的对话

建立开放性的对话氛围是培养提问习惯的重要手段。教育者和家长应该鼓励孩子随时提问，尊重他们的疑惑，给予积极的回应，促使他们更愿意分享自己的想法。

3. 激发多样化的兴趣

多样化的兴趣可以引导孩子在不同领域提出问题。通过了解孩子的兴趣，教育者和家长可以提供相关的学习资源，激发他们对多个领域的好奇心，培养提问的广泛性。

4. 示范提问的过程

教育者和家长可以通过示范提问的过程来引导孩子。在解决问题或者探讨某一话题时，积极地提出问题，展示提问的技巧，帮助孩子学会如何发现问题和提问。

5. 鼓励自主学习

培养提问习惯需要激发孩子的自主学习兴趣。教育者和家长可以鼓励孩子自主选择学习内容，自己去发现问题，通过自主学习的过程培养提问的主动性。

6. 关注问题的深度

培养提问习惯不仅仅是关注问题的数量，更应关注问题的深度。教育者和家长可以帮助孩子深入思考问题，鼓励他们追问更深层次的问题，提高问题的思考深度。

（三）培养提问习惯的实际策略

1. 设计启发性的学习任务

教育者可以设计具有启发性的学习任务，激发孩子的好奇心。例如，提供一个引人入胜的问题，引导学生思考并展开讨论，从而培养提问的主动性。

2. 创设探索性的学习空间

为孩子提供一个探索性的学习环境，例如科学实验室、图书馆等，鼓励他们自由地探索和提问。这样的环境能够激发孩子的求知欲，培养提问的主动性。

3. 利用科技手段进行互动

利用科技手段，如在线课程、学习应用等，进行互动性学习。这些工具可以通过提供多媒体资源、互动题目等方式，激发孩子对知识的好奇心，培养提问的主动性。

4. 定期组织问题讨论

定期组织问题讨论的活动可以成为培养提问习惯的有效手段。教育者和家长可以设立固定的时间，组织孩子们一起讨论一个问题，引导他们提出自己的见解和疑惑，促使大家在思考中共同成长。

5. 鼓励阅读文学作品

阅读是培养提问习惯的重要途径。精选具有启发性和深度的文学作品，鼓励孩子阅读并提出与作品相关的问题。通过文学作品的启发，培养他们对世界、人生的好奇心。

6. 实施项目学习

项目学习是一种融合了多学科知识的学习方式，适合培养提问习惯。通过参与项目，学生可以在实践中提出问题、寻找解决方案，从而培养主动学习和提问的能力。

7. 提供及时的反馈和鼓励

及时的反馈和鼓励对于培养提问习惯至关重要。当孩子提出问题时，教育者和家长应该给予积极的回应，鼓励他们的好奇心，提升他们提问的信心。

（四）培养提问习惯中的挑战与解决方案

1. 面对知识差距的不安

有些孩子可能因为知识差距而感到不安，不敢提出问题。教育者和家长可以通过提供一个包容的学习环境，鼓励孩子分享疑惑，强调提问是学习过程中的正常现象。

2. 避免简单回答

有时候，孩子提出的问题可能较为简单，但教育者和家长不应该简单地回答，而是可以通过反问、引导思考的方式，帮助孩子深入思考，拓展问题的深度。

3. 竞争压力和功利心态

一些孩子可能因为竞争压力或功利心态而直接追求答案，不愿深入思考。在培养提问习惯的过程中，教育者和家长可以强调学习的过程比结果更为重要，鼓励孩子享受提问和思考的过程。

培养孩子提问的习惯是一项长期的任务，需要教育者和家长的共同努力。通过提供富有启发性的学习环境，鼓励开放性的对话，激发多样化的兴趣，以及实施各种启发性的学习策略，可以有效地培养孩子的提问习惯。同时，也要注意解决可能出现的挑战，帮助孩子克服知识差距的不安，避免简单回答，消除竞争压力和功利心态。通过这些努力，我们可以帮助孩子建立积极的学习态度，使期成为善于思考、善于提问的学习者。

二、鼓励孩子追问和深入思考

在当今信息快速发展的时代，培养孩子具有深度思考和主动追问的能力变得尤为重要。这种能力不仅有助于他们更好地理解世界，还能为未来

培养孩子的阅读兴趣与好奇心

的学习和生活奠定坚实的基础。这里将探讨鼓励孩子追问和深入思考的重要性，以及在教育和家庭环境中如何有效实现这一目标。

（一）鼓励孩子追问和深入思考的原因

1. 提高问题解决能力

鼓励孩子追问和深入思考能够显著提高他们的问题解决能力。当孩子在面对问题时能够深入探究、追问更多相关信息，就能够更全面地理解问题的本质，找到更有效的解决方案。

2. 激发创造性思维

深入思考和追问问题是创造性思维的基石。通过引导孩子不满足于问题表面的答案，而是追问内在的原因和逻辑，可以培养他们更加富有创意的思维方式。

3. 培养批判性思维

深入思考要求孩子不仅仅接受信息，还要对信息进行分析和评估。这种批判性思维的培养使孩子能够更理性地对待问题，形成独立的判断和观点。

4. 增强学习动机和兴趣

当孩子能够追问并深入思考时，他们更容易对所学知识产生浓厚的兴趣。这种学习的主动性和投入感有助于增强学习动机，使学习变得更为有趣和富有意义。

（二）培养孩子追问和深入思考的策略

1. 营造鼓励提问的氛围

在教育和家庭环境中，应该营造鼓励提问的氛围。教育者和家长要积极回应孩子的问题，不厌其烦地回答，同时鼓励他们提出更深层次的问题。

2. 提供具有启发性的学习材料

选择具有启发性的学习材料，如有趣的书籍、科学实验、艺术作品等，可以激发孩子的好奇心，引导他们深入思考并产生更多问题。

3. 建立探究性学习环境

创造一个鼓励探究和实践的学习环境，让孩子能够通过亲身体验、实践和观察来深入理解知识，从而引发更深入的思考并提出问题。

4. 赋予问题更多的意义

告诉孩子，问题不仅仅是为了得到答案，更是为了帮助他们更好地理解世界、培养思考能力。使问题对他们的学习和个人成长具有更深远的意义。

5. 鼓励小组合作学习

小组合作学习可以促使孩子之间展开更深入的讨论和交流。通过与同伴分享观点，孩子能够在交流中不断追问和深入思考，促进彼此之间的思想碰撞。

6. 给予鼓励和肯定

及时给予孩子积极的鼓励和肯定，让他们知道深入思考和追问是受欢迎的。正面的反馈可以激发孩子的学习热情，鼓励他们在学习中更深入地思考。

（三）实际操作中的注意事项

1. 尊重孩子的思考时间

在提问后，给予孩子充足的思考时间。有些问题需要时间来消化和理解，尤其是在孩子刚接触到新知识或者复杂概念时。

2. 避免简单答案

当孩子提出问题时，尽量避免简单直接的答案。可以通过反问的方式引导他们思考，或者提供更多的信息让他们自己去推敲。

3. 倡导多角度思考

鼓励孩子从不同的角度思考问题，看待同一问题的多种可能性。这有助于培养他们的批判性思维和开阔的视野。

4. 创设情境激发思考

通过创设情境，让孩子置身于一个需要深入思考的环境中。例如，提出一个挑战性的问题，或者让孩子参与一个实际的项目，从而激发他们的深层思考。

(四) 培养孩子追问和深入思考的实际案例

1. 科学实验与探索

安排孩子进行科学实验是培养深入思考的理想方式。通过让孩子亲自动手设计实验，观察现象，收集数据，并从实验结果中推导出结论，能够培养他们对问题深入思考的习惯。

例如，可以让孩子在日常生活中观察植物的生长过程。他们可以提出一系列问题：植物为何需要阳光？为什么需要水和土壤？这些问题将引导他们深入研究植物的生态系统，从而培养科学思维和深度思考的能力。

2. 文学阅读与讨论

文学作品提供了丰富的情感和思想体验，可以成为培养深入思考的良好素材。在家庭和学校设置阅读小组，通过共同阅读和讨论文学作品，引导孩子从多角度思考作品中的问题。

以一部小说为例，鼓励孩子提出关于人物的动机、故事情节的背后意义、作者的写作技巧等深度问题。通过这样的讨论，孩子们将不仅仅了解故事本身，更深入地思考其中的人性、价值观和文学艺术。

3. 社会问题与参与

引导孩子关注社会问题，培养他们对社会现象深入思考的能力。可以通过参与社区服务、关注新闻事件等方式，激发孩子对社会问题的好奇心和深度思考。

例如，可以与孩子一起讨论社会公平和正义的话题，引导他们思考社会问题的根本原因、解决方案以及每个人在其中的责任。通过这样的参与式学习，孩子们能够更深刻地理解社会现象，并培养关爱社会、深度思考的意识。

鼓励孩子追问和深入思考是培养他们全面发展的关键步骤。通过营造鼓励提问的氛围、提供启发性的学习材料、创设探究性学习环境等方式，可以有效地培养孩子对问题的深刻思考能力。在实际操作中，要注意尊重孩子的思考时间、避免简单答案、倡导多角度思考等方面，以确保培养的思考习惯更为深入和全面。

通过科学实验、文学阅读、社会问题的讨论，可以让孩子在实践中体验深入思考的乐趣，进而将这一习惯融入到他们的学习和生活中。通过这样的努力，我们可以培养出具有独立思考、创造力和解决问题能力的新一代人才。

三、与孩子分享提问的重要性和价值

提问是人类认知活动的核心，是获取知识、探索世界的一种基本方式。对于孩子来说，培养良好的提问习惯不仅是学习的基石，更是成长过程中塑造独立思考和创造力的关键。以下将深入探讨与孩子分享提问的重要性和价值，以及如何在教育和家庭环境中激发他们提问的热情。

（一）提问的重要性

1. 提问是认知的起点

提问是认知活动的出发点。孩子通过提问，能够激发好奇心，主动探索世界。提问促使他们主动思考，从而建立对事物的深刻理解。

2. 提问是学习的动力

提问驱动着孩子的学习动力。在面对问题时，孩子需要主动寻找答案，这个过程不仅增加了学习的深度，还培养了解决问题的能力。

3. 提问是创造力的源泉

通过提问，孩子能够拓展思维边界，激发创造力。提问是思考的手段，是培养创造性思维的重要途径，能够引导孩子产生新的想法和解决问题的方法。

（二）培养提问的价值

1. 增强自主学习能力

提问培养了孩子的自主学习能力。通过提出问题，孩子能够自主探索、学习，不仅能够更好地理解知识，还能够在学习中形成自己的认知体系。

2. 塑造独立思考能力

提问塑造了孩子独立思考的能力。通过思考问题，孩子逐渐培养了分析、推理和判断的能力，使他们在面对问题时更具独立性。

3. 培养解决问题的技能

提问培养了孩子解决问题的技能。通过不断提问，孩子学会了设定目标、分析问题、找到解决问题的方法，这是未来生活和工作中必不可少的技能。

4. 激发对学科的兴趣

提问激发了孩子对学科的兴趣。通过主动提问，孩子能够深入了解学科的内涵，从而培养对知识领域的浓厚兴趣，为未来的学科选择奠定基础。

（三）分享提问的重要性

1. 建立开放的沟通氛围

分享提问的重要性需要建立一个开放的沟通氛围。父母和教育者要耐心倾听孩子的问题，鼓励他们提出更多的疑问，让孩子感受到提问是受欢迎的。

2. 强调问题是学习的动力

与孩子分享提问的重要性时，要强调问题是学习的动力。通过解释问题驱动学习的过程，让孩子明白提问是为了更好地了解世界，激发对知识的好奇心。

3. 鼓励多样性的提问方式

分享提问的重要性也包括鼓励多样性的提问方式。父母和教育者可以与孩子一起探讨各种提问方式，包括开放性问题、封闭性问题、探究性问题等，帮助他们学会巧妙提问。

4. 引导孩子深入思考问题的背后本质

不仅要分享提问的重要性，还要引导孩子深入思考问题的背后本质。通过与孩子共同思考问题的意义、可能的解决方案，帮助他们理解提问是一个深入思考的过程。

（四）激发孩子提问的方法

1. 提供引发好奇心的材料

为了激发孩子提问的热情，提供引发好奇心的材料至关重要。可以选择富有趣味性和启发性的书籍、实验、艺术品等，引导孩子提出更多的问题。

2. 鼓励参与实践和探究

实践和探究是培养提问习惯的有效手段。通过参与实验、户外活动、实地考察等，孩子能够在亲身体验中遇到问题，从而自然而然地提出疑问。

3. 认真回答孩子的问题

为了鼓励孩子提问，父母和教育者需要认真回答孩子的问题。即便问题看似简单，也要给予充分的解释，让孩子感受到提问是值得的。

4. 创造问题解决的机会

创造问题解决的机会是激发孩子提问欲望的另一途径。为孩子提供解决问题的场景，让他们在实际情境中应用知识，这样的经历将促使他们更有动力提出问题，寻找答案。

5. 鼓励与同龄人分享问题

在家庭和学校中，鼓励孩子与同龄人分享问题。通过集体讨论和合作，孩子们可以从彼此的问题中汲取灵感，形成良好的学习氛围。

6. 设立奖励机制

设立奖励机制是激发孩子提问兴趣的一种积极手段。可以制定提问奖励计划，例如每月给最有创意的问题奖励，这样的奖励能够激发孩子的学习动力和提问的积极性。

（五）培养孩子提问的长远影响

1. 培养批判性思维

通过长期培养提问的习惯，孩子将逐渐培养出批判性思维。他们会学会审视问题、分析问题，不轻信表面现象，形成独立、理性的思考方式。

2. 提升解决问题的能力

孩子在长期提问的过程中，将不断培养解决问题的能力。他们会学会设定目标、分析问题、搜集信息，并尝试找到最合适的解决方案，这是一种终身受益的能力。

3. 培养创新精神

提问与创新密切相关。通过培养提问的习惯，孩子将更容易产生新的想法、新的见解，培养创新精神，使他们在未来的学业和职业中更具竞争力。

4. 增强学科兴趣

长期培养提问的习惯可以增强孩子对各个学科的兴趣。提问是获取知识的一种主动方式，通过提问，孩子将对学科更加深入地理解，形成对知识的主动追求。

与孩子分享提问的重要性和价值是一项长期而有益的任务。通过建立开放的沟通氛围、强调问题是学习的动力、鼓励多样性的提问方式以及引导孩子深入思考问题的背后本质，我们可以激发孩子提问的热情。在培养提问的长远影响方面，通过提供引发好奇心的材料、鼓励实践和探究、认真回答孩子的问题、创设问题解决的机会、鼓励与同龄人分享问题以及设立奖励机制，可以帮助孩子在成长过程中形成积极的提问习惯。

长期以来，提问一直被认为是深度思考和创新的基石。培养孩子提问的能力，不仅有助于他们更好地适应知识社会的发展，也将为他们未来的学习和生活奠定坚实的基础。通过这一过程，我们不仅能够培养出具有好奇心、独立思考和解决问题能力的个体，也能够推动整个社会的创新和进步。

第三节 设计富有挑战性的学习任务

一、制定符合孩子能力的学习任务

制定符合孩子能力的学习任务是教育中至关重要的一环。每个孩子在学习方面都有独特的能力和发展速度，因此，为了最大程度地促进他们的学习，任务应该根据个体差异进行量身定制。这里将深入探讨如何制定适应孩子能力的学习任务，包括了解孩子的个体差异、设定合适的目标、选择恰当的教学方法以及鼓励自主学习等方面。

（一）了解孩子的个体差异

1.考虑学习风格和喜好

每个孩子都有自己独特的学习风格和兴趣爱好。了解孩子的学习偏好，是制定适应性学习任务的第一步。有些孩子可能更喜欢视觉化学习，而另一些可能更倾向于听觉或动手操作。在制定任务时，需要充分考虑这些因素，以便更好地满足他们的学习需求。

2.考察认知水平和发展阶段

孩子的认知水平和发展阶段也是决定学习任务难度的重要因素。任务应该与孩子的认知水平相匹配，以便激发他们的学习兴趣，并确保任务既不过于简单而失去挑战性，也不过于复杂而导致有挫折感。

3.考虑个体差异和学习速度

每个孩子在学习方面的个体差异都是显而易见的。有的孩子可能更快地理解和掌握知识，而有的可能需要更多的时间。制定学习任务时，应该考虑到这些差异，为每个孩子提供个性化的学习路径和时间表。

（二）设定合适的学习目标

1. 确定具体、可测量的目标

学习任务的目标应该是具体和可测量的。明确任务的预期结果，使孩子清楚知道他们需要达到什么水平。这不仅能够提高学习动力，还有助于评估任务的完成度。

2. 适应个体差异的目标设定

针对孩子的个体差异，目标的设定也需要灵活调整。有些孩子可能需要更具挑战性的目标，以激发他们的求知欲，而另一些孩子可能需要循序渐进的目标，以避免压力过大。

3. 鼓励自我评价和反馈

学习目标的设定应该鼓励孩子进行自我评价和反馈。他们应该学会在完成任务后审视自己的表现，了解哪些方面做得好，哪些方面还有改进的空间。这有助于培养孩子对学习的主动性和责任感。

（三）选择恰当的教学方法

1. 探索多元化的教学策略

了解孩子的学习风格后，需要探索多元化的教学策略。不同的孩子可能对视觉、听觉、动手等方式有不同的偏好，因此，在任务设计中融入多种教学方法，以满足不同孩子的学习需求。

2. 引入个性化学习工具

个性化学习工具能够帮助孩子更好地完成任务。这包括使用智能教育软件、在线学习平台以及其他定制化的学习工具，以提供更个性化、灵活的学习体验。

3. 培养合作学习和交流能力

在学习任务中引入合作学习和交流活动。通过与同龄人或老师的互动，孩子可以分享彼此的见解、解决问题的方法，从而提高学习效果。这有助于培养他们的交流能力和团队协作精神。

（四）鼓励自主学习

1. 提供自主学习的机会

为孩子提供自主学习的机会，让他们有更多的选择权和决策权。在学习任务中融入项目学习、独立研究等元素，鼓励他们在学习过程中发挥主动性，选择感兴趣的主题进行深入学习。

2. 培养目标设定和规划能力

帮助孩子培养目标设定和规划能力。在学习任务中，可以与孩子一起制定学习计划，明确学习目标，并逐步规划实现这些目标的步骤。这有助于培养他们的自我管理和计划能力。

3. 提供反馈和给予奖励

及时提供学习反馈和给予适当的奖励，以激发孩子的自主学习动力。反馈应该具体、有建设性，帮助孩子了解他们的优势和改进空间。奖励不一定是物质性的，也可以是赞扬、鼓励或特殊的学习体验，让孩子感受到自主学习的积极影响。

4. 培养问题解决和批判性思维

学习任务应该鼓励孩子培养问题解决和批判性思维。任务设计中可以包括一些开放性问题，要求孩子思考、分析，并提出独立见解。这有助于锻炼他们解决实际问题的能力和思辨能力。

（五）关注情感和心理健康

1. 建立支持体系

在制定学习任务时，要建立一个支持体系，关注孩子的情感和心理健康。任务应该合理安排，避免过度压力，同时要提供适当的支持和引导，让孩子在学习中感受到积极的情感体验。

2. 鼓励积极情感表达

孩子在学习过程中可能会面临挑战和困难，需要鼓励他们表达情感。

建立一个开放的沟通渠道，让孩子感到可以分享他们的快乐、担忧和困扰，有助于建立更强大的学习支持系统。

3. 培养学习兴趣和热情

学习任务的设计应该注重培养孩子的学习兴趣和热情。通过引入有趣、贴近生活的内容，激发孩子的好奇心，使学习过程更加有趣和愉悦，有助于培养他们长期的学习兴趣。

（六）定期评估和调整

1. 定期检查学习进展

制定的学习任务应该伴随定期的学习进展检查。通过定期的评估，可以了解孩子在学习任务中的表现，及时发现问题，调整任务，确保孩子在适应性的学习环境中持续成长。

2. 根据反馈调整任务

收集孩子和教师的反馈，根据实际情况调整学习任务。可能需要调整任务的难度、教学方法或学习目标，以更好地适应孩子的发展水平和学习需求。

3. 鼓励孩子参与评价

培养孩子参与自我评价的习惯。通过与孩子一起讨论他们的学习过程、目标的达成情况，让他们主动参与评价，从而更好地认识自己的学习需求，促进自我调整和提高学习效果。

制定适应孩子能力的学习任务是教育工作中的一项挑战性任务，但也是至关重要的。通过了解孩子的个体差异、设定合适的学习目标、选择适当的教学方法、鼓励自主学习以及关注情感和心理健康，可以有效地提高学习任务的适应性。同时，定期评估和调整任务，确保任务与孩子的发展同步，促使他们在学习中充分发展潜力。通过这样的精心设计，我们能够为每个孩子提供更有针对性和个性化的学习体验，帮助他们建立积极的学习态度和自信心，迈向更加充实的未来。

二、鼓励孩子参与跨学科的挑战

在当今世界,知识不再局限于特定学科的范畴,而是日益呈现出交叉融合的趋势。为了适应这一变革,鼓励孩子参与跨学科的挑战变得至关重要。跨学科挑战不仅能够拓展孩子的知识广度,更能培养其综合思维、问题解决和创新能力。这里将深入探讨如何鼓励孩子参与跨学科的挑战,包括了解跨学科教育的重要性、创设跨学科学习环境、设计激发兴趣的项目以及促进团队协作等方面。

(一)了解跨学科教育的重要性

1. 跨学科教育的定义

跨学科教育是一种整合不同学科知识、方法和技能的教育方式。它通过超越学科界限,将知识融合在一起,使学生能够综合运用多个学科的概念和工具解决现实问题。

2. 发展综合思维

跨学科教育有助于培养孩子综合思维的能力。通过涉足多个学科领域,孩子能够培养将不同学科的知识有机结合、综合运用的能力,从而更好地应对现实生活中的综合性问题。

3. 培养创新和解决问题的能力

跨学科的挑战能够激发孩子的创新潜力。在解决跨学科问题的过程中,他们需要运用不同学科的思维方式,寻找创新的解决方案,从而培养解决问题的能力。

4. 提高学科知识的深度理解

通过参与跨学科的挑战,孩子能够更深入地理解各个学科的知识。这不仅有助于拓展他们的学科广度,还能够提高对学科知识的深度理解,使之更有深刻的学术造诣。

（二）创设跨学科学习环境

1. 整合学科内容

创设跨学科学习环境需要整合学科内容。教育者可以设计交叉学科的教学计划，使不同学科的知识有机结合，呈现出一个更为综合和有趣的学习体验。

2. 促进学科之间的对话

跨学科学习环境中，促进学科之间的对话至关重要。教育者可以组织跨学科研讨会、座谈会或小组讨论，让学生能够跨学科交流，分享各自领域的见解和知识。

3. 创新教学方法

在跨学科学习中，采用创新的教学方法是必不可少的。例如，引入项目式学习、案例分析、实地考察等教学方式，激发学生的学习兴趣，培养其解决实际问题的能力。

（三）设计激发兴趣的项目

1. 结合实际问题

设计激发兴趣的跨学科项目时，可以选择结合实际问题。通过解决真实存在的问题，孩子更容易产生浓厚的兴趣，并能够深入学习涉及的多个学科知识。

2. 提供项目选择

为了激发兴趣，项目的选择应该更具多样性。让孩子有选择的权利，可以根据他们的兴趣和擅长领域自主选择项目，增强参与的主动性。

3. 跨年级合作项目

设计跨学科项目时，可以考虑跨年级的合作。通过让不同年级的学生共同参与项目，能够促进他们之间的合作精神，同时也能够在不同年级间分享知识和经验。

（四）促进团队协作

1. 小组合作

跨学科的挑战通常需要团队协作。通过组织小组合作，学生可以在团队中发挥各自的优势，共同解决问题，培养团队协作的能力。

2. 跨学科比赛

组织跨学科比赛是促进团队协作的有效手段。学生可以组成团队，参与跨学科比赛，通过合作竞争，刺激他们的学科交流和团队协作。

3. 引入专业人士

在跨学科项目中引入专业人士是一种促进团队协作的方式。专业人士能够为学生提供实际经验和指导，激发学生的合作热情，使他们更好地理解问题并实现共同目标。

（五）注重实践与应用

1. 实践性学习

跨学科的挑战应注重实践性学习。通过实地考察、实验室实践等方式，让学生能够将理论知识应用到实际情境中，增强他们对知识的理解和记忆。

2. 制订实际计划

设计跨学科项目时，可以制订实际计划。让学生在项目中制定具体可行的计划，考虑实际可行性，从而更好地培养他们的实际问题解决能力。

3. 反思与总结

跨学科的挑战完成后，要进行反思与总结。学生可以就项目的整个过程进行反思，包括遇到的问题、解决的方法、学到的知识等，从而提高他们的学科思维和综合分析能力。

（六）利用技术支持跨学科挑战

1. 数字化学习工具

利用数字化学习工具能够更好地支持跨学科挑战。虚拟实验室、在线协作平台、多媒体教学资源等工具可以为学生提供更广泛的学科知识，促进他们更深层次的学习。

2. 远程协作

利用远程协作技术，可以跨越地理限制，组建更多元化的团队。学生可以通过在线协作平台进行实时交流和合作，共同完成跨学科挑战项目。

3. 数据分析与可视化工具

引入数据分析与可视化工具，可以帮助学生更好地理解和应用跨学科项目中的数据。通过数据的可视化呈现，学生能够更清晰地观察和分析多个学科之间的关联。

（七）培养终身学习的意识

1. 强调学科融合的重要性

在教育中强调学科融合的重要性。培养学生对不同学科的兴趣，并教育他们学科之间的相互关系，使其具备更强的终身学习意识。

2. 提供多样化的学科体验

学校可以提供多样化的学科体验，包括丰富的选修课程、实践项目和跨学科活动。这样可以激发学生对多个学科的兴趣，培养他们对学科融合的好奇心。

3. 发展自主学习技能

培养学生的自主学习技能，使其具备独立探索学科融合领域的能力。学生在终身学习中能够主动寻找并解决跨学科问题，实现个人和职业发展。

鼓励孩子参与跨学科的挑战是培养综合素质、提高综合能力的有效途径。通过了解跨学科教育的重要性，创设跨学科学习环境，设计可激发兴趣的项目，促进团队协作，注重实践与应用，利用技术支持和培养终身学习的意识，我们可以为孩子提供更富有趣味和深度的学习体验。这不仅有助于他们在学术上取得更好的成绩，更能够培养他们面对未来社会复杂问题时的应变能力，使其成为具备创新精神和协作能力的全面发展的个体。

三、利用项目式学习激发好奇心

好奇心是人类探索世界、追求知识的驱动力之一。在教育领域，激发学生的好奇心是培养他们积极学习态度、发展创造力和解决问题能力的关键。项目式学习作为一种注重学生主动参与和实践的教学方法，有着独特的优势，能够有效激发学生的好奇心。这里将深入探讨如何利用项目式学习激发学生的好奇心，包括项目设计的原则、激发好奇心的策略以及项目式学习的实施效果。

（一）项目式学习的基本原则

1. 客观真实性

项目式学习的项目应具有客观真实性，即与学生现实生活紧密相关，能够引起他们的共鸣。这种真实性能够让学生更容易产生好奇心，因为他们能够看到项目背后的实际意义和应用场景。

2. 多学科整合

项目式学习鼓励多学科的整合，使学生能够在解决问题的过程中涉及不同学科的知识。这样的整合性设计有助于激发好奇心，使学生会对跨学科的知识产生兴趣，想要更深入地了解相关领域。

3. 学生主导

项目式学习强调学生的主动参与和领导地位。学生有权选择项目主题、制定计划，并在整个项目中发挥主导作用。这种自主性能够激发学生的好奇心，因为他们可以选择与自己兴趣相关的主题，有更大的动机去深入学习。

4. 产出可展示成果

项目式学习的项目应该有明确的成果展示，让学生看到他们努力工作的结果。这种可展示的成果能够增强学生的成就感，从而进一步激发他们的好奇心，想要看到项目最终的成功呈现。

（二）激发好奇心的策略

1. 创建引人入胜的情境

在项目设计中，创建引人入胜的情境是激发好奇心的重要策略之一。通过引入引人入胜的故事情节、真实问题或有趣挑战，可以激发学生的好奇心，让他们愿意投入更多精力去解决问题。

2. 设计引人注目的问题

好奇心往往源于问题。在项目设计中，引人注目的问题是激发学生好奇心的有效手段。确保问题具有启发性、挑战性，并能够引导学生深入思考，探索解决方案。

3. 提供资源和工具支持

为了激发好奇心，学生需要有充分的资源和工具支持。提供丰富的图书、网络资源、实地考察等，让学生能够广泛获取信息，满足他们对项目主题的好奇心。

4. 鼓励探究性学习

项目式学习应该鼓励学生进行探究性学习。让他们在解决问题的过程中提出自己的疑问、寻找答案，培养主动学习的习惯，从而更深刻地激发好奇心。

（三）项目式学习的实施效果

1. 增加学生参与度

项目式学习可以明显增加学生的参与度。由于项目本身充满趣味性和挑战性，学生更愿意投入时间和精力，提高了他们对学习的主动参与度。

2. 提高问题解决能力

项目式学习培养学生的问题解决能力。通过解决项目中的实际问题，学生在整合各种知识的过程中提高了解决实际问题的能力，这对于培养好奇心有着积极的影响。

3. 发展团队协作技能

在项目式学习中，学生通常需要合作完成项目。这有助于发展他们的团队协作能力，通过相互合作，激发出更多的好奇心，从不同的角度思考问题。

4. 促进深度学习

项目式学习鼓励学生深度学习。由于项目通常涉及多学科知识的整合，学生不仅仅停留在表面性的记忆，而是深入理解和运用知识，这有助于更持久地激发他们的好奇心。

(四) 案例分析

1. 环保项目：垃圾分类与再生利用

设计一个环保项目，让学生了解垃圾分类的重要性以及再生利用的方式。通过实地考察、采访专业人士、收集相关数据，学生可以深入了解垃圾分类对环境的影响，探讨可行的解决方案。这个项目既具有客观真实性，又能够激发学生对环保问题的好奇心。学生可以提出各种问题，如为什么需要垃圾分类？不同材料的垃圾应该如何处理？再生利用的技术有哪些？通过这个项目，学生不仅学到了环保知识，还培养了解决实际问题的能力。

2. 历史项目：模拟历史事件

设计一个历史项目，让学生模拟某个历史事件的发生过程。学生可以选择自己感兴趣的历史事件，通过研读相关文献、采访专家、模拟演练等方式，深入了解该事件的背景、原因和影响。这个项目既满足了学生对历史事件的好奇心，又培养了他们的研究和表达能力。学生可以提出问题，如当时社会的状况是怎样的？人们是如何应对这个事件的？通过参与项目，学生能够更深刻地理解历史事件，并对历史产生浓厚的兴趣。

3. 科学项目：设计实验解决实际问题

设计一个科学实验项目，让学生围绕某一实际问题进行科学实验。例如，解决学校附近污染物超标的问题。学生可以提出问题，如污染物的来源是什么？对人体和环境的影响有哪些？通过设计实验、采集数据、分析结果，学生能够深入了解污染问题，并提出解决方案。这个项目不仅能够激发学生对科学问题的好奇心，还培养了他们的实验设计和数据分析能力。

利用项目式学习激发好奇心是培养学生全面素质的有效途径。通过设计具有客观真实性、多学科整合、学生主导和产出可展示成果等基本原则的项目，结合创建引人入胜的情境、设计引人注目的问题、提供资源和工具支持、鼓励探究性学习等策略，可以有效地激发学生的好奇心。项目式学习的实施效果包括增强学生参与度、提高问题解决能力、发展团队协作精神以及促进深度学习。通过案例分析，我们可以看到不同领域的项目是如何激发学生好奇心、培养他们的解决问题能力，并使学习更具深度和意义的。

在实际教学中，教育者应该根据学生的兴趣、实际需求和学科特点精心设计项目，确保项目既符合教育目标，又能够吸引学生的好奇心。通过项目式学习，我们可以培养出更加积极主动、富有创造力的学生，为其未来的发展打下坚实的基础。

第四节　实践中培养孩子解决问题的能力

一、提供解决实际问题的机会

在当今社会，培养学生具备解决实际问题能力是教育的关键目标之一。理论知识的学习固然重要，但更为重要的是能够将所学知识应用于解决实际生活中问题的能力。为此，提供解决实际问题的机会成为教育中不可忽视的一环。以下将深入探讨为何提供解决实际问题的机会对学生的发展至关重要，以及如何在教育实践中有效地落实这一理念。

（一）提供实际问题解决的机会的重要性

1. 培养创造力和创新思维

实际问题解决的过程需要学生不断思考、尝试新的方法和创造性地解决困难。这种思维方式有助于培养学生的创造力和创新思维，使他们能够在面对未知挑战时更具应变能力。

2. 连接理论知识与实际应用

解决实际问题为学生提供了将理论知识应用于实际场景的机会。这种连接有助于加深学生对知识的理解，让他们看到知识的实际应用和意义，促使学习更具深度和广度。

3. 培养团队协作和沟通能力

在解决实际问题的过程中，学生常常需要与他人合作，共同探讨、分析并解决问题。这有助于培养团队协作和沟通能力，让学生学会倾听他人意见、协商合作，为未来的职业生涯打下基础。

4. 提高解决复杂问题的能力

实际问题通常具有一定的复杂性，需要学生运用多学科知识，综合考虑各种因素进行解决。提供实际问题解决的机会有助于培养学生解决复杂问题的能力，让他们能够更好地应对未来的挑战。

（二）如何在教育实践中提供解决实际问题的机会

1. 整合实际问题到课程设计中

教育者可以通过在课程设计中整合实际问题，使学生在学习特定知识和技能的同时，能够直接应用于解决实际场景中的问题。例如，在数学课中引入实际商业问题，让学生运用所学知识计算成本、利润等。

2. 设计跨学科的项目

跨学科的项目能够更贴近实际问题的复杂性。通过设计项目，学生可以在不同学科领域中获取知识，整合这些知识来解决一个具体的问题。这有助于培养学生的综合能力和跨学科思维。

3. 创设实际情境的模拟

模拟实际情境是提供解决实际问题机会的有效方式。通过模拟实际情境，学生可以在相对真实的环境中应对问题，提高实际应用能力。例如，模拟企业运作过程，让学生扮演管理者角色解决实际业务问题。

4. 鼓励学生自主选题研究

为学生提供自主选题研究的机会，让他们选择自己感兴趣的实际问题进行深入研究。这种方式能够激发学生的主动性和好奇心，让他们更深入地探索和解决问题。

5. 制定解决实际问题的课外活动

开展一些课外活动，如实地考察、社区服务等，让学生亲身经历和解决实际问题。这种实践性的活动有助于将理论知识转化为实际技能，培养学生的实际问题解决能力。

（三）提供解决实际问题机会的教育实践案例

1.STEM 教育项目

STEM（科学、技术、工程、数学）教育项目常常以实际问题为出发点，让学生通过设计和建造实际的产品或解决实际问题，旨在培养学生的实际问题解决能力。例如，学生设计太阳能灯具解决无电区域的照明问题，既涉及科学知识又需要工程技术和数学计算。

2. 社区服务项目

学校与社区合作，开展社区服务项目，让学生参与解决实际的社区问题。例如，学生可以通过社区调查了解居民的需求，然后设计并实施相关项目，如组织社区活动等，从而培养实际问题解决的能力。

3. 商业合作项目

与当地企业合作，开展商业项目，让学生参与解决实际商业问题。例如，学生可以在商业课程中与企业合作，分析市场情况、提出营销策略、设计产品等，从而培养商业领域的实际问题解决能力。这种实际合作不仅能够使学生直接应用所学知识，还能够为他们提供在实际业务场景中互动的机会。

4.科学实验设计

在科学教育中，设计科学实验是提供解决实际问题机会的有效方式。学生可以选择一个感兴趣的科学问题，然后设计并进行实验，收集数据、分析结果，最终得出结论。通过这样的实践，学生能够深入理解科学知识，并培养解决科学问题的能力。

（四）解决实际问题机会的评价和展望

1.评价方法

评价学生在实际问题解决中的表现需要综合考虑多个方面。除了传统的考试和作业评估外，还可以采用以下方法：

（1）项目报告和展示

要求学生提交详细的项目报告，包括问题的定义、解决方案的设计、实施过程、数据收集和分析等。并通过项目展示，让学生向全班或专业人士展示他们的成果，从而评估其实际问题解决的全过程。

（2）口头答辩

要求学生进行口头答辩，解释他们在解决实际问题过程中的思考、决策和行动。这可以帮助评估学生的表达能力、逻辑思维和解决问题的方法论。

（3）同侪评价

引入同侪评价机制，让学生相互评价彼此的项目成果。通过同侪评价，可以更全面地了解学生在团队合作、沟通协作等方面的表现。

2.展望

提供解决实际问题机会的教育模式在未来有望得到更广泛的应用和发展。随着社会的不断变化和进步，培养具备解决实际问题能力的人才将更加成为社会的需求。因此，教育者可以从以下几个方面进一步发展和完善这一教育理念：

（1）教育资源的整合

教育者可以更加积极地整合各类教育资源，包括企业资源、社区资源、科研机构资源等，为学生提供更丰富、实际解决问题的机会。这有助于让学生更好地融入社会实践，学以致用。

（2）引入新技术手段

新技术的不断发展为解决实际问题提供了更多的可能。例如，虚拟现实（VR）和增强现实（AR）技术可以为学生创造更真实的场景，促进实践性学习。在线协作工具和平台也能够为跨地区、跨学科的合作提供更便捷的途径。

（3）跨学科的整合

实际问题解决通常需要跨学科的知识和技能，因此，教育者可以更加注重跨学科教学的整合。通过设计跨学科的项目，让学生能够全面发展各方面的能力。

（4）个性化学习

解决实际问题机会的提供需要考虑学生的个体差异。因此，教育者可以更加关注学生的个性化学习需求，根据不同学生的兴趣、能力和学习风格，量身定制实际问题解决的机会，使之更符合学生的发展路径。

提供解决实际问题的机会是培养学生创造力、连接理论知识与实际应用、培养团队协作和沟通能力、提高解决复杂问题能力的有效途径。在教育实践中，教育者可以通过整合实际问题到课程设计中、设计跨学科的项目、创设实际情境的模拟、鼓励学生自主选题研究等方式，为学生提供更多解决实际问题的机会。通过评价方法的创新和教育模式的不断发展，我们有望在培养学生具备解决实际问题能力方面取得更大的进展。在未来，提供解决实际问题的机会将成为教育的重要理念之一，为培养全面发展的人才做出更积极的贡献。

二、引导孩子分步解决问题

在孩子的成长过程中，面临问题是不可避免的。良好的问题解决能力不仅有助于应对日常挑战，还是培养孩子独立思考和自主学习的关键。为了帮助孩子培养分步解决问题的能力，教育者和家长可以采用一系列方法，引导他们逐步分析、规划和解决问题。以下将深入探讨为何分步解决问题对孩子的发展至关重要，以及如何在教育和家庭环境中有效地引导孩子进行分步解决问题。

（一）引导孩子分步解决问题的重要性

1. 发展逻辑思维和解决问题的能力

分步解决问题是一种逻辑思维的体现。通过逐步分析问题、制定解决方案并执行，孩子能够培养较强的逻辑思考能力，从而更好地解决各种问题。

2. 提升自主学习和独立思考的能力

分步解决问题培养了孩子自主学习的习惯。他们学会了独立思考和寻找解决方案的能力，不仅能够更好地应对当前问题，也能为将来的学习和生活做好准备。

3. 增强应对挑战的自信心

成功地分步解决问题会增强孩子的自信心。每一步的完成都是一个小胜利，这些积累起来会使孩子更加相信自己的能力，更有勇气面对未来的挑战。

4. 培养坚持不懈的毅力

分步解决问题需要孩子付出一定的努力和耐心。在解决问题的过程中，他们会体验到坚持不懈的重要性，这将为日后面对更大的困难提供坚实的基础。

（二）如何在教育和家庭中引导孩子分步解决问题

1. 培养问题意识

要引导孩子分步解决问题，首先需要培养他们的问题意识。教育者和家长可以通过启发性问题、挑战性任务，激发孩子对问题的兴趣和好奇心。让他们认识到问题是学习和成长的一部分。

2.教授问题分析的方法

在培养问题意识的基础上，教育者和家长应教授孩子一些问题分析的方法。这包括事先规划、逐步拆解问题、辨别关键信息等技能。例如，当孩子面对一道复杂的数学问题时，可以教导他们先理清题意，逐步分解为更好解决的子问题。

3.提供实际案例演练

通过提供实际案例，让孩子进行实际问题解决的练习。这可以是日常生活中的小问题，也可以是模拟的学习场景。通过实际操作，孩子能够更好地理解分步解决问题的过程。

4.鼓励制定解决方案

一旦问题被明确定义，教育者和家长可以鼓励孩子制定解决方案。这涉及到明确的步骤和时间安排，让孩子有条不紊地进行解决问题的过程。

5.鼓励反思和调整

分步解决问题并非总是一帆风顺，可能会遇到阻碍或错误。在这时，鼓励孩子进行反思，分析问题的根本原因，并调整解决方案。这有助于培养孩子的自我纠错和改进的能力。

6.提供支持和引导

在孩子初学分步解决问题时，他们可能需要额外的支持和引导。教育者和家长可以帮助他们理清思路、提供建议，并在必要时给予鼓励。

(三)引导孩子分步解决问题的评价和展望

1.评价方法

要评价孩子在分步解决问题时的表现，可以考虑以下几个方面：

问题定义和分析：孩子是否能够清晰地定义问题并进行有效的分析。

解决方案计划：孩子是否能够制定合理的解决方案计划，包括步骤和时间安排。

执行解决方案：孩子是否按照计划有序地执行解决方案。

检查和反思：孩子在得到结果后是否能够进行检查，发现潜在错误，并进行反思和改进。

2. 展望

引导孩子分步解决问题是一个长期的过程，需要教育者和家长的持续引导和支持。未来，我们可以考虑以下方向：

个性化引导：针对不同孩子的学习风格和能力，个性化地引导分步解决问题的方法，以更好地满足他们的需求。

结合实际场景：提供更多与实际生活相关的问题，让孩子在解决问题的过程中更好地理解知识的实际应用。

引入技术手段：结合现代技术，例如在线学习平台、教育应用，为孩子提供更丰富的问题解决资源和工具。

引导孩子分步解决问题是培养其逻辑思维、自主学习和独立思考的有效途径。通过培养问题意识、教授问题分析方法、提供实际案例演练等方式，教育者和家长可以帮助孩子建立解决问题的思维模式。在评价方面，注重孩子在问题定义、解决方案计划、执行和检查反思等方面的表现。未来的展望包括个性化引导、结合实际场景和引入技术手段，以更好地促进孩子分步解决问题的能力发展，为其未来的学习和生活打下坚实基础。

三、鼓励孩子尝试多种解决方案

在现代社会中，问题多样而复杂，对解决问题的能力提出了更高的要求。鼓励孩子尝试多种解决方案不仅有助于培养他们的创造力和灵活性，还能提高他们面对不同情境时的适应性。这里将探讨鼓励孩子尝试多种解决方案的重要性，以及如何在教育和家庭环境中有效地实施这一理念。

（一）为何鼓励孩子尝试多种解决方案

1. 培养创造力

鼓励孩子尝试多种解决方案有助于培养他们的创造力。通过不断尝试不同的方法，孩子能够发展出富有创意的思维，学会从多个角度思考问题。

2. 提高问题解决的灵活性

面对问题时，灵活性是一种重要的品质。通过尝试多种解决方案，孩子能够培养灵活的思维方式，适应各种复杂的情境，提高解决问题的效率。

3. 培养自信心

成功地尝试多种解决方案可以增强孩子的自信心。当他们发现自己有能力应对不同的挑战，就会更加积极主动地面对新的问题，形成良好的解决问题心态。

4. 促进团队协作

在团队环境中，每个成员可能有不同的解决方案。鼓励孩子尝试多种解决方案有助于促进团队协作，培养沟通和合作的能力。

（二）如何在教育和家庭中鼓励孩子尝试多种解决方案

1. 提出开放性问题

教育者和家长可以通过提出开放性问题来激发孩子尝试多种解决方案的兴趣。这类问题通常没有唯一的答案，鼓励孩子在解决问题时尝试不同的路径。

2. 鼓励多元化的学习资源

提供多元化的学习资源，包括书籍、互动媒体、实践项目等，帮助孩子接触到不同领域的知识，从而激发他们尝试多种解决方案的欲望。

3. 创设实际情境的模拟

通过模拟实际情境，让孩子置身于需要解决问题的场景中。这有助于激发他们尝试不同解决方案的动力，并在实践中体验到方案的效果。

4. 鼓励分享和讨论

建立一个鼓励分享和讨论的环境，让孩子能够向同伴或老师分享他们尝试过的解决方案。通过交流，孩子可以从他人的经验中学到新的思路和方法。

5. 以身作则

教育者和家长在引导孩子尝试多种解决方案时要以身作则。展示自己在解决问题时灵活尝试不同方法的过程，让孩子从身边的成年人中获得启发。

6. 提供积极的反馈

无论孩子的尝试是否成功，都要给予积极的反馈。鼓励孩子勇敢尝试，强调解决问题的过程比结果更为重要，这样能够建立起积极的学习心态。

(三) **实际案例分析：科学实验中的多种解决方案**

为了更好地理解鼓励孩子尝试多种解决方案的实际操作，我们以科学实验为例进行分析。

1. 问题描述

孩子们在科学实验中面临一个问题：如何测量一个不规则形状物体的体积？

2. 多种解决方案的尝试

（1）解决方案一：水位法

孩子们尝试将一定量的水倒入一个容器，然后将不规则形状的物体完全浸入水中。通过测量容器中水位的变化，他们可以计算出物体的体积。

（2）解决方案二：模型法

孩子们决定用建模的方式，通过制作物体的缩小模型，并测量模型的体积，再按比例计算出实际物体的体积。

（3）解决方案三：标定法

孩子们选择在容器中加入标定刻度，然后将物体放入容器，通过读取刻度的变化来测量物体的体积。

3. 比较和讨论

孩子们在实验结束后比较三种解决方案的优劣。通过讨论,他们发现每种方法都有其独特的优点和局限性:

(1) 水位法

优点:

简单易行,不需要复杂的设备。

直观,孩子们能够直接观察到水位的变化。

局限性:

对于较大的不规则形状的物体,可能需要大量水,会造成浪费。

在实际操作中可能存在一定误差。

(2) 模型法

优点:

利用模型进行测量,能够更精确地进行比例计算。

有助于培养孩子的手工制作和建模能力。

局限性:

制作模型可能需要大量时间和材料。

依赖于孩子制作模型的精度,可能存在一定误差。

(3) 标定法

优点:

可以准确测量水位的变化,提高测量精度。

可以用于不同形状的物体。

局限性:

需要在容器中标定刻度,可能增加操作的复杂性。

对于非透明的物体,可能存在读取刻度的困难。

4. 结果与启示

通过这个实例,孩子们学会了尝试多种解决方案,并在比较和讨论中得出结论。他们意识到每种方法都有适用的场景，而不同的问题可能需要不同的解决方案。这个经验不仅锻炼了他们解决问题的能力，还培养了他们的合作和团队意识。

（四）鼓励孩子尝试多种解决方案的评价和展望

1. 评价方法

要评价孩子在尝试多种解决方案中的表现，可以考虑以下几个方面：

创造性：孩子的解决方案是否具有创造性，是否能够从不同角度思考问题。

实用性：解决方案是否在实际操作中表现出实用性，是否能够有效解决问题。

团队协作：如果是在团队环境中进行，孩子是否能够有效地与团队成员合作，共同探讨和改进解决方案。

2. 展望

鼓励孩子尝试多种解决方案是一个培养创造力和解决问题能力的长期过程。在未来，可以考虑以下方向：

跨学科学习：提供更多跨学科的学习机会，让孩子在不同领域中尝试多种解决方案。

实际问题解决：引导孩子参与解决实际问题的项目，提高他们解决实际问题的能力。

引入科技支持：利用科技手段，如虚拟实境、在线模拟工具等，增加孩子尝试多种解决方案的可能性。

鼓励孩子尝试多种解决方案是培养其创造力和解决问题能力的关键步骤。通过提供开放性问题、多元化的学习资源、实际情境的模拟等方式，教育者和家长可以有效引导孩子培养灵活的思维方式。通过实际案例的分析，我们看到孩子们在解决科学实验问题时的多种尝试，这为他们的学习经验提供了丰富的内容。未来的发展方向包括跨学科学习、实际问题解决和科技支持,进一步提高孩子尝试多种解决方案的能力,使其更好地适应未来社会的挑战。

第五节 利用实践和实验激发孩子好奇心

一、在实践中学习科学知识

科学知识是人类认知和理解自然世界的重要组成部分。传统的学科教育强调理论知识的传递,而在实践中学习科学知识则是一种更加全面和深入的学习方式。这里将探讨在实践中学习科学知识的重要性,以及在教育和日常生活中如何促进学生通过实践积累科学知识。

(一)在实践中学习科学知识的重要性

1. 培养实践动手能力

在实践中学习科学知识能够培养学生的实践动手能力。通过亲身实践,学生可以掌握实验操作技能,提高实际问题解决的能力。这种实践能力是将理论知识应用于实际问题的基础。

2. 提升学习兴趣和参与度

实践中学习科学知识能够激发学生的学习兴趣。相比于枯燥的教科书知识,通过亲身体验和观察,学生更容易对科学产生浓厚兴趣。积极参与实践活动也能够提高学生的学习主动性。

3. 培养批判性思维

实践中学习科学知识有助于培养学生的批判性思维。在实验和观察中,学生需要分析数据、提出假设,并从实践中验证这些假设。这一过程培养了学生独立思考和判断问题的能力。

4. 接触多元化的科学领域

通过实践，学生能够接触到多元化的科学领域。实验、野外考察、科技项目等多样化的实践活动能够帮助学生了解科学的广度和深度，激发对不同科学领域的兴趣。

(二) 在教育中推动在实践中学习科学知识

1. 实验教学法

实验教学法是在教学过程中广泛运用的一种实践方式。通过安排合适的实验，学生能够在实践中亲自操作，观察实验现象，从而更深入地理解和掌握科学知识。实验教学法不仅提高了学生对科学知识的理解程度，也培养了其实验设计和数据分析的能力。

2. 野外实习和考察

组织学生进行野外实习和考察是促进在实践中学习科学知识的有效途径之一。在实地环境中，学生能够接触到真实的科学现象，感受到科学知识在实际应用中的重要性。这种亲身经历不仅提高了学生的学科素养，还培养了他们对自然环境的保护意识。

3. 科技项目和竞赛

参与科技项目和竞赛是在实践中学习科学知识的一种创新方式。学生通过科技项目，可以深入研究感兴趣的主题，动手设计并实施项目，培养了解决实际问题的能力。同时，科技竞赛的形式激发了学生的竞争意识和团队协作精神。

4. 利用虚拟实验平台

虚拟实验平台为学生提供了在计算机上进行实验的机会。这种方式不仅能够弥补实验设备和场地的不足，还可以模拟一些复杂、昂贵或危险的实验。虚拟实验平台使学生能够在虚拟环境中进行实践，提高在实践中学习科学知识的机会。

（三）在日常生活中培养在实践中学习科学知识的方法

1. 科学实践活动

在家庭和社区中组织一些简单的科学实践活动，如植物生长观察、简单化学反应实验等，能够让学生在日常生活中亲身体验科学知识。

2. 科学展览和博物馆

带领学生参观科学展览和博物馆，让他们近距离接触科学展品，通过互动展示和实物展示，激发学生对科学知识的兴趣。

3. 科普读物和视频

在日常生活中推荐一些有趣的科普读物和科学教育视频，让学生通过阅读和观看了解科学知识。这种方式可以在娱乐中潜移默化地培养学生的科学素养。

4. 科学手工制作

通过一些简单的科学手工制作，如制作简易望远镜、模拟化学实验等，让学生在动手操作中学习科学知识。这种方式不仅提供了实践的机会，还培养了学生的创造力和动手能力。

5. 环保活动

参与一些环保活动，如植树、垃圾分类等，能够让学生亲身感受到科学知识在解决实际问题时的作用。这种参与式的实践既增加了学生对科学知识的认识，也培养了他们的社会责任感。

（四）实践中学习科学知识的案例分析

1. 校园科技创新项目

学校组织了一项科技创新项目，鼓励学生提出自己感兴趣的科技课题，并进行研究。学生们通过实地调查、文献查阅、实验设计等一系列实践活动，深入了解和掌握与课题相关的科学知识。通过项目展示，学生们不仅展示了他们的研究成果，还培养了团队协作和解决问题的能力。

2. 家庭科学实验

一位家长在家中与孩子一起进行简单的科学实验，如制作水晶、观察植物生长等。通过这些实验，孩子在实践中了解了化学反应、植物生命周期等科学知识，并在和家长的互动中培养了学习的兴趣。

（五）在实践中学习科学知识的评价和展望

1. 评价方法

评价学生在实践中学习科学知识的效果可以从以下几个方面考虑：

实践操作能力：学生是否能够独立进行实践活动，是否能够掌握实验技能。

问题解决能力：学生在实践中是否能够遇到问题并主动解决，是否能够运用科学知识解决实际问题。

创新能力：学生在实践中是否能够提出新颖的观点或方法，是否具备一定的创新意识。

学科素养：学生是否能够将在实践中学到的知识与学科理论相结合，形成系统的学科素养。

2. 展望

未来在实践中学习科学知识的发展方向包括：

智能化实践工具：利用现代技术，开发智能化的实践工具，如虚拟实验平台、在线模拟软件等，提供更便捷、安全的实践学习环境。

跨学科实践：鼓励学生在实践中进行跨学科的探索，促进不同学科之间的融合和交叉。

社会实践：强调学生参与社会实践，将科学知识应用于解决社会问题，培养学生的社会责任感和创新能力。

在实践中学习科学知识是一种富有活力和深度的学习方式，有助于培养学生的实践动手能力、提升学习兴趣和参与度、培养批判性思维，以及接触多元化的科学领域。在教育和日常生活中，通过实验教学法、野外实习和考察、科技项目和竞赛、虚拟实验平台等方式，可以有效促进学生在实践中学习科学知识。家庭和社区中的科学实践活动也是培养学生兴趣的重要途径。在评价上，需要关注学生的实践操作能力、问题解决能力、创新能力和学科素养等方面。展望未来，智能化实践工具、跨学科实践和社会实践将为实践中学习科学知识提供更丰富的可能性。通过这种全面而深入的学习方式，学生将更好地理解和运用科学知识，为未来的学科发展和社会创新做出更积极的贡献。

二、进行简单实验和观察

进行简单实验和观察是培养孩子科学探究精神的有效途径之一。这种方式不仅可以激发孩子对科学的兴趣，还能培养他们的实验设计能力、观察力和解决问题的能力。本文将探讨进行简单实验和观察的重要性、实施方法、案例分析以及评价和展望。

（一）进行简单实验和观察的重要性

1.激发兴趣和好奇心

进行简单实验和观察可以激发孩子对科学的兴趣和好奇心。通过亲身参与，他们能够在实践中体验科学的奇妙之处，从而培养对知识的渴望和追求。

2.培养实验设计和观察能力

进行实验和观察需要孩子设计实验步骤、收集数据、进行观察和分析结果。这一系列活动不仅锻炼了他们的实验设计能力，还培养了仔细观察和数据分析的技能。

3.培养解决问题的能力

在实验和观察中，孩子可能会遇到一些问题，需要通过思考和实践找到解决方法。这有助于培养他们解决问题的能力，提高应对挑战的信心。

4. 促进跨学科学习

进行实验和观察通常涉及多个学科领域，如物理、化学、生物等。这有助于孩子理解不同学科之间的关联，促进跨学科学习，培养综合素养。

（二）进行简单实验和观察的实施方法

1. 选择适合年龄和兴趣的实验

根据孩子的年龄和兴趣，选择适合的实验和观察主题。对于较小的孩子，可以选择一些简单、直观的实验，如水的浮沉实验、颜色混合实验等。对于较大的孩子，可以逐渐增加实验的难度，引导他们进行更深入的探究。

2. 提供必要的实验材料和工具

确保孩子能够方便地获取实验所需的材料和工具。这可以包括日常生活中易于获取的物品，如水杯、小瓶子、食用色素等。同时，也可以利用一些简单的实验器材，如滑轮、显微镜等，提升实验的趣味性和深度。

3. 引导设计实验步骤

鼓励孩子参与实验的设计过程。通过提出问题、制定假设、设计实验步骤，培养他们的科学思维和实验设计能力。在引导的过程中，注重激发他们的创造性思维。

4. 注重观察和记录

引导孩子仔细观察实验过程和结果，并记录下所观察到的现象。可以通过绘制图表、拍照或写实验报告的方式，培养孩子的观察和记录能力。

5. 进行小组合作

组织孩子进行小组合作，让他们共同参与实验和观察。通过小组合作，不仅可以促进他们的团队协作能力，还能够从不同的角度思考问题，获得更多的观察和实验结果。

（三）进行简单实验和观察的案例分析

1. 颜色混合实验

（1）实验目的

通过颜色混合实验，让孩子了解基本的颜色知识，学习颜色的原理。

（2）实验步骤

准备三种颜色的食用色素，如红色、黄色、蓝色。

在三个杯子中分别加入不同颜色的色素。

尝试将两种颜色的液体混合在一起，观察混合后的颜色变化。

（3）观察结果

孩子可以观察到两种颜色混合后生成的新颜色，如红色和黄色混合生成橙色，蓝色和黄色混合生成绿色，红色和蓝色混合生成紫色。

2. 水的浮沉实验

（1）实验目的

通过水的浮沉实验，让孩子了解物体的密度和浮力的概念。

（2）实验步骤

准备一个透明的容器，装满水。

准备一些不同材质的物体，如橡皮、木块、塑料球等。

尝试将这些物体放入水中，观察它们在水中的浮沉情况。

（3）观察结果

孩子可以观察到不同材质的物体在水中的浮沉情况。密度较大的物体会沉到底部，而较轻的物体会浮在水面上。通过这个实验，他们可以理解到物体的密度与浮力的关系。

3. 种子发芽观察

（1）实验目的

通过观察种子的发芽过程，让孩子了解植物的生长过程，并培养他们的观察和记录能力。

（2）实验步骤

准备一些不同种类的植物种子，如豌豆、玉米等。

将这些种子分别放置在湿润的纸巾或棉花中，放入透明的容器中。

定期观察种子的发芽情况，记录下每个阶段的变化。

（3）观察结果

孩子可以观察到种子从发芽到生长的整个过程，了解到水分、阳光等对植物生长的影响。同时，通过记录不同种子的生长情况，也可以比较它们的生长速度和特点。

(四) 进行简单实验和观察的评价和展望

1. 评价方法

评价孩子进行简单实验和观察的效果可以从以下几个方面考虑：

实验设计能力：孩子是否能够合理设计实验步骤，达到实验目的。

观察和记录能力：孩子是否能够仔细观察实验过程和结果，并记录下关键信息。

问题解决能力：孩子是否能够在实验中遇到问题时，通过思考和实践找到解决方法。

学科素养：孩子是否能够将实验结果与相关的学科知识联系起来，形成系统的学科素养。

2. 展望

未来进行简单实验和观察的过程时，可以进一步创新方法，例如引入科技手段，利用手机或平板进行实时观察和记录。同时，可以设计更多涉及生态、环保等方面的实验，培养孩子对于环境保护的认识和责任感。此外，与社区合作，开展实地观察和调查，将实验和观察与现实生活更加紧密地结合起来。

进行简单实验和观察是培养孩子科学探究精神的有效途径。通过这种方式，孩子能够在实践中感受科学的乐趣，培养实验设计、观察和解决问题的能力。选择适合年龄和兴趣的实验、提供必要的实验材料和工具、引导设计实验步骤、注重观察和记录、进行小组合作等方法都能够有效推动孩子的科学学习。在评价上，除了关注实验设计和观察能力外，还要考虑孩子是否能够将实验结果与学科知识相结合，形成全面的学科素养。展望未来，可以通过创新实验方法和拓展实验领域，不断激发孩子的学习兴趣和创造力。通过这样的科学学习方式，孩子将更好地理解和运用科学知识，为未来的学科发展和社会创新做出更积极的贡献。

三、利用亲身经历培养好奇心

好奇心是人类探索未知、追求知识的天然动力，而亲身经历是培养好奇心的重要途径之一。通过亲身经历，个体能够更直观、深刻地感知世界，激发对事物的兴趣和求知欲。这里将探讨亲身经历对好奇心的培养作用，探讨如何在日常生活中通过亲身经历创造学习机会，以及评价和展望亲身经历在培养好奇心中的潜力。

（一）亲身经历与好奇心的关系

1. 好奇心的本质

好奇心是一种对未知的渴望，是一种主动探索、了解世界的内在动力。它推动个体去发现、学习，是认知发展的重要驱动力。

2. 亲身经历的重要性

亲身经历是通过自己的感官和行动参与到某种活动或事件中，从而获取直接感知和体验的过程。与被动接收信息相比，亲身经历更加生动、深刻，能够激发情感、引发思考，从而更好地促进知识的吸收和掌握。

3. 亲身经历与感知世界

通过亲身经历，个体能够用自己的方式感知世界，而非通过他人的描述或解释。这种直接感知有助于建立更为真实、深刻的对事物的理解，培养对事物的好奇心。

（二）在日常生活中创造亲身经历的学习机会

1. 创设实践性任务

在日常生活中，可以创设一些实践性的任务，让个体通过亲身动手参与其中。比如，让孩子尝试烹饪新菜品、组织小型活动、搭建简易模型等，通过实际操作感知和体验。

2.定期实地考察

组织定期的实地考察活动，带领个体亲自走访博物馆、科技馆、自然保护区等地，亲眼观察、亲身感受自然和文化的奇妙之处，激发对科学、历史、艺术等领域的好奇心。

3.促进社交互动

通过社交互动，个体能够从他人的经验中学到更多，激发自己对不同领域的好奇心。组织小组合作、团队活动，让个体在交流互动中获得更多的亲身体验。

4.制定探索计划

鼓励个体制定自己的探索计划，设定学习目标，通过实际行动一步步实现。这可以包括学习一门新技能、了解一个陌生领域、尝试解决一个实际问题等，通过实践中的探索培养好奇心。

（三）亲身经历培养好奇心的案例分析

1.生态园探险

（1）活动设计

组织孩子们前往生态园进行探险，通过亲身参与观察自然界的生态系统，了解植物、动物、昆虫的生态关系。

（2）活动过程

孩子们在生态园中自由探索，观察各类植物、捕捉昆虫、了解它们的生活习性。通过团队合作，完成一些生态实地调查，如观察某一植物的生长状况、记录不同季节的变化等。

（3）活动效果

通过亲身经历生态园探险，孩子们深刻感受到了自然的奇妙之处，对植物和昆虫的生态特征有了更直观的了解。活动中的团队协作也增强了孩子们的社交技能。

2.DIY 手工制作

（1）活动设计

组织孩子们参与 DIY 手工制作，比如制作简易的机械模型、手工艺品等。

（2）活动过程

孩子们在指导下使用各种材料制作自己的作品，亲自动手完成每一个步骤。这可以包括获取材料、裁剪、粘贴等，通过实际动手，感受手工制作的乐趣。

（3）活动效果

孩子们通过 DIY 手工制作，不仅锻炼了手部操作能力，还培养了创造力和动手解决问题的能力。通过观察自己的作品，激发了他们对手工制作和艺术的好奇心，为更深入地探索提供了基础。

3.家庭烹饪体验

（1）活动设计

组织家庭烹饪体验，让孩子们参与食材的挑选、食谱的制定和整个烹饪过程。

（2）活动过程

孩子们和家长一同前往食材市场选购食材，根据自己的口味和营养需求制定烹饪计划。在厨房中，他们参与切菜、炒菜等具体操作，亲身体验美食的制作过程。

（3）活动效果

通过亲身经历烹饪，孩子们对食材的特性、烹饪方法有了更直观的了解。同时，这种家庭活动促进了亲子关系，让孩子在参与中感受到成就感，激发了他们对烹饪和食物的好奇心。

（四）评价和展望亲身经历在培养好奇心中的潜力

1. 评价

（1）好奇心的激发

亲身经历激发了孩子们的好奇心，使他们更加主动地探索和学习。通过实际参与活动，他们能够更深刻地理解事物的本质，对所学知识产生浓厚兴趣。

（2）综合素养的培养

亲身经历不仅培养了孩子们在特定领域的好奇心，还促使他们形成更全面的综合素养。在实际操作中，他们涉及到团队合作、问题解决、社交互动等多方面的能力培养。

（3）情感态度的培养

通过亲身经历，孩子们不仅在认知层面获得知识，还培养了积极向上的心态。面对困难和挑战时，他们更愿意接受挑战，保持对未知的好奇和积极探索的态度。

2. 展望

（1）创新亲身体验方式

未来可以进一步创新亲身体验的方式，结合现代科技手段，如虚拟现实、增强现实等技术，创造更丰富、更深入的亲身体验，扩展学习领域。

（2）引导跨学科探索

通过设计更丰富多彩的亲身经历，可以引导孩子们跨学科进行探索。比如，通过实地考察动植物，不仅能培养生态学方面的知识，还可以涉及到地理、生物、化学等多个学科领域。

（3）强化社交互动

在亲身经历中，加强社交互动的设计，让孩子们更多地参与到团队协作中，既能够培养合作意识，又能够通过他人的经验分享拓展自己的认知。

亲身经历是培养好奇心的有效途径之一，通过实际参与和体验，个体

培养孩子的阅读兴趣与好奇心

能够更全面、更深刻地认识世界,激发对事物的兴趣和求知欲。在日常生活中,通过创设实践性任务、实地考察、社交互动等方式,可以创造更多的亲身经历学习机会。通过案例分析可以看出,亲身经历不仅在认知层面培养了好奇心,还在情感态度和综合素养方面产生了积极影响。展望未来,可以创新方式、引导跨学科探索,进一步激发个体的好奇心,推动更全面、更深入地学习体验。

第四章 选择适龄适性的阅读材料

第一节 考虑孩子的年龄和兴趣

一、根据年龄选择适当难度的书籍

阅读是孩子成长过程中至关重要的一部分,而选择适当难度的书籍对于阅读的效果至关重要。这里将探讨根据年龄选择适当难度的书籍对孩子全面发展的积极影响,以及如何科学合理地为不同年龄段的孩子选择适当的阅读材料。

（一）年龄段的阅读特点

1. 幼儿期（0—6岁）

在幼儿期,阅读的重点主要在于培养语言能力和认知基础。此时的阅读应以图画书和简单故事为主,通过丰富多彩的图画和简单的文字,帮助幼儿建立词汇库,培养对文字的兴趣。

2. 小学阶段（7—12岁）

小学阶段是阅读能力迅速发展的时期。此时,孩子已能够独立阅读,阅读的目标应更加注重阅读理解和表达能力的培养。选择丰富多样、题材适宜的书籍,帮助孩子建立良好的阅读习惯,培养深层次的思维能力。

3. 中学阶段（13—18岁）

在中学阶段，阅读逐渐成为思考和独立见解形成的重要手段。阅读材料的选择应更多涵盖不同的主题和体裁，以满足中学生对多元知识的需求。此时，阅读不仅是学习的手段，也是个性发展和情感认知的重要途径。

（二）根据年龄选择适当难度书籍的益处

1. 提高阅读兴趣

选择适合年龄的书籍能够更好地吸引孩子的兴趣。图画丰富、文字简单的书籍适合幼儿，而情节更加复杂、语言更加深刻的故事适合学龄儿童和青少年，能够激发他们对阅读的热情。

2. 促进语言发展

不同年龄段的孩子语言能力差异较大，因此选择适当难度的书籍有助于促进语言发展。对于幼儿，简单易懂的图画书能够帮助他们认识事物，建立语言基础；对于小学生，适合阅读一些文字更为复杂的故事，以提高词汇量和语言表达能力。

3. 培养阅读习惯

通过选择适当难度的书籍，可以培养孩子良好的阅读习惯。幼儿期培养对图画书的喜好，小学阶段逐渐引导孩子阅读适合年龄的小说，中学阶段则可逐渐拓展阅读领域，培养对不同体裁和主题的兴趣，使阅读成为一种持续的生活习惯。

4. 发展多元智能

适龄选择书籍有助于促进孩子多元智能的发展。通过接触不同主题和体裁的书籍，孩子们能够在认知、情感、社交等多个方面得到锻炼，培养出更为全面的个人素养。

（三）不同年龄段的阅读指导原则

1. 幼儿期

注重图画书的选择：选择图画丰富、图案简单、语言生动的图画书，帮助幼儿建立对事物的初步认知。

关注情感表达：选择富有情感表达的图画书，帮助幼儿理解和表达情感，培养情感认知能力。

2. 小学阶段

考虑阅读能力：根据孩子的阅读水平，选择适合其阅读能力的小说，既能够挑战其阅读水平，又不至于过于艰深。

关注主题和价值观：引导孩子选择涉及不同主题和价值观的书籍，帮助其拓宽视野，培养多元思考能力。

3. 中学阶段

鼓励阅读经典文学：引导中学生阅读一些经典文学作品，帮助他们提高文学修养，理解人生道理。

引导跨学科阅读：鼓励阅读跨学科的书籍，涉及科学、历史、哲学等多个领域，培养综合素养。

（四）家长和教育者的角色

1. 家长的引导

了解孩子兴趣：家长应了解孩子的兴趣爱好，根据其兴趣选择相应主题的书籍，增强孩子的阅读兴趣。

共同阅读：与孩子一起阅读，共同探讨书中的故事情节、人物特点，促进家庭亲子关系的建设。

2. 教育者的指导

评估阅读水平：教育者可以通过测试、观察学生的阅读表现，了解其阅读水平，为其提供适当难度的书籍。

组织读书活动：学校可以组织读书活动，激发学生对阅读的兴趣，引导他们选择适合自己年龄和兴趣的书籍。

根据年龄选择适当难度的书籍是培养孩子全面发展的有效途径。适龄选择书籍有助于提高阅读兴趣、促进语言发展、培养阅读习惯和发展多元智能。通过实际案例分析,我们看到了不同年龄段的书籍选择原则以及家长和教育者在其中扮演的角色。在孩子成长的过程中,家长和教育者的指导和引导起着至关重要的作用,共同努力,为孩子提供丰富多彩的阅读体验,助力其全面发展。

二、关注孩子的兴趣和爱好

在孩子的成长过程中,关注其兴趣和爱好是家长和教育者共同关心的重要问题。孩子的兴趣和爱好既是他们个性的体现,也是激发学习热情、培养全面素养的有效途径。这里将探讨关注孩子兴趣和爱好对其全面发展的积极影响,并提供相关的实践建议。

(一)兴趣与爱好对孩子发展的重要性

1. 个性发展

孩子的兴趣和爱好反映了其个性特点和内在需求。通过关注和尊重这些兴趣,能够帮助孩子更好地理解自己,形成独立而积极的个性。

2. 学习动力

兴趣和爱好是激发学习动力的关键因素。当孩子对某个领域产生浓厚兴趣时,他们愿意投入更多时间和精力去学习,从而取得更好的学习效果。

3. 全面素养

不同的兴趣和爱好涉及多个方面的能力和素养,包括认知、情感、社交等。通过多元化的兴趣和爱好,孩子可以全面发展,培养其在不同领域的综合素养。

(二)关注兴趣和爱好的实践建议

1. 倾听和观察

(1)家庭氛围

在温馨的家庭氛围中,给予孩子足够的自由和空间,让他们敞开心扉,愿意分享自己的所思所想。

（2）细心观察

关注孩子的行为举止、喜好和话语表达，通过细心观察，可以发现他们潜在的兴趣和爱好。

2. 尊重和支持

（1）尊重选择

尊重孩子选择的兴趣和爱好，不因为自己的期望而强加观念，给予足够的空间和自主权。

（2）提供支持

在孩子选择的领域提供支持，包括购买相关书籍、工具，报名相关兴趣班等，让孩子感受到家长的鼓励和支持。

3. 多元化体验

（1）开展家庭活动

鼓励家庭成员一起参与各种活动，例如户外运动、手工制作、绘画等，为孩子提供多元化的体验机会。

（2）参观外部环境

带孩子参观博物馆、艺术展览、科技馆等，拓宽视野，激发他们对新事物的兴趣。

4. 提供学习资源

（1）丰富书籍

为孩子提供丰富多彩的图书，涵盖不同主题和体裁，满足他们对知识的渴望。

（2）开设学科课程

支持孩子参加各类学科课程，例如音乐、舞蹈、绘画等，培养他们在不同领域的专业技能。

（三）兴趣和爱好对不同年龄段孩子的影响

1. 幼儿期（0—6岁）

在这个阶段，孩子对世界充满好奇心，各种活动都能成为他们的兴趣。通过提供各种玩具和简单的手工制作，可以培养他们的动手能力和探索欲望。

2. 小学阶段（7—12岁）

小学生开始有了更为明确的兴趣方向，可能对音乐、体育、科学等产生浓厚兴趣。此时，家长可以鼓励他们参加学校的兴趣班，拓宽他们的知识面。

3. 中学阶段（13—18岁）

中学阶段的孩子更加关注自己的兴趣和爱好是否能够与未来的职业发展相结合。家长可以引导他们深入了解自己的兴趣，并提供相关的职业咨询和实践机会。

关注孩子的兴趣和爱好是促使他们全面发展的重要因素。通过倾听、观察、尊重和支持，家长和教育者可以更好地引导孩子发现并培养自己的兴趣。实际案例分析展示了成功的兴趣引导和培养经验，这些经验为其他家长和教育者提供了有益的借鉴。

在孩子成长的过程中，不同的兴趣和爱好都是培养其个性、学习动力和全面素养的有效途径。因此，建议家长和教育者在关注孩子的兴趣和爱好时，要充分尊重孩子的选择，提供全面的支持，创造有利于兴趣发展的学习环境，让孩子在充满兴趣的领域中茁壮成长。

三、引导孩子拓展阅读兴趣领域

阅读是孩子全面发展过程中的重要一环，而引导孩子拓展阅读兴趣领域则是促使其在知识丰富、兴趣广泛的环境中成长的有效途径。本文将探讨如何引导孩子拓展阅读兴趣领域，培养其对多元化知识的兴趣，以及在这个过程中家长和教育者所起的作用。

(一) 了解孩子的阅读兴趣

1. 与孩子沟通

与孩子进行频繁而开放的对话，了解他们目前的阅读喜好以及对哪些领域感兴趣。这可以通过提问、倾听和分享自己的阅读经历来实现。

2. 观察孩子行为

观察孩子的行为和活动，例如他们常常喜欢选择哪类图书、在学校或家里喜欢参与哪些阅读相关的活动，这些都能帮助你更好地了解他们的阅读兴趣。

3. 鼓励多样化的阅读体验

提供丰富多样的阅读材料，包括图书、杂志、报纸、漫画、科普读物等，观察孩子对不同类型阅读的反应，从中找到他们感兴趣的领域。

(二) 建立家庭阅读文化

1. 定期安排家庭阅读时间

设立每天或每周的固定时间，让家庭成员一同参与阅读。这种共同的阅读体验可以促进家庭成员之间的交流，也能够帮助孩子建立起对阅读的积极认知。

2. 创造愉快的阅读环境

在家中创造一个安静、舒适、有趣的阅读角落。选择舒适的家具、布置柔和的灯光，让孩子感到愉快，愿意花时间阅读。

3. 家长成为榜样

家长可以通过自己的阅读兴趣，成为孩子的榜样。如果孩子看到家长喜欢阅读，他们也更有可能培养起对阅读的兴趣。

(三) 引导孩子拓展阅读兴趣领域

1. 提供广泛的阅读材料

鼓励孩子涉猎不同领域的阅读材料，包括文学、科学、历史、艺术等。

多样化的材料能够满足不同兴趣，拓展知识面。

2. 参与多样化的阅读活动

引导孩子参与各种阅读活动，如图书俱乐部、读书分享会、文学讲座等。这不仅可以拓展他们的阅读视野，还能结交到有相似兴趣的朋友。

3. 利用数字化阅读平台

在数字化时代，借助电子书、在线阅读平台等数字化工具，让孩子能够接触到更多新颖、实时的阅读内容。

4. 定期更新阅读计划

与孩子一同定期更新阅读计划，引导他们设定不同领域的阅读目标。这可以激发他们对新事物的好奇心，保持阅读的新鲜感。

（四）家长的引导角色

1. 了解孩子兴趣

持续关注孩子的兴趣变化，及时调整阅读材料，确保与他们当前的阅读兴趣相契合。

2. 提供阅读建议

根据孩子的兴趣，主动为他们提供相关领域的阅读建议。这可以包括推荐图书、介绍有趣的阅读项目等。

3. 一同分享阅读体验

与孩子分享自己的阅读体验，可以通过口头表达、写读后感、一同参加阅读活动等方式。这种亲身经历会更加深刻地影响孩子对阅读的态度。

（五）引导孩子拓展阅读兴趣领域所面临的挑战与机遇

1. 挑战

兴趣多元化的管理：孩子可能对多个领域都感兴趣，如何在有限的时间内管理好这些多元化的兴趣是一个挑战。

数字化阅读的负面影响：数字化阅读平台虽然提供了更多的选择，但也可能让孩子陷入信息过载的困扰，导致选择困难。

2.机遇

全球化视野的拓展：通过数字化平台，孩子可以轻松接触到来自世界各地的文学作品、新闻报道和学术资料，拓展他们的全球化视野。

个性化学习机会：数字化阅读平台提供了个性化学习的机会，通过推荐系统和定制化阅读计划，可以更好地满足孩子个体差异，提供更符合他们兴趣的阅读材料。

引导孩子拓展阅读兴趣领域是培养其综合素养和自主学习能力的重要一环。通过了解孩子的兴趣、建立家庭阅读文化、提供广泛的阅读材料以及数字化阅读引导，家长和教育者可以有效地促进孩子在多元化知识领域中的成长。

在这个过程中，家长需要扮演引导和激发孩子兴趣的关键角色，通过提供丰富的阅读资源、定期的阅读时间和分享阅读经验，帮助孩子建立对阅读的积极认知。同时，数字化时代为阅读兴趣的拓展提供了更多可能性，但也需要家长适时引导，避免负面影响。

总体而言，通过合理的引导和关注，孩子将能够在阅读的海洋中畅游，培养广泛的兴趣，提升自己的认知水平，为未来的学习和生活打下坚实的基础。

第二节　了解孩子的个性和发展阶段

一、考虑孩子的学习风格和特长

每个孩子都是独一无二的个体，拥有不同的学习风格和特长。了解并充分考虑孩子的学习风格和特长，是实施个性化教育的关键一环。这里将探讨如何识别孩子的学习风格和特长，以及如何根据这些特点提供个性化的教育，促使孩子在学习中发挥出最大的潜能。

（一）认识学习风格和特长

1. 学习风格

学习风格是指个体在学习过程中喜好的方式和方法。不同的学生可能通过不同的感知通道、思维方式和学习环境更容易吸收和理解知识。主要的学习风格包括视觉型、听觉型、动觉型等。

视觉型学生：喜欢通过看图、图表和阅读来理解信息。

听觉型学生：喜欢通过听讲座、参与小组讨论来学习。

动觉型学生：喜欢通过实际操作、动手解决问题来学习。

2. 学习特长

学习特长是指孩子在某一领域表现出色、显示出天赋和独特才能的方面。这可能涵盖学科、艺术、体育、技术等各个领域。了解孩子的学习特长，有助于为他们提供更有针对性的学习体验，激发他们的学习热情。

（二）识别学习风格和特长的方法

1. 观察孩子的行为和兴趣

通过观察孩子在不同学科或活动中的表现，以及他们在课余时间的兴趣爱好，可以初步了解孩子的学习风格和特长。

2. 与老师和辅导员沟通

与孩子的老师和学校辅导员交流，获取他们对孩子学习表现和特殊才能的观察和建议，有助于全面了解孩子的学习状况。

3. 进行学科测评和兴趣测试

利用专业的学科测评和兴趣测试，可以更科学地了解孩子的学科优势和兴趣倾向，为制定个性化的学习计划提供参考。

（三）基于学习风格和特长的个性化教育策略

1. 个性化学习计划

制订个性化的学习计划，根据孩子的学习风格调整教学方法。比如，对视觉型学生可以提供更多的图示资料，对听觉型学生可以采用口头讲解和小组讨论，对动觉型学生可以注重实践操作。

2. 提供丰富多样的学科体验

鼓励孩子在不同学科中进行尝试，通过跨学科的学习体验，发现和培养潜在的特长。例如，将数学与艺术结合，培养创造性思维。

3. 创造灵活多样的学习环境

提供多样性的学习环境，包括室内和室外、实地考察和实验室实践等。这样可以满足不同学习风格的孩子，并激发他们的学习兴趣。

4. 引导兴趣转化为特长

一旦发现孩子在某一领域表现出色，可以引导其将兴趣转化为特长。提供更专业的指导、课程和活动，帮助孩子深入发展在特定领域的技能和知识。

（四）家长在培养学习风格和特长中的作用

1. 积极参与孩子的学习

家长应积极参与孩子的学习过程，与老师和学校保持沟通，了解孩子在学校的表现。

2. 提供支持和鼓励

无论孩子展现出怎样的学习风格和特长，家长都应提供支持和鼓励。正面的认可和激励有助于孩子树立自信，勇敢尝试新的学科和活动。

3. 激发好奇心和求知欲

鼓励孩子保持好奇心，探索不同领域的知识。提供丰富的学科材料和足够的学习资源，让孩子在求知欲的推动下自主学习。

（五）挑战与机遇

1. 挑战

教育体制的局限性：学校教育体制往往更注重整体教学，对于个性化教育的支持有限，可能会制约学生在特定领域的深度发展。

对学科特长的过度强调：有时候，学校和社会对学科特长的过度强调可能会使得其他领域的特长被忽视，孩子可能因此错失发展的机会。

2. 机遇

个性化教育的发展：随着对个性化教育理念的认识逐渐深入，教育体系可能更多地考虑和支持个体差异，为孩子提供更符合其需求的学习环境。

多元化学科和活动：学校和社会越来越注重提供多元化的学科和活动，为孩子展示自己的特长提供了更多机会，促使他们在多个领域中找到自己的定位。

考虑孩子的学习风格和特长，是为了更好地满足他们个体差异的需求，促使其在学习中取得更好的成绩，并培养其充分发展的潜力。通过识别学习风格和特长的方法，采取个性化的教育策略，以及家长的积极参与和支持，可以为孩子打开更广阔的学习之路。

在面对挑战时，社会和学校需要逐渐超越传统的教育模式，更加注重个体发展，提供更灵活、多元的学习环境。在这个过程中，教育者、家长以及学生本身都要有持续学习的心态，不断适应和应对变化，共同努力创造一个更加适合每个孩子成长的教育环境。通过这样的努力，我们可以期待看到更多孩子在其独特的学习之路上光芒四射，实现自己的价值和梦想。

二、理解孩子的认知和情感发展

儿童的认知和情感发展是一个复杂而关键的过程，直接影响着他们的学习、社交和心理健康。在早期阶段，孩子对世界的理解、思考方式以及情感体验都在不断地发展和变化。以下将深入探讨孩子的认知和情感发展，包括这两个方面的重要阶段、影响因素以及家长和教育者在促进这一发展过程中扮演的角色。

（一）认知发展的关键阶段

1. 感知和运动阶段（0—2岁）

在这个阶段，婴儿主要通过感觉器官来认知世界，通过运动经验来建立对周围环境的认知。基本的感觉和运动技能的发展对后续认知能力的形成具有重要意义。

2. 前运算阶段（2—7岁）

在这个阶段，孩子开始发展基本的语言、记忆力和想象力。他们逐渐掌握概念、理解符号，并开始建立逻辑思维。游戏在这一时期扮演着重要的角色，通过角色扮演和互动游戏，孩子能够培养社交技能和问题解决能力。

3. 具体运算阶段（7—11岁）

在这个阶段，儿童开始学习运用逻辑思维解决具体问题，发展数学和科学方面的能力。他们对于规则和秩序的理解逐渐深化，开始具备更为复杂的认知能力。

4. 形式运算阶段（11岁以后）

这一阶段标志着儿童逐渐进入思维的抽象阶段，能够进行抽象的逻辑推理和问题解决。思维的独立性和抽象思考的能力在这一时期显著提升。

（二）认知发展的影响因素

1. 遗传因素

遗传因素在认知发展中起到重要作用。儿童天生的智力水平、学习能力和记忆力等方面的基因影响着他们的认知发展轨迹。

2. 社会环境

孩子成长的社会环境对认知发展具有深远的影响。受家庭、学校、社区等环境的影响，孩子的语言、思维方式、价值观等都会得到塑造。

3. 学习体验

积极的学习体验对认知发展至关重要。通过积极的学习体验，孩子能够建立自信心，培养对学习的兴趣和热情，从而更好地参与认知活动。

4. 社交互动

与他人的互动对儿童的认知发展有着重要的促进作用。社交互动不仅帮助孩子学习语言、强化沟通技能，还培养他们理解他人和解决问题的能力。

(三）情感发展的关键阶段

1.情感基础的奠定（出生—2岁）

在这个阶段，婴儿建立起与主要照顾者之间的亲密关系，形成安全感和信任感。这一时期的情感关系对儿童后续的社交和情感发展具有深远的影响。

2.自我意识的发展（2—6岁）

在这个阶段，孩子开始建立自我认知，了解自己的情感并学会表达。同时，他们逐渐学会了适应社会规则和规范，发展出一定的自我控制能力。

3.同伴关系的建立（6—12岁）

随着进入学龄期，儿童开始在同龄人中建立更为复杂的社交关系。同伴关系对情感发展和自我认同的形成至关重要，同时也对解决冲突和合作能力提出了挑战。

4.青春期的情感波动（12岁以后）

青春期是情感发展中一个极为敏感的时期。青少年经历身体和心理的变化，对于自我认同、独立性的探索和情感体验都呈现出较大的波动。

（四）情感发展的影响因素

1.家庭环境

家庭是孩子情感发展的重要影响因素。家庭中的亲子关系、家庭氛围以及父母的情感表达方式都会对孩子的情感发展产生深远影响。

2.学校和同伴关系

学校是孩子社交和情感发展的重要场所。良好的学校氛围、师生关系以及同伴关系对孩子的情绪稳定和自信心的培养至关重要。学校中的团体活动和课堂互动也可以帮助孩子学会与他人合作和分享情感。

3.社会文化背景

社会文化背景对孩子的情感发展有着深刻的影响。文化传统、价值观念以及社会规范都会在孩子的情感认知和表达中起到指导作用。

4. 媒体和科技

媒体和科技的普及也在一定程度上影响了孩子的情感世界。电视、社交媒体等平台的影响，以及在线互动对孩子的情感表达和社交关系产生了新的影响。

（五）家长和教育者的角色

1. 家长的角色

提供安全稳定的家庭环境：家长应创造一个稳定、温馨且富有安全感的家庭环境，为孩子的情感发展提供基础。

积极参与孩子的情感体验：家长要关注孩子的情感变化，鼓励他们表达情感，同时耐心倾听和理解。

示范积极的情感表达：家长是孩子最重要的榜样，通过积极的情感表达方式，教导孩子如何理解和处理情感。

2. 教育者的角色

创造支持性的学习环境：教育者在学校中扮演着重要的角色，他们应该创造一个支持、包容的学习环境，鼓励学生分享情感和体验。

教导情感管理技能：教育者可以帮助学生学习情感管理的技能，包括情感认知、冲突解决和自我调节等方面的能力。

关注学生的个体差异：学生在认知和情感方面存在差异，教育者需要关注每个学生的个体差异，采取差异化的教育方法。

孩子的认知和情感发展是一个复杂而综合的过程，涉及生理、心理、社会等多个方面的因素。了解这些因素以及相应阶段的关键特征，有助于家长和教育者更好地引导孩子健康成长。

在这一过程中，家长和教育者的角色至关重要。他们不仅要提供良好的环境，关注孩子的情感和认知变化，还要通过言传身教，教导孩子积极的情感表达和认知处理方式。这样的关注和指导有助于孩子建立自信心、发展积极的社交关系，并在学习中取得更好的成绩。通过共同的努力，我们能够更好地帮助孩子度过这一关键时期，为他们的未来奠定坚实的基础。

第三节 多元文化的阅读体验

一、引导孩子了解不同文化背景

在当今日益全球化的社会中，了解不同文化背景将成为一个重要的能力。培养孩子对多元文化的理解和尊重，不仅有助于他们建立开放的思维，还有助于促进跨文化交流和合作。这里将探讨如何引导孩子了解不同文化背景，包括这一能力的重要性、如何进行教育以及家长和教育者所要扮演的角色。

（一）了解不同文化背景的重要性

1. 促进跨文化交流

了解不同文化背景使孩子能够更好地理解和融入多元社会。这有助于他们与来自不同文化背景的人建立联系，促进跨文化交流，培养跨文化沟通的能力。

2. 拓展视野

通过了解不同文化，孩子能够拓展自己的视野，更全面地认识世界。这有助于培养开放、包容的思维方式，使他们能够更好地适应多元化的社会环境。

3. 培养尊重和包容心态

了解不同文化背景有助于培养孩子的尊重和包容心态。孩子能够学会欣赏不同文化的独特之处，尊重他人的习惯和价值观，从而建立和谐的人际关系。

4. 为未来职业做准备

在全球化时代，跨文化能力成为越来越重要的职业素养。对不同文化背景了解的孩子更容易在国际舞台上脱颖而出,有更多的机会参与国际合作和交流。

(二) 教育孩子了解不同文化背景的方法

1. 多元化的教育资源

提供多元化的教育资源是培养孩子了解不同文化背景的重要途径。包括图书、电影、音乐、艺术等,通过这些资源,孩子可以更直观地感受到不同文化的魅力。

2. 跨文化体验

实际的跨文化体验是最直接的方式之一。可以通过组织学校交流活动、参与国际义工项目等方式,让孩子亲身感受不同文化的生活方式和社会习惯。

3. 谈论家族历史和传统

让孩子了解家族的历史和传统也是培养他们对文化多样性理解的途径之一。通过谈论家族故事、传统习俗,孩子能够更好地认识自己所属文化,并在比较中形成对其他文化的尊重。

4. 文化主题的课程设计

学校可以设计针对文化主题的课程,包括但不限于语言课、文学课、地理课等。通过系统性的课程,孩子能够更全面地了解不同文化的语言、历史、地理等方面知识。

(三) 家长的角色

1. 以身作则

家长是孩子最重要的榜样,他们的态度和行为对孩子的影响尤为显著。家长应以身作则,展现对不同文化的尊重和好奇心,让孩子在模仿中学到尊重他人文化的态度。

2. 提供支持和资源

家长可以为孩子提供多元化的文化资源,包括图书、影片、音乐等。

鼓励孩子参加文化活动，例如参观博物馆、参与文化节庆等，拓展他们的文化视野。

3. 鼓励跨文化交流

家长可以鼓励孩子与不同文化背景的朋友交往，参加跨文化交流的活动。通过这样的活动，孩子能够更深入地了解其他文化，同时也建立起广泛的网络社交。

4. 回应孩子的疑问

孩子对于不同文化可能会有很多疑问，家长应当耐心倾听并回应他们的疑问。通过与孩子的交流，家长可以更好地了解他们的想法，及时纠正可能存在的误解。

（四）教育者的角色

1. 创设多元化的学习环境

教育者在学校中有责任创设一个多元化的学习环境，通过多元文化的教学资源分享、文化节庆活动等，让学生在学校中能够更好地接触和了解不同文化。

2. 引导跨文化交流

教育者可以通过课堂中的讨论、小组活动等方式，引导学生进行跨文化交流。鼓励学生分享自己的文化背景，同时也要鼓励他们倾听和理解其他同学的文化经验，促进互相之间的理解和尊重。

3. 整合跨文化内容到课程中

教育者可以将跨文化内容融入各个学科的课程中，使学生在学习过程中更自然地接触不同文化的知识。例如，在历史课上介绍不同文化的发展历程，在语文课上讲解世界各地的文学作品，从而促使学生更全面地认识不同文化。

4. 培养批判性思维

教育者要培养学生对不同文化观点的批判性思维，引导他们分析文化差异背后的原因，以及不同文化之间存在的共同点。通过这样的培养，学生能够更深入地理解文化差异，而非简单地接受表面的观点。

（五）促进家庭和学校的合作

为了更全面地培养孩子对不同文化背景的理解，家庭和学校之间的合作至关重要。

1. 家庭和学校共同提供资源

家庭和学校可以共同提供各类多元文化资源，共同为孩子创造更加丰富的文化学习环境。包括图书馆的书籍、学校的文化活动以及家庭的文化传统等。

2. 定期沟通孩子的学习情况

家长和教育者可以定期沟通，了解孩子在学校中对不同文化的学习情况。通过及时的交流，可以共同发现和解决孩子可能遇到的文化认知上的困惑，确保孩子能够顺利地进行跨文化学习。

3. 共同参与文化活动

家庭和学校可以共同参与一些文化活动，例如参加社区的文化展览、组织学校的国际文化周等。通过这样的活动，家长和教育者可以共同引导孩子亲身体验和感受不同文化。

引导孩子了解不同文化背景是一项长期而重要的任务。通过家庭和学校的共同努力，我们可以培养出具有跨文化视野、尊重差异、善于沟通的新一代。这样的教育不仅有助于孩子更好地适应多元社会，也为他们未来的发展打下了坚实的文化基础。在这个过程中，家长和教育者都发挥着不可替代的作用，需要共同携手，为孩子提供一个丰富多彩的文化学习环境。

二、通过阅读促进文化交流和理解

阅读是一种跨越国界、超越文化差异的强大工具。通过阅读，人们可以深入了解不同文化的历史、传统、价值观，从而促进文化交流和理解。以下将探讨阅读在促进文化交流和理解方面的作用，以及如何通过阅读来搭建文化桥梁。

（一）阅读的文化传递作用

1. 文学作品的文化表达

文学作品是文化表达的载体之一，通过小说、诗歌、戏剧等形式，作家可以将自己的文化观念传递给读者。通过阅读不同国家和地区的文学作品，读者能够深刻地感受到各种文化的独特之处，增进对不同文化的理解。

2. 历史与传统的叙述

历史和传统是文化的重要组成部分，而历史文学、传统故事等作品可以将这些元素传递给读者。通过了解不同文化的历史与传统，读者能够更好地理解当地人民的思维方式、行为规范，从而建立起对其文化的尊重。

3. 文化背景的描绘

文学作品通常会以特定文化为背景，通过描绘人物的生活、环境、社会制度等方面的细节，使读者沉浸其中，仿佛置身于该文化之中。这种身临其境的体验有助于读者更全面地了解和体验不同文化。

（二）阅读促进文化交流的方式

1. 跨文化题材作品

选择具有跨文化题材的作品，能够引导读者穿越文化边界，感受不同文化的冲击和魅力。这类作品通常通过主人公的经历，展现不同文化之间的碰撞与融合，有助于读者更深入地理解多元文化社会。

2. 多元语言的阅读体验

阅读多元语言的作品，可以让读者接触到不同语境下的思考方式和表达风格。这样的阅读体验有助于拓展语言视野，培养对多语言文化的尊重和欣赏。

3. 跨文化交流的教育项目

学校和社区可以开展跨文化交流的教育项目，通过邀请国外作家进行讲座、组织文学读书会等方式，让读者更直接地与文化创作者互动，感受不同文化的魅力。

4. 跨文化文学节和活动

文学节是一个汇聚文学创作者和读者的重要平台。跨文化文学节可以汇聚来自不同国家和地区的作家，通过演讲、讨论、分享等形式，促进文学交流，让读者深入了解多元文化。

（三）阅读促进文化理解的途径

1. 批判性阅读

批判性阅读是培养对文学作品深入思考的一种方法。读者在阅读过程中，可以对作者的观点、人物的行为进行分析和批判，从而更好地理解文化背后的深层次含义。

2. 文学教育与导读

学校和教育机构可以通过文学教育和导读活动，引导学生深入阅读文学作品。教师可以针对作品中的文化元素展开讨论，帮助学生更好地理解和体验不同文化。

3. 文学研究与深度阅读

进行文学研究是深入理解文化内涵的一种途径。通过深度阅读一位作家的多部作品，文学爱好者可以深入挖掘其文学风格、创作动机以及所反映的文化背景。这种深度的研究有助于形成更为全面的文化认知，促进文学作品的更深层次理解。

4. 跨学科的文化学习

将文学作品融入跨学科的学习中，例如与历史、社会学、人类学等学科结合，有助于学生更全面地了解文学作品所处的文化背景。这种跨学科的学习能够提供更为丰富的文化信息，帮助读者建立更为全面的文化认知。

5. 虚拟文化体验

借助现代技术手段，通过虚拟现实、在线文化体验等方式，让读者在虚拟空间中感受到不同文化的氛围。这种虚拟体验有助于激发兴趣，促使读者更深入地了解和理解文化。

（四）培养阅读跨文化意识的重要性

1. 促进全球化视野

阅读跨文化作品有助于培养全球化视野，让读者超越自身文化框架，更广泛地参与全球文化对话。在全球化的今天，拥有开放的跨文化意识是适应未来社会的重要素质。

2. 提高文化智商

文化智商是指个体理解、应对和融入多元文化环境的能力。通过阅读跨文化作品，读者能够提高对不同文化的敏感性，培养解决跨文化问题的能力，提高文化智商。

3. 拓宽视野，避免刻板印象

阅读跨文化作品可以打破刻板印象，帮助读者更全面地了解不同文化的多样性。通过作品中展现的不同人物、不同故事，读者能够建立更为真实和立体的文化认知，避免对某一文化的片面看法。

4. 促进社会和谐

跨文化阅读有助于促进社会和谐，减少文化冲突和误解。通过深入了解不同文化的价值观、习惯和传统，人们能够更好地理解彼此，增进文化之间的沟通与尊重。

（五）阅读促进文化交流的挑战与应对

1. 语言障碍

阅读跨文化作品时，语言障碍可能成为一个阻碍因素。为了应对这一挑战，可以提供翻译版本、多语种的阅读指导，让读者更容易理解作品中的文化内涵。

2. 文化差异理解

读者可能因为对另一文化的陌生感而感到困惑。在这种情况下，教育者和导读人员可以提供相关的背景知识，帮助读者更好地理解作品中反映的文化差异。

3. 文化敏感度培养

阅读跨文化作品需要培养读者的文化敏感度。通过课程设置、导读引导等方式，加强读者对不同文化元素的敏感性，使其更能够深入领会作品所表达的文化内涵。

通过阅读促进文化交流和理解是一项复杂而有益的任务。阅读不仅能够拓宽个体的文化视野，培养全球化意识，更能够促进社会的多元和谐。在推动这一目标的过程中，教育者、家庭和社会都发挥着不可替代的作用。通过共同努力，我们能够创造一个更加开放、理解和尊重多元文化的社会。

第四节 引导孩子尝试不同文学体裁

一、探索小说、诗歌、散文等文学形式

文学是一种表达情感、思想和体验的艺术形式，而小说、诗歌和散文等文学形式则构成了文学的主要体裁。这些形式各具特色，通过它们的表达，作家能够深刻地触及人类的内心世界，传递深邃的思想和情感。这里将探讨小说、诗歌、散文等文学形式的独特之处，以及它们在文学创作和阅读体验中的作用。

（一）小说的探索

1. 小说的文学价值

小说作为一种文学形式，具有丰富的文学价值。它不仅可以反映社会

风貌，揭示人性的善恶和复杂性，还能够通过虚构的故事引导读者深入思考人生的意义和价值观。

2.不同类型的小说

小说有多种类型，包括传记小说、科幻小说、历史小说、悬疑小说等。每一种类型都有其独特的创作手法和表达方式，以满足读者不同的阅读需求。

3.小说的叙述手法

小说可以采用第一人称或第三人称的叙述方式，也可以运用时间线性或非线性的结构。这种灵活性使得小说成为一个广阔而富有创造力的文学形式。

(二)诗歌的探索

1.诗歌的文学价值

诗歌以其独特的表达方式和语言之美而被视为文学的精髓。它能够通过简洁而富有力度的语言，传递深邃的情感和思考，引发读者的共鸣和思索。

2.不同形式的诗歌

诗歌有多种形式，包括抒情诗、叙事诗、散文诗等。每一种形式都在表达情感、描绘景象和传递思想时有其独特之处。

3.诗歌的修辞手法

诗歌运用丰富的修辞手法，如比喻、象征、排比等，来增强语言的表现力。这些手法使诗歌成为一种富有想象力和艺术感的文学形式。

(三)散文的探索

1.散文的文学价值

散文通过平实而生动的语言，展现生活的细节和人类的普遍经验。它既能够表达作者的个人情感，又能够触及读者共同的人生体验，具有广泛的文学价值。

2. 不同类型的散文

散文有多种类型，包括随笔散文、小品散文、评论散文等。每一种类型都有其独特的写作风格和表达手法，以满足不同目的和读者的需求。

3. 散文的叙述方式

散文可以采用叙述、描写、议论等多种叙述方式，灵活运用语言来呈现作者的思想和情感。这种自由度使得散文成为一种具有广泛创作空间的文学形式。

(四) 文学形式的交融与创新

1. 小说与诗歌的交融

有些作家尝试将小说与诗歌元素结合，创作出既有故事情节又注重韵律和音乐感的文学作品。这种交融探索了新的表达方式，打破了传统文学形式的界限。

2. 小说与散文的融合

一些小说以散文的写作风格呈现，强调语言的艺术性和情感的细腻表达。这种融合展示了文学形式的多样性，使作品在形式上更为灵活。

3. 诗歌与散文的结合

一些作家尝试将诗歌的音乐性和散文的叙述手法结合，创作出具有诗意语言和连贯叙事的文学作品。这种结合呈现了一种独特的文学风格，挑战了传统文学形式的创新边界。

(五) 文学形式在创作与阅读中的作用

1. 创作的多样性

文学形式的多样性为作家提供了丰富的创作选择。不同的文学形式适用于表达不同的情感、思想和主题，使创作者能够更好地塑造作品。

2. 阅读的丰富体验

读者通过阅读不同文学形式的作品，能够体验到不同的文学魅力。小说带来丰富的故事情节，诗歌带来韵律和节奏的愉悦，散文带来平实的语言和深刻的思考。

3. 文学形式的选择与主题匹配

作家在创作时需要根据表达的主题和情感选择适当的文学形式。这样的匹配可以使作品更具表现力和感染力，让读者更深刻地感受到作者的用心和创意。

小说、诗歌、散文等文学形式构成了丰富多彩的文学世界，每一种形式都有其独特的表达方式和文学价值。作家通过不同的文学形式可以展现多样化的创作风貌，读者通过阅读则能够体验到文学的多层次魅力。在文学的探索与创新中，各种形式相互交融，创造出更为丰富和深刻的文学作品。文学形式的探索不仅为创作者提供了更广阔的创作空间，也为读者带来了更丰富的阅读体验，共同构建了文学的辉煌世界。

二、鼓励阅读不同文学风格的作品

文学是人类思想和情感的精妙表达，而不同的文学风格的作品则为读者提供了丰富多彩的阅读体验。从小说、诗歌到散文，每种文学风格都有其独特之处，能够满足读者不同的情感需求和思考欲望。这里将探讨鼓励阅读不同文学风格作品的重要性，以及多样化阅读对个体成长和社会发展的积极影响。

（一）文学风格的多样性

1. 小说的多元表达

小说是一种以虚构故事为主的文学形式，具有丰富的叙述手法和文学价值。从传统的历史小说到现代的科幻小说，小说的多元性在于其能够通过不同的题材和风格，触及人类各个方面的生活和情感。

2. 诗歌的音乐之美

诗歌强调语言的音乐性和节奏感，通过精练的文字表达深刻的意义。

抒情诗、叙事诗、自由诗等形式，都展现了诗歌在表达情感、传递思想方面的多样性。

3. 散文的平实与深刻

散文以其平实而深刻的语言风格，展现了生活的真实和人性的复杂。散文随笔、散文小品等形式，使读者能够更深入地思考生活的点滴和哲理的内涵。

4. 戏剧的舞台表达

戏剧是文学与表演的结合，通过舞台上的演绎展现故事情节。喜剧、悲剧、历史剧等戏剧形式，提供了另一种沉浸式的文学体验。

（二）阅读不同文学风格作品的重要性

1. 拓宽视野与思维

阅读不同文学风格的作品有助于拓宽个体的视野和思维。小说中的故事情节可以带领读者走进不同的世界，诗歌的抽象表达可以激发读者的想象力，散文的现实描写可以让读者更深刻地理解生活。

2. 丰富情感体验

每种文学风格都有其独特的情感表达方式，阅读不同风格的作品可以使读者在情感上得到更为全面的满足。小说中的人物命运、诗歌中的抒情之美、散文中的真实生活，都为读者提供了情感上的丰富体验。

3. 培养审美情趣

不同文学风格代表了不同的审美取向，阅读这些作品有助于培养个体的审美情趣。透过小说中的文学结构、诗歌中的韵律美、散文中的语言艺术，读者能够培养对美的敏感性。

4. 提升语言表达能力

阅读不同文学风格的作品可以扩充个体的词汇量，提升语言表达能力。小说中的对话、诗歌中的修辞手法、散文中的表达方式，都为读者提供了语言学习的机会，使其在表达时更为得心应手。

(三) 阅读多样文学风格的作品对个体成长的影响

1. 提高思辨能力

不同文学风格的作品涉及丰富的主题和观点，阅读这些作品有助于提高个体的思辨能力。通过分析小说中的人物冲突、诗歌中的象征意义、散文中的议论，个体能够培养出独立思考的能力。

2. 塑造审美情感

阅读多样文学风格的作品有助于塑造个体的审美情感。对于不同文学形式的欣赏，培养了个体对美的敏感度，使其在日常生活中更能够欣赏和创造美。

3. 培养情感智慧

不同文学风格的作品展现了丰富的人生经验和情感，阅读这些作品有助于培养个体的情感智慧。小说中的人物命运、诗歌中的爱情描写、散文中的心灵疗愈，都为个体提供了情感管理的启示。

4. 拓展人际交往

阅读不同文学风格的作品可以拓展个体的人际交往能力。通过讨论小说中的情节、诗歌中的意象、散文中的观点，个体能够更好地理解他人的观点，促进良好的人际关系。

(四) 阅读多样文学风格的作品对社会发展的积极影响

1. 促进文化多元性

阅读多样文学风格的作品有助于促进文化多元性发展。不同文学作品反映了各种文化、历史和社会背景，通过这些作品，读者能够更好地理解和尊重不同文化之间的差异，从而促进社会的多元发展。

2. 增进社会共鸣

不同文学作品涉及丰富的人生经验和情感，阅读这些作品有助于增进社会共鸣。人们通过阅读，能够更好地理解他人的感受和经历，从而形成更加紧密的社会纽带，促进社会的和谐发展。

3.培养公民素养

阅读多样文学风格的作品有助于培养公民素养。文学作品往往涉及到社会、伦理、道德等方面的问题，通过阅读，个体能够更好地理解社会的运作规律，形成积极的公民态度，为社会的良性发展做出贡献。

4.促进创新和进步

文学作品常常反映了作者对社会现象的独立思考和对未来的展望，阅读这些作品有助于促进创新和进步。通过对小说中的社会问题、诗歌中的未来展望、散文中的改革呼声的思考，读者能够激发创新精神，推动社会朝着更加进步的方向发展。

（五）实践方法：如何鼓励阅读不同文学风格的作品

1.提供丰富多样的文学作品

鼓励阅读不同文学风格的第一步是提供丰富多样的文学作品。图书馆、书店和数字平台上都有各种类型的小说、诗歌、散文等，个体可以选择符合自己兴趣和需求的作品。

2.创建阅读推广活动

学校、社区和家庭可以组织阅读推广活动，通过读书会、文学沙龙等形式，推介不同文学风格的作品。这样的活动可以激发兴趣，促进读者之间的交流，共同分享阅读的喜悦。

3.设立文学奖励机制

设立文学奖励机制可以激励个体阅读不同文学风格的作品。学校可以设立文学阅读奖，鼓励学生阅读并分享不同类型的文学作品，以此来培养阅读兴趣。

4.引导阅读节奏

有时候，个体可能更倾向于某一种文学风格，为了鼓励多样阅读，可以引导阅读节奏。例如，每月设立一个主题，轮流阅读小说、诗歌、散文等，让个体在不同文学风格中找到平衡。

鼓励阅读不同文学风格的作品是培养个体全面素养的重要途径。小说、诗歌、散文等不同的文学形式都是人类智慧和情感的精彩呈现。通过阅读多样文学风格的作品，个体能够在审美、情感、思辨等多个层面得到丰富的体验，从而更好地适应复杂多变的社会环境，为个人成长和社会发展做出积极的贡献。因此，我们应该共同努力，创造一个鼓励多样阅读的环境，让文学之美惠及每一个阅读者。

第五节　教孩子善用图书馆和数字资源

一、教导孩子充分利用图书馆的资源

图书馆是孩子学习和阅读的宝贵资源中心，而教导孩子如何正确有效地利用图书馆的资源，则是帮助他们建立良好学习习惯、培养阅读兴趣的重要一环。这里将探讨教导孩子利用图书馆资源的方法，包括引导他们学会查找资料、选择适当书籍等方面的内容。

（一）培养孩子对图书馆的认识

1. 图书馆的作用

首先，要向孩子介绍图书馆的作用。解释图书馆是一个储存各种书籍、资料的地方，可以帮助他们更好地学习知识、拓展视野。强调图书馆不仅仅是借书的地方，还是获取信息、进行研究的重要场所。

2. 图书馆的布局

带孩子了解图书馆的布局，包括各个区域的功能，如借书区、阅览区、电脑检索区等。通过导览，让孩子对图书馆的结构有清晰的认识，方便他们更好地利用其中的资源。

（二）教导孩子使用图书馆的基本技能

1. 学会查找资料

教导孩子学会查找资料是利用图书馆资源的基本技能。这包括使用图书馆目录、电脑检索系统，了解怎样通过关键词、作者、主题等途径查找所需的书籍或资料。

2. 学会使用图书馆卡

教导孩子如何使用图书馆卡，包括办理借书卡、了解借还书流程等。通过让孩子亲自操作，帮助他们建立起正确的借阅习惯。

3. 了解借阅规则

让孩子了解图书馆的借阅规则，包括借书的期限、续借的方式、逾期罚款等。教导他们养成按时还书、爱护图书的好习惯。

（三）引导孩子选择适当的书籍

1. 根据兴趣选择

引导孩子根据自己的兴趣选择书籍，让他们在阅读中找到乐趣。可以通过与他们交流、观察他们平时的兴趣点，推荐相应主题的书籍。

2. 按照阅读水平选择

根据孩子的年龄和阅读水平，帮助他们选择适当难度的书籍。这既能让他们在阅读中有所挑战，又能增强他们的阅读信心。

3. 推荐经典和多元的文学作品

向孩子介绍一些经典和多元的文学作品，让他们能够接触到不同风格、不同文化的书籍。这有助于培养他们对文学的广泛兴趣，提高阅读的深度和广度。

（四）教导孩子有效利用图书馆资源

1. 参加图书馆活动

鼓励孩子参加图书馆举办的各类活动，如阅读分享会、讲座、读书角的互动活动等。这不仅能够拓展他们的阅读体验，还能够培养社交能力。

2. 利用电子资源

教导孩子如何使用图书馆的电子资源，包括电子书、在线数据库等。这样，他们可以更灵活地获取信息，拓展学科知识。

3. 学会使用参考资料

引导孩子学会使用图书馆的参考资料，如百科全书、词典等。这有助于培养他们查找资料、解决问题的能力。

（五）建立阅读习惯和独立思考能力

1. 建立定期的图书馆之行

建立孩子定期去图书馆的习惯，可以是每周一次或每月一次。这样能够让他们养成持续学习的良好习惯。

2. 鼓励独立阅读

鼓励孩子独立选择、独立阅读，培养他们独立思考和解决问题的能力。这也有助于提高他们的阅读理解能力。

3. 与孩子一同阅读

家长或老师可以与孩子一同阅读，通过共同探讨阅读的方式，促进对书籍的深层理解。在这个过程中，可以与孩子分享自己的阅读体验，引导他们发表自己的看法，激发对文学的兴趣。

4. 设立阅读目标

与孩子一同设立阅读目标，帮助他们规划阅读计划。可以根据兴趣、学科需求等因素，制定每个月或每个学期的阅读目标，培养他们的自我管理和执行力。

5. 关注阅读反馈

鼓励孩子进行阅读反馈，可以通过写读后感、参加读书会等方式。这有助于培养他们对书籍的深度思考和批判性思维，提升阅读体验的质量。

（六）解决孩子在使用图书馆资源过程中遇到的问题

1. 处理遇到的困难

指导孩子学会处理在图书馆中遇到的问题，如查找困难、借还书流程不熟练等。培养他们解决问题的能力，增强学习的自信心。

2. 注意图书馆规则

教导孩子要遵守图书馆的规则，包括安静阅读、不随意乱放书籍等。这有助于培养孩子的良好行为习惯，使他们在图书馆能够更好地融入学习氛围。

3. 引导合理利用时间

教导孩子如何在图书馆中合理安排时间是非常重要的，不仅要阅读，还可以利用空闲时间进行学习、思考等。培养孩子高效利用资源的能力。

（七）家长与学校的合作

1. 家长的引导

家长在孩子使用图书馆资源方面起着重要的引导作用。鼓励孩子阅读，了解他们的兴趣，帮助选择合适的书籍，并在家中设立阅读角落，提供良好的阅读环境。

2. 学校的支持

学校应当提供良好的图书馆资源，定期组织相关的阅读活动，鼓励学生利用图书馆资源。老师可以定期检查学生的阅读计划，并提供相关的指导和建议。

教导孩子使用图书馆资源是培养他们阅读兴趣、提高学习能力的有效途径。通过了解图书馆的作用、学会基本技能、选择适当书籍、有效利用资源，孩子不仅可以获得丰富的知识，还能培养独立思考、解决问题的能力。在家长和学校的共同努力下，将图书馆打造成一个孩子们喜欢、愿意去探索的知识乐园，为他们未来的发展奠定坚实基础。

二、引导孩子掌握数字化阅读技能

随着科技的飞速发展，数字化阅读成为日常生活中不可或缺的一部分。对于孩子来说，掌握数字化阅读技能不仅有助于拓展知识，提高学业水平，还能培养信息素养和批判性思维。以下将探讨如何引导孩子掌握数字化阅读技能，包括数字文献检索、信息评估、在线合作等方面的内容。

（一）数字化阅读的重要性

1. 数字化阅读与传统阅读的区别

数字化阅读相较于传统阅读方式有着明显的不同，主要体现在信息获取的途径、形式多样性、互动性等方面。对于孩子来说，掌握数字化阅读技能是与时俱进、适应未来社会发展的必备能力。

2. 数字化阅读的优势

数字化阅读具有实时性、便捷性、互动性等优势。孩子通过数字化阅读可以更轻松地获取信息、拓展知识面，同时在互联网平台上参与讨论、分享观点，培养合作与交流的能力。

（二）引导孩子进行数字文献检索

1. 学会使用搜索引擎

教导孩子学会使用常见的搜索引擎，如 Google、百度等。了解关键词的选择、高级搜索技巧，培养他们在海量信息中迅速找到所需内容的能力。

2. 掌握数字图书馆的使用方法

介绍数字图书馆的存在及其作用，引导孩子学会使用数字图书馆检索学术论文、专业书籍等。教导他们合理使用检索词汇、过滤检索结果，提高检索的准确性。

3. 学会使用学科数据库

引导孩子了解学科数据库的存在，如 PubMed、IEEE Xplore 等。教导他们学会在特定领域中查找高质量的学术资料，提高信息的权威性和可信度。

（三）培养孩子的信息评估能力

1. 判断信息来源的可靠性

教导孩子学会评估信息来源的可靠性，包括了解作者的背景、出版机构的声誉等。通过培养对于信息可信度的辨别能力，防范受到虚假信息的影响。

2. 分辨信息的时效性

引导孩子注意信息的时效性，特别是在快速变化的领域。教导他们识别信息发布的时间，了解信息是否仍然具有实用性。

3. 辨别信息的客观性

培养孩子辨别信息客观性的能力，了解信息中是否包含个人主观看法，学会分辨事实陈述和观点表达的区别。

（四）指导孩子进行在线合作和交流

1. 参与线上讨论和社交媒体

鼓励孩子参与线上讨论和社交媒体，学会在虚拟空间中分享观点、接受他人意见。同时，教导他们注意网络安全，培养文明网络行为。

2. 学会使用在线学习平台

引导孩子学会使用在线学习平台，如在线课程、学科网站等。通过与其他学生合作，共同学习，提高协作与沟通的能力。

3. 利用协作工具进行项目合作

教导孩子使用协作工具，如 Google Docs、Microsoft Teams 等，进行团队项目合作。培养他们通过数字化平台进行实时协作的技能，提高团队协作效率。

（五）培养数字化阅读的批判性思维

1. 分析多源信息

指导孩子学会从多个来源收集信息，比较不同观点，从而形成全面的认识。培养他们辨析信息、形成独立见解的能力。

2. 提出问题并寻找答案

鼓励孩子在数字化阅读过程中提出问题,引导他们主动寻找答案。培养他们主动学习、自我解决问题的习惯。

3. 学会批判性阅读

引导孩子进行批判性阅读,不仅仅是理解文字表面意思,还要能够分析作者观点、评价论证逻辑,提高对信息的深度理解。

(六)建立数字化阅读的良好习惯

1. 设定合理的使用屏幕时间

教导孩子设定合理的数字化阅读时间,平衡线上与线下活动,防止长时间沉浸在数字设备中导致的问题。

2. 关注阅读环境的舒适度

引导孩子在数字化阅读时关注阅读环境的舒适度,包括正确的坐姿、适度的光线等。建议在合适的环境中进行数字化阅读,有助于保护视力和提高阅读效果。

3. 培养孩子阅读的专注度

教导孩子如何在数字化阅读过程中集中注意力,避免分心或受到外界干扰。可以采用番茄工作法(时间管理)等方法,帮助他们更好地专注于阅读任务。

(七)家庭与学校的合作

1. 家长的引导

家长在孩子数字化阅读过程中起着关键作用。引导家长关注孩子的阅读习惯,与孩子共同探讨数字化阅读的益处和注意事项。定期与孩子进行开放性的对话,了解他们在数字化阅读中的体验和困惑。

2. 学校的支持

学校应提供相关的数字化阅读培训,帮助学生掌握数字化阅读技能。老师可以通过课程设置、作业设计等方式引导学生合理使用数字资源,并与家长共同关注学生的数字化阅读情况，共同促进学生的全面发展。

（八）数字化阅读的未来趋势

数字化阅读在不断发展，未来趋势将更加智能化、个性化。孩子需要适应这一变化，学会利用人工智能、虚拟现实等技术进行更深层次的学习和交流。因此，培养孩子的数字化阅读技能将更具前瞻性，有助于他们更好地适应未来社会。

数字化阅读已经成为现代社会中不可或缺的一部分，对于孩子的学习和成长具有深远的影响。通过引导孩子进行数字文献检索、培养信息评估能力、进行在线合作和交流，以及培养数字化阅读的批判性思维，孩子能够更好地应对信息时代的挑战。家庭和学校的合作是培养孩子数字化阅读技能的重要保障，共同致力于孩子全面素养的培养，助力他们在数字时代中茁壮成长。

第五章 引导孩子培养良好的阅读习惯

第一节 建立孩子每日阅读的时间规划

一、制定孩子固定的阅读时间表

阅读是培养孩子综合素养、拓展知识面、提高语言表达能力的重要途径。然而,由于现代生活的繁忙和数字媒体的普及,孩子们的阅读时间逐渐减少。制定孩子固定的阅读时间表是帮助他们养成良好阅读习惯的有效方式。这里将深入探讨制定孩子固定的阅读时间表的重要性、实施步骤以及可能面临的挑战。

(一)阅读的重要性

1. 发展语言表达能力

阅读能够丰富孩子的词汇量,提高语言表达能力。通过阅读不同题材的书籍,孩子们能够学到丰富的词汇,并更好地理解和运用语言。

2. 拓展知识面

阅读不仅限于课本知识,还包括各种主题的图书、小说、科普读物等。通过广泛阅读,孩子能够拓展知识面,培养对各个领域的兴趣。

3. 培养思辨和批判性思维

阅读不同观点的书籍有助于培养孩子的思辨和批判性思维能力。他们将学会分析问题、提出独立见解，培养独立思考的能力。

4. 提高注意力和集中力

通过持续的阅读，孩子们逐渐提高了注意力和集中力。这对于学习和解决问题时的思维深度有着积极的影响。

（二）制定孩子固定的阅读时间表的重要性

1. 养成良好的阅读习惯

制定固定的阅读时间表有助于养成良好的阅读习惯。定期安排时间用于阅读，使阅读成为孩子生活的一部分，形成自觉的阅读行为。

2. 提高学习效率

固定的阅读时间表有助于提高学习效率。孩子在固定时间内集中精力阅读，能够更好地吸收知识，避免分散注意力导致学习效果不佳。

3. 增加家庭亲子交流

制定固定的阅读时间表也为家庭亲子交流提供了契机。家长可以陪伴孩子一同阅读，分享读书心得，促进家庭关系的和谐。

（三）制定孩子固定的阅读时间表的步骤

1. 确定合适的阅读时间

首先，要根据孩子的日常生活安排和个人特点确定合适的阅读时间。这可以是每天的固定时间段，也可以是每周的某个特定时间。

2. 制订具体的阅读计划

制订具体的阅读计划，明确阅读的内容和目标。可以根据孩子的年龄和兴趣，选择适当难度和主题的书籍，确保阅读任务不过于繁重，符合孩子的实际情况。

3. 设定阅读奖励机制

为了激发孩子的阅读兴趣，可以设定阅读奖励机制。可以是小奖品、家庭活动，甚至是一个阅读成就墙，记录孩子的阅读成就。

4. 鼓励多样化阅读

不仅要让孩子读故事书,还要鼓励他们尝试阅读不同主题、体裁的书籍,拓展阅读领域。可以制定每周或每月轮流阅读不同类型的书籍的时间表。

5. 培养独立阅读能力

在制定时间表的同时,要培养孩子的独立阅读能力。逐渐让他们选择自己喜欢的书籍,培养自主学习的习惯。

(四)面临的挑战和解决方法

1. 抗拒阅读的可能性

孩子可能抗拒在固定时间进行阅读。解决方法是选择他们感兴趣的书籍,让阅读成为一种愉悦的体验,而不是一种强加的任务。

2. 时间表过于死板

时间表过于死板可能导致孩子产生厌倦情绪。解决方法是适度弹性,可以在时间表中留有一些弹性时间,以应对突发情况或孩子的特殊需求。

3. 家长投入不足

家长如果投入不足,孩子可能会感到孤单无助。解决方法是家长与孩子一同阅读,建立亲子阅读的良好氛围,通过共同分享阅读心得、讨论书中内容,增强亲子之间的沟通与互动。

4. 学业压力影响

学业压力可能会让孩子觉得没有足够的时间用于阅读。解决方法是合理规划孩子的学业任务,确保阅读时间不会影响到正常的学习进度。家长可以与老师沟通,寻求支持。

5. 选择适合的阅读材料

如果孩子选择的阅读材料不适合他们的年龄或兴趣,可能会影响阅读的积极性。解决方法是与孩子一同选择适合的书籍,可以根据他们的兴趣和阅读水平进行选择。

制定孩子固定的阅读时间表是培养良好阅读习惯的有效途径。通过明确的时间安排、具体的阅读计划、奖励机制以及家庭的积极参与，可以帮助孩子建立对阅读的兴趣和热爱，同时提高学习效率，促进综合素养的全面发展。家长和学校的合作是实施阅读时间表的关键，共同致力于培养孩子良好的阅读习惯，助力他们在知识的海洋中茁壮成长。在数字化时代，坚持阅读，不仅是一种学习方式，更是培养未来优秀人才的关键路径。

二、教导孩子制定个人阅读目标

阅读是一项具有深远意义的活动，对于孩子的学业、个人成长和综合素养的培养都起到重要的作用。然而，阅读的效果往往取决于个人的积极性和目标导向。因此，教导孩子制定个人阅读目标是培养其良好阅读习惯、拓展知识面和提高学业水平的关键步骤。这里将深入探讨教导孩子制定个人阅读目标的重要性、具体的实施方法以及可能面临的挑战。

（一）个人阅读目标的重要性

1. 提高学业水平

制定个人阅读目标有助于提高孩子的学业水平。通过明确目标，孩子可以有计划地选择适合自己水平和兴趣的书籍，有助于更有针对性地提升知识水平。

2. 培养自律和责任感

个人阅读目标的设定需要孩子具备自律和责任感。这种自主选择和执行目标的过程，培养了孩子的自我管理和责任心，对未来的学业和生活有积极影响。

3. 激发学习兴趣

通过设定个人阅读目标，孩子有机会选择符合自己兴趣的书籍，从而激发学习兴趣。这有助于让阅读变得更加愉悦，而非仅仅是完成任务。

4. 塑造全面发展的个性

不同的阅读目标可以帮助孩子全面发展个性。例如，通过设定文学、科学、历史等多领域的目标，促使孩子接触不同类型的知识，培养出全面发展的个性。

（二）制定个人阅读目标的实施方法

1. 明确长期和短期目标

首先，帮助孩子明确长期和短期的个人阅读目标。长期目标可以是一个学期内完成一定数量的书籍，短期目标可以是每周或每月完成一本书的阅读。

2. 考虑兴趣和发展领域

个人阅读目标应该与孩子的兴趣和发展领域相契合。通过了解孩子的兴趣爱好，可以更有针对性地制定目标，使阅读更具吸引力。

3. 设定具体而可量化的目标

目标应该是具体而可量化的，这样孩子能够更清晰地知道自己是否达到了目标。例如，设定每月阅读一本百科全书或读完一本经典小说。

4. 制定挑战性和可实现性目标

目标既要有一定的挑战性，激发孩子的积极性，又要是可实现的，防止因为目标过高而产生挫败感。适当调整目标，使其在孩子能力范围内。

5. 制定奖励和反馈机制

设定完成个人阅读目标后的奖励机制，可以是一些小礼物、家庭活动等。同时，提供正向的反馈，鼓励孩子继续努力。

（三）可能面临的挑战及解决方法

1. 缺乏兴趣

如果孩子对阅读没有兴趣，制定个人阅读目标可能会面临困难。解决方法是找到与孩子兴趣相关的书籍，逐渐培养他们的阅读兴趣。

2. 时间管理困难

孩子的日程可能因为学业、课外活动等而变得紧张，导致难以管理阅读时间。解决方法是帮助孩子合理规划时间，将阅读纳入日常生活。

3. 目标过于单一

如果设定的目标过于单一，孩子可能会感到枯燥乏味。解决方法是在目标中加入多元化的元素，让孩子有更广泛的选择。

4. 家庭环境不支持

如果家庭环境不支持阅读，孩子可能难以达到个人阅读目标。解决方法是鼓励家庭共读，营造良好的阅读氛围。

教导孩子制定个人阅读目标是培养其独立学习能力和阅读兴趣的有效途径。通过合理设定目标、关注孩子的兴趣、提供适当奖励和反馈，可以激发孩子的学习热情，培养其全面发展的个性。同时，家长和老师的关心与引导，也是孩子成功完成个人阅读目标的重要支持。

三、与孩子共同制订阅读计划

阅读是培养孩子综合素养和认知能力的重要途径。为了使阅读更有针对性和积极性，与孩子共同制订阅读计划显得尤为重要。以下将深入探讨与孩子共同制订阅读计划的重要性、实施方法以及可能面临的挑战。

（一）共同制订阅读计划的重要性

1. 增强主动性和积极性

与孩子共同制定阅读计划可以增强其主动性和积极性。通过参与计划的过程，孩子会更加明确自己的阅读目标，激发学习的主动性。

2. 提高学习动力

共同制订阅读计划有助于提高孩子的学习动力。孩子参与制订计划时，会更加理解其中的目的，从而更愿意为实现这些目标而努力。

3. 个性化学习

每个孩子的学习兴趣和水平都不同，共同制订阅读计划可以使计划更贴近孩子的个性化学习需求。这有助于激发他们对阅读的兴趣。

4. 建立家庭阅读文化

通过与孩子一同制订阅读计划，还能够在家庭中建立起积极的阅读文化。家庭成员共同参与，共同关心孩子的阅读进展，形成共同的价值观。

（二）共同制定阅读计划的实施方法

1. 制定家庭阅读时间

确定一个适合家庭成员的共同阅读时间。这可以是每天的晚餐后、周末的下午等。通过共同的阅读时间，家庭成员可以一同讨论阅读计划。

2. 聆听孩子的意见

在制订阅读计划的过程中，聆听孩子的意见是至关重要的。了解他们的阅读偏好、兴趣，根据这些信息制订更有针对性的计划。

3. 设定明确的阅读目标

与孩子一同设定明确的阅读目标。这可以是每周阅读一本书、每月涉及不同领域的书籍等。目标的设定应该具体且可量化，方便后续的评估。

4. 选择适当的阅读材料

在制订阅读计划时，选择适合孩子年龄和水平的阅读材料。这有助于保持孩子对阅读的兴趣，并提高计划的可行性。

5. 制定奖励机制

为了激励孩子更好地完成阅读计划，可以制定奖励机制。奖励可以是小礼物、家庭活动或其他孩子喜欢的事物。

（三）可能面临的挑战及解决方法

1. 孩子缺乏阅读兴趣

如果孩子缺乏阅读兴趣，制订阅读计划可能面临困难。解决方法是通过引导、推荐符合其兴趣的书籍，激发孩子对阅读的兴趣。

2. 家庭成员时间不协调

家庭成员的日程安排可能不一致，导致难以找到共同的阅读时间。解决方法是灵活调整，选择适合家庭成员的共同空闲时间。

3. 孩子学业压力大

孩子的学业压力可能会影响到阅读计划的制定和执行。解决方法是合理规划孩子的学业任务，确保阅读计划不会给其增加过多负担。

4. 家庭成员阅读兴趣差异大

家庭成员阅读兴趣的差异可能导致难以达成一致的阅读计划。解决方法是尊重每个家庭成员的阅读偏好，制订灵活多样的计划。

与孩子共同制订阅读计划是一项促进家庭阅读氛围、培养孩子学习动力的重要活动。通过参与制定计划，孩子能够更好地理解自己的学习需求，提高学习的积极性。在制订阅读计划的过程中，灵活性和尊重孩子的选择是关键，以确保计划的实施更具可行性和可持续性。最终，这不仅是一次家庭亲子互动的机会，更是为孩子未来的学习生涯奠定坚实基础的重要一步。

第二节 关注孩子阅读速度与理解深度的平衡

一、引导孩子逐步提高阅读速度

阅读速度是阅读效率的一个重要指标。对于孩子们来说，提高阅读速度不仅可以增强他们的学习效率，还有助于更好地理解和吸收知识。以下将探讨引导孩子逐步提高阅读速度的重要性、方法和可能面临的挑战，并提供一些实用的建议。

（一）提高阅读速度的重要性

1. 学习效率提升

随着学业的逐渐加重，提高阅读速度可以帮助孩子更高效地完成学习任务，从而节省宝贵的学习时间。

2. 增强学科理解

快速而准确的阅读可以帮助孩子更好地理解学科知识，建立更全面的认知框架，提升学科学习的深度和广度。

3. 培养自主学习能力

提高阅读速度是培养孩子自主学习能力的一部分，使他们能够更独立地获取知识，适应未来更为复杂的学习环境。

（二）引导孩子提高阅读速度的方法

1. 清晰的阅读目标

在引导孩子提高阅读速度之前，首先需要明确清晰的阅读目标。是为了更快地完成作业，还是提高理解能力？明确目标有助于选择合适的提速方法。

2. 逐步增加阅读时间

逐步增加阅读时间是提高阅读速度的有效方法。开始时，可以选择较短的文章或段落，随着孩子逐渐适应，逐步延长阅读时间。

3. 使用手指或阅读工具

在阅读过程中，使用手指或阅读工具可以帮助孩子更好地跟随文字，提高阅读速度。这有助于培养阅读能力。

4. 练习眼球追踪技能

阅读速度的提升与眼球追踪技能密切相关。通过练习眼球追踪的活动，如阅读速度练习软件、迅速扫视文章中的关键信息等，可以帮助孩子提高迅速定位的能力。

5. 制定计时阅读任务

设定一些计时阅读任务，要求孩子在规定时间内完成阅读。这有助于培养孩子的时间管理能力，提高在有限时间内的阅读速度。

6. 注重阅读理解

提高阅读速度并不是为了牺牲阅读理解，因此在提速的过程中，同样需要注重阅读理解。孩子应该学会在快速阅读的同时保持对文章内容的理解。

7. 创设愉快的阅读环境

一个愉快的阅读环境有助于孩子更好地投入阅读，提高专注力和阅读速度。在温馨的氛围中阅读，能够激发孩子更大的学习热情。

（三）可能面临的挑战及解决方法

1. 技术障碍

有些孩子可能对使用手指、阅读工具或阅读软件感到陌生，存在一定的困难。解决方法是耐心引导，逐步介绍和练习，让孩子适应这些技术辅助手段。

2. 阅读焦虑

过高的阅读速度要求可能导致孩子产生阅读焦虑，认为必须迅速完成阅读任务。解决方法是渐进式提速，鼓励孩子逐步提高速度，保持阅读的轻松和愉快。

3. 阅读理解不足

有时候为了提高速度，孩子可能会牺牲对文章内容的理解。解决方法是平衡速度和理解，确保提速的同时仍能保持足够的阅读理解水平。

4. 家庭支持不足

孩子在提高阅读速度的过程中，需要家庭的支持和鼓励。家长可以提供一定的指导，与孩子一同参与提速的练习，共同营造良好的学习氛围。

（四）实用建议

1. 制订具体计划

和孩子一起制订具体的提速计划，明确目标和时间，有针对性地进行提速练习。

2. 创意练习活动

设计一些创意练习活动，如速读比赛、角色扮演阅读等，使提速练习更加生动有趣。

3. 多样化阅读材料

提供多样化的阅读材料,包括文学作品、科普文章、新闻报道等,让孩子在不同领域中都能够逐步提高阅读速度。

4. 注重反馈和奖励

及时给予孩子提速练习的反馈,帮助他们了解自己的进步和不足之处。设立小奖励机制,激励孩子坚持练习。

5. 培养阅读兴趣

培养孩子对阅读的兴趣是提高阅读速度的重要前提。通过选择符合孩子兴趣的书籍,激发他们的主动阅读欲望。

6. 鼓励朗读和复述

鼓励孩子在阅读过程中进行朗读,以此提高阅读速度和口语表达能力。并要求孩子用自己的语言复述所读内容,加深对文章的理解。

7. 建立共同阅读时间

在家庭中建立共同的阅读时间,让孩子在家长的陪伴下进行阅读练习。家长可以作为榜样,通过共同阅读传递对阅读的重视。

提高孩子的阅读速度不仅关乎学习效率,更涉及对知识的更深层次理解。在引导孩子逐步提高阅读速度的过程中,关键是平衡速度和理解,确保提升速度的同时不损害对文章内容的把握。家长和老师的支持至关重要,需要给予孩子充分的鼓励和指导,帮助他们培养良好的阅读习惯。通过科学的方法和耐心的引导,孩子们将逐渐提高阅读速度,更好地适应学业压力,迎接未来的学习挑战。

二、关注阅读理解和分析能力

阅读理解和分析能力是孩子发展学业能力中的关键要素。它不仅关系到孩子对信息的掌握程度,还涉及深层次的思考和理解。以下将探讨关注阅读理解和分析能力的重要性,探讨提高这些能力的方法,并提供一些实用建议。

(一)关注阅读理解和分析能力的重要性

1. 培养批判性思维

阅读理解和分析能力的提升是培养孩子批判性思维的一部分。通过分析文章内容,孩子能够更好地辨别信息的真伪、逻辑性,并形成独立的观点。

2. 提高学科学习水平

在各个学科中,阅读理解和分析能力都是学习的关键。在数学中理解题目,科学中分析实验结果,语文中解读文学作品,都需要较强的阅读理解和分析能力。

3. 拓展知识面

通过阅读理解和分析,孩子能够接触到更广泛的知识领域,了解不同的观点和文化,拓展自己的知识面,提高综合素养。

4. 促进自主学习

具备良好的阅读理解和分析能力使孩子更能够进行自主学习。他们能够独立阅读各种资料,理解知识,解决问题,降低对外部帮助的依赖。

(二)提高阅读理解和分析能力的方法

1. 阅读多样化的材料

让孩子接触不同主题、不同形式的阅读材料,包括文学作品、科普文章、历史资料等。多样化的阅读能够培养孩子对不同领域的理解和分析能力。

2. 提问和回答

在阅读过程中,鼓励孩子提出问题,并尝试回答这些问题。通过提问和回答的方式,可以加深对文章内容的理解,培养主动思考的习惯。

3. 教授阅读的方法

教孩子一些阅读的方法，如预测文章内容、关键词标记、归纳总结等。这些方法有助于提高阅读效率和深度，培养孩子对文章结构的敏感性。

4. 阅读小组讨论

组织阅读小组讨论，让孩子与同学分享彼此对文章的理解和分析。通过集体讨论，不仅能够拓展视野，还能够从他人的观点中学到新的见解。

5. 文本比较与对照

引导孩子比较和对照不同文本，分析它们的异同之处。这有助于培养孩子对不同文体和观点的敏感性，提高对文章的深层次理解。

6. 制订阅读计划

制订有针对性的阅读计划，让孩子有计划地接触不同领域的阅读材料。合理的阅读计划能够确保孩子在不同领域都有较全面的理解和分析能力。

（三）实用建议

1. 创造阅读友好环境

在家庭和学校创造积极的阅读氛围，提供安静、舒适的阅读环境，鼓励孩子多读书，多思考。

2. 引导精读

在培养阅读理解和分析能力的过程中，精读比泛读更为重要。引导孩子深入思考每一个细节，理解作者的用词和表达方式。

3. 鼓励写读书笔记

鼓励孩子在阅读后撰写读书笔记。通过写作，孩子可以更深入地理解文章内容，培养对文字的敏感度和表达能力。

4. 定期进行阅读评估

定期进行阅读理解和分析能力的评估，通过小测验、论文写作等形式，了解孩子在不同层次上的掌握情况，有针对性地进行指导。

5. 鼓励多元思考

教导孩子在阅读时多元思考，考虑不同的观点和解释。培养孩子具有开放思维，对多样性持包容态度。

关注阅读理解和分析能力对孩子的学业和个人发展都具有深远的影响。通过多样的阅读体验、灵活的阅读策略和有针对性的指导，孩子将能够在阅读中培养出卓越的理解和分析能力，从而更好地应对学业和日常生活中的各种挑战。

三、鼓励孩子灵活运用不同阅读策略

在信息爆炸的时代，阅读已经不再是简单地理解文字的过程，更是一种综合性的认知活动。为了帮助孩子更好地面对不同类型的文本，我们需要鼓励他们灵活运用多种阅读策略。以下将探讨为何灵活运用不同阅读策略对孩子的发展至关重要，以及如何培养他们的阅读灵活性。

（一）鼓励灵活运用不同阅读策略

1. 应对多样化的文本

现代社会存在各种各样的文本，包括但不限于新闻报道、学术论文、文学作品、科普文章等。每种文本都有其特定的语言风格和结构，需要采用不同的阅读策略来更好地理解。

2. 提高信息处理效率

灵活运用不同阅读策略能够提高信息处理的效率。当孩子能够根据不同情境灵活选择适合的策略时，他们更容易迅速抓住文本的重点，提高阅读速度和理解能力。

3. 促进批判性思维

不同类型的文本需要不同的思维方式，鼓励孩子灵活运用阅读策略有助于培养他们的批判性思维。他们将更有能力评估信息的可信度，分析观

点的合理性，形成独立的思考。

4. 适应多样化的学科学习

不同学科的学习涉及各种文本的阅读，例如在科学中阅读实验报告，在历史中阅读史书，在数学中阅读问题描述。培养孩子灵活运用阅读策略，有助于他们更好地适应学科学习的要求。

(二) 培养孩子灵活运用不同阅读策略的方法

1. 教授基础阅读策略

确保孩子掌握基础的阅读策略，如预测、提问、概括、联想等。这些策略是阅读理解的基石，可以帮助孩子更好地理解文本。

2. 引导对文本进行分类

帮助孩子理解不同类型的文本，例如说明文、议论文、叙事文等，然后根据文本类型选择合适的阅读策略。这有助于他们更有针对性地应对不同文体的阅读任务。

3. 组织角色扮演活动

通过角色扮演，让孩子模拟不同的阅读场景，运用不同的阅读策略。这种实践能够加深他们对策略的理解，并在模拟中体验灵活运用的过程。

4. 提供多样化的阅读材料

为孩子提供来自不同领域和文体的阅读材料，让他们在实际的阅读中感受到不同策略的实际运用。多样化的阅读体验有助于培养他们的阅读灵活性。

5. 鼓励自主学习

培养孩子主动寻找并选择合适阅读策略的能力。鼓励他们在阅读过程中自主尝试不同的方法，并根据效果进行调整和优化。

6. 激发兴趣，引导深入

激发孩子对阅读内容的兴趣，引导他们深入探究。在深度阅读的过程中，不同的策略会得到更全面的应用，从而提高阅读的深度和广度。

(三) 实用建议

1. 创造积极的阅读环境

建立积极的家庭和学校阅读环境,让孩子感受到阅读的乐趣和重要性。一个鼓励探索和学习的环境有助于培养他们灵活运用不同阅读策略的意愿。

2. 培养阅读兴趣

通过选择符合孩子兴趣的阅读材料,促使他们主动进行阅读。兴趣是灵活运用阅读策略的动力源,能够让孩子的阅读过程更加投入。

3. 关注个体差异

理解每个孩子的个体差异,根据其阅读水平和特长量身定制培养计划。一些孩子可能更善于使用某种策略,需要在强化的同时,也注意拓展其他策略的运用。

4. 培养合作学习意识

在小组或合作学习中,孩子有机会学习其他同学的阅读策略,分享自己的经验,从而丰富自己的阅读工具箱。合作学习可以促进不同阅读策略之间的交流和互补。

5. 提供反馈和指导

在孩子使用阅读策略的过程中,提供及时的反馈和指导。鼓励他们分享自己的阅读体验,了解哪些策略对他们更有效,同时在必要时提供建议和指引。

6. 定期评估阅读进展

定期对孩子的阅读进展进行评估,包括他们的阅读速度、理解深度、批判性思维等方面。根据评估结果,调整培养计划,确保他们在阅读策略的灵活运用上不断进步。

灵活运用不同阅读策略是培养孩子全面阅读能力的关键。通过提供多样化的阅读体验、培养基础阅读策略、激发兴趣和提供实际指导,我们可以帮助孩子更好地适应复杂多变的阅读环境。这种阅读灵活性不仅有助于他们在学业中更出色地应对各种阅读任务,更能够培养批判性思维,提高解决问题的能力,为他们未来的学习和生活打下坚实的基础。

第三节 鼓励孩子记录阅读心得

一、培养孩子写读后感的习惯

阅读后的思考和总结不仅是对知识的消化,更是培养批判性思维和表达能力的有效途径。因此,培养孩子写读后感的习惯具有重要的教育意义。以下将深入探讨为何培养这一习惯对孩子的成长有益,以及如何切实引导和培养孩子形成写读后感的良好习惯。

(一)培养写读后感的习惯

1. 提高文学素养

通过写读后感,孩子能够更深入地理解和体验文学作品,提升文学素养。这不仅包括对故事情节和人物性格的理解,还涉及对作者用词、结构和主题的审美把握。

2. 锻炼批判性思维

写读后感需要对所读内容进行分析和评价,培养了孩子的批判性思维能力。他们能够理性思考作品的优缺点,形成独立的观点,并用合理的论据支持自己的看法。

3. 提升表达能力

写读后感是一种表达思想感情的方式,通过这种方式,孩子能够逐渐提高自己的表达能力。良好的表达能力不仅有助于学业,也对未来职业和社交生活都具有重要价值。

4.培养自主学习意识

写读后感是一种自主学习的方式，通过思考和总结阅读体会，孩子能够培养自主学习的习惯。这有助于他们在学业上更好地适应和应对各种学习任务。

(二) 引导孩子写读后感

1.鼓励多样化的阅读

多样化的阅读体验能够激发孩子写读后感的兴趣。引导他们不仅阅读小说，还可以尝试阅读诗歌、散文、科普文章等不同体裁的作品，以拓宽他们的阅读视野。

2.提供示范和范例

在培养孩子写读后感的习惯时，提供示范和范例是十分重要的。可以选择一些优秀的读后感作品进行分享，让孩子从中学到合理的结构和深度思考的方式。

3.设立明确的写作目标

在进行读后感写作时，设立明确的写作目标有助于引导孩子更有针对性地进行思考和总结。可以要求他们关注特定的主题、人物或情节，从而更深入地思考作品的内涵。

4.提问和引导讨论

在阅读过程中提问孩子，引导他们思考作品中的问题、主题和情感。通过讨论，可以激发他们更深层次的思考，为写读后感提供丰富的素材。

5.培养写阅读笔记的习惯

鼓励孩子在阅读过程中做一些简单的阅读笔记，记录关键情节、重要人物和个人感受。这些笔记可以成为写读后感时的参考材料，帮助他们更有条理地进行思考和表达。

6.提供写作空间和时间

为孩子提供良好的写作环境，给予足够的写作时间。保证他们有充足的时间去思考、构思和完成读后感，避免赶时间导致的表达不够深刻。

（三）培养孩子写读后感的阶段性建议

1. 初阶段（小学）

在这个阶段，重点是培养孩子对阅读的兴趣和理解能力。可以鼓励他们从故事情节、主要人物和基本情感入手，逐渐引导他们开始尝试简单的读后感写作。

2. 中阶段（初中）

在初中阶段，可以逐渐引导孩子深入思考作品的主题、作者的用词技巧以及作品与现实的关联。鼓励他们从不同角度出发，形成更深刻的阅读理解。

3. 高阶段（高中及以上）

高中及以上的阶段，可以要求孩子进行更深入的文本分析，包括结构、语言、背景等方面的综合考量。鼓励他们形成独立见解，进行批判性的思考和评价。

培养孩子写读后感的习惯是一个持续的过程，需要家长和教育者的共同努力。通过提供多样化的阅读体验、设定明确的写作目标并给予鼓励，可以引导孩子在阅读后形成深刻的思考，并用文字表达出来。这不仅有助于提高他们的文学素养和批判性思维，更是培养未来领域所需的表达和分析能力的有效途径。在这个过程中，关键是激发孩子的阅读兴趣，让他们从阅读中获得乐趣，并逐渐将写读后感融入到日常学习生活中。

二、鼓励孩子分享阅读体会

阅读是一种富有益处的活动，它不仅可以拓展知识面，提高语言能力，还有助于培养批判性思维和情感智慧。然而，阅读不仅仅是消化信息的过程，更是一种与他人分享和交流的机会。以下将探讨鼓励孩子分享阅读体会的重要性，并提供一些实用的方法，以促进孩子更积极地参与阅读，并从中获得更多的收获。

（一）分享阅读体会的重要性

1. 增强理解和记忆

分享阅读体会可以促使孩子更深入地思考所读内容，通过口头表达将思想整理成有逻辑的结构，有助于加深对书籍内容的理解和记忆。

2. 提高表达能力

通过与他人分享阅读体会，孩子可以锻炼自己的表达能力。这不仅包括语言组织能力，还涉及适当运用修辞手法、丰富的词汇和生动的描写，从而提升孩子的口头表达水平。

3. 培养批判性思维

分享阅读体会需要孩子对所读内容进行分析和评价，这有助于培养他们的批判性思维能力。通过与他人讨论，孩子能够学会客观看待问题，理性分析，形成独立的见解。

4. 促进社交与合作

分享阅读体会是一种社交行为，通过与同伴或家人分享，孩子能够建立更紧密的联系。共同讨论一本书籍，交流看法，有助于培养孩子的团队协作精神。

5. 激发阅读兴趣

通过分享阅读体会，孩子有机会了解到不同人对同一本书的看法，这有助于激发他们的阅读兴趣。其他人的观点和感受可能会让孩子对某本书籍产生新的兴趣。

（二）鼓励孩子分享阅读体会的方法

1. 家庭共读时间

在家庭中设立专门的共读时间，鼓励每个成员分享自己的阅读体会。可以选择每周一次的家庭读书会，让孩子有充足的时间准备并分享他们的感悟。

2. 创设阅读小组

在学校或社区组建一个小型的阅读小组，让孩子有机会与同龄人分享阅读体会。小组可以定期讨论一本书，孩子们可以轮流分享自己的观点。

3. 制作阅读日志

鼓励孩子制作阅读日志，记录他们在阅读过程中的体会和想法。可以提供一些问题作为引导，例如"书中的哪个角色让你印象深刻？""故事中的哪个情节让你感到喜悦或难过？"等。

4. 举办读书分享会

在学校或社区组织读书分享会，邀请孩子们上台分享自己最喜爱的书籍。这种方式既能够锻炼孩子的公共演讲能力，又能够让更多人了解到不同书籍的魅力。

5. 利用数字平台

鼓励孩子利用数字平台，分享他们的阅读体会。这样的分享方式可以拓展受众范围，同时也培养孩子在数字环境中的表达能力。

6. 设立阅读奖励机制

为鼓励孩子分享阅读体会，可以设立一些奖励机制，例如每次分享可以得到一些积分，一定积分可以兑换奖品。这样的机制既能够激发孩子的积极性，又能够培养孩子的荣誉感。

鼓励孩子分享阅读体会不仅有助于提高他们的表达能力，还能促进对所读内容的深度理解和思考。通过分享，孩子们能够获得来自他人的反馈和启发，从而更好地拓展自己的阅读视野。在家庭、学校和社区共同努力下，我们可以培养出更多热爱阅读、愿意分享的孩子，为他们的全面发展和未来的成功奠定坚实的基础。

第四节　父母的示范作用与陪伴

一、父母亲自展示阅读兴趣

父母是孩子成长过程中最重要的榜样之一。他们的行为举止、兴趣爱好对孩子的塑造有着深远的影响。在当今信息快速发展的社会，阅读作为一种重要的思维方式和知识获取途径，对孩子的成长至关重要。以下将探讨父母亲自展示阅读兴趣的重要性，以及如何通过自身的行动激发孩子对阅读的兴趣和热爱。

（一）父母阅读兴趣的影响

1. 榜样的力量

父母是孩子最亲近的人，他们的行为会深刻地影响孩子的阅读态度和价值观。当父母展示出对阅读的浓厚兴趣时，孩子会更容易接受并模仿这一行为。

2. 语言和认知发展

阅读是语言和认知发展的重要途径之一。父母通过阅读展示对文字的理解和运用，有助于孩子的语言表达能力以及逻辑思维的培养。

3. 建立亲子关系

通过共同阅读，父母与孩子之间可以建立更紧密的亲子关系。共同分享阅读体验可以成为亲子之间的默契和交流的纽带，促进彼此之间的理解和沟通。

4. 培养独立思考

父母的阅读兴趣不仅仅是对特定知识领域的关注，更是对思考和探索的热爱。当孩子看到父母通过阅读获取信息、解决问题时，会激发他们独

培养孩子的阅读兴趣与好奇心

立思考的欲望。

(二) 父母如何亲自展示阅读兴趣

1. 创建家庭阅读氛围

在家庭中创造良好的阅读环境是培养孩子阅读兴趣的第一步。可以设置一个舒适的阅读角落,摆放一些书架和阅读灯,使阅读成为家庭生活的一部分。

2. 定期参与家庭读书活动

定期举行家庭读书活动,例如每周末的家庭读书时间或每月一次的读书分享会。父母亲自参与其中,与孩子一同选择书籍、讨论阅读体会,共同享受阅读的乐趣。

3. 多样化阅读内容

展示对多种阅读内容的兴趣,包括图书、杂志、报纸、科普读物等。父母可以在不同领域展示自己的阅读兴趣,让孩子感受到阅读是丰富多彩、无穷无尽的。

4. 设立榜样时刻

在家庭生活中设立榜样时刻,比如晚餐后的阅读时间、周末的图书馆之行等。父母可以主动示范,在孩子面前展示阅读的快乐和益处。

5. 与孩子分享阅读体验

不仅要让孩子看到父母在阅读,还要与他们分享阅读的体验。可以在晚餐时分享一天中的有趣阅读,或者在一起讨论读过的书籍,让孩子感受到阅读的乐趣和意义。

6. 培养家庭共读传统

建立家庭共读的传统,每天晚上为孩子读故事,或者轮流朗读。通过亲身示范,父母可以激发孩子对阅读的热爱,并在共读中培养他们的语言能力。

7. 参与阅读社群

加入阅读社群或书友会,父母可以在这个社交环境中展示自己的阅读兴趣。在这样的社群中，可以互相分享推荐的书籍、交流阅读心得，为孩子树立良好的学习榜样。

（三）亲自展示阅读兴趣的案例

1. 案例一：每周家庭读书夜

一位家长设立每周家庭读书夜，家庭成员一起选择一本书，然后在特定的晚上共同阅读。父母亲自示范，表达对书籍的兴趣，与孩子共同分享阅读的感受和体会。

2. 案例二：图书馆之行

定期组织一次家庭图书馆之行，父母与孩子一同参观图书馆，选择自己感兴趣的书籍。在图书馆里，父母可以积极展示对各种文学作品和知识的热爱，激发孩子对阅读的兴趣。在这个过程中，父母可以向孩子展示如何选择符合自己兴趣和阅读水平的书籍，培养他们在广泛的阅读领域中自主选择的能力。

3. 案例三：家庭阅读分享

建立一个家庭阅读分享的传统，每个成员都有机会在家庭中分享自己喜欢的书籍。父母可以首先分享自己的阅读体验，然后鼓励孩子也分享他们所读的书籍。这种分享不仅促进家庭成员之间的交流，还为孩子提供了展示自己的平台。

4. 案例四：父母参与学校阅读活动

积极参与学校组织的阅读活动，包括家长阅读会、亲子阅读活动等。在这些活动中，父母亲可以亲自示范，展示对学校阅读活动的支持和关注，为孩子树立积极向上的榜样。

5. 案例五：阅读挑战和奖励

设立家庭阅读挑战，鼓励孩子完成一定数量的书籍阅读。父母可以参与其中，与孩子一同完成阅读挑战，并设立一些小奖励作为鼓励。这样的挑战不仅促进了家庭成员之间的合作，还让孩子感受到阅读的乐趣和成就感。

父母亲自展示阅读兴趣对于培养孩子的阅读习惯和兴趣具有重要的影响。通过亲身示范，父母不仅能够激发孩子对阅读的兴趣，还能在孩子心中树立一个积极的阅读榜样。在家庭生活中，创造良好的阅读氛围、参与家庭读书活动、多样化阅读内容等都是父母亲自展示阅读兴趣的有效途径。通过这样的努力，我们可以为孩子打开广阔的知识之门，培养他们终身阅读的习惯，为未来的学习和生活奠定坚实的基础。

二、与孩子共同阅读示范

共同阅读是促进亲子关系、培养孩子阅读兴趣的重要方式之一。在这个数字化时代，与孩子共同阅读不仅仅是传授知识，更是营造亲密的家庭氛围、激发孩子的好奇心和创造力的有效手段。这里将探讨与孩子共同阅读的重要性，并提供一些实际的示范方法，以帮助父母更好地与孩子一同享受阅读的乐趣。

（一）共同阅读的重要性

1. 促进亲子情感

共同阅读是一种亲密的互动方式，通过与孩子共同探讨书籍内容，加深亲子之间的情感连接。这不仅有助于建立亲子信任，还能培养孩子的情感认知和表达能力。

2. 培养语言能力

与孩子共同阅读可以帮助他们提升语言表达能力。在阅读过程中，父母可以与孩子一起讨论书中的情节、角色和主题，促使孩子更好地理解和运用语言。

3. 塑造阅读兴趣

通过共同阅读，父母能够在孩子心中播下对阅读的兴趣种子。亲身参与并展示对阅读的热爱，将使孩子更愿意主动参与阅读活动，形成积极的阅读习惯。

4. 激发创造力和想象力

与孩子一同沉浸在书籍的世界中，能够激发他们的创造力和想象力。通过讨论故事情节、猜测结局，培养孩子对于多元化思考的能力。

（二）共同阅读的实际示范方法

1. 选择合适的书籍

为了确保共同阅读的顺利进行，父母需要选择适合孩子年龄和兴趣的书籍。可以从图书馆、书店或推荐书单中挑选适当难度和不同主题的书籍。

2. 创造舒适的阅读环境

在共同阅读时，营造一个安静、舒适的阅读环境是至关重要的。关闭电视和其他娱乐设备，确保专心投入到阅读之中。

3. 鼓励孩子参与选择

在选择阅读材料的过程中，鼓励孩子参与决策。可以让他们从几本书中选一个，这样能够增加他们对阅读的投入感。

4. 共同制定阅读时间

确立每天或每周的共同阅读时间，让孩子知道何时可以期待这个特殊的阅读时刻。这有助于培养孩子的时间观念，也让共同阅读成为日常生活的一部分。

5. 倡导交流和讨论

在阅读过程中，鼓励孩子提出问题、表达观点，共同讨论书中的情节和主题。这样的互动不仅能够加深对书籍内容的理解，还促进了语言表达能力的发展。

6. 创造多样的阅读体验

不仅局限于传统的纸质书籍，可以尝试数字图书、有声书、电子书等多样的阅读形式。这样的多样性可以为孩子提供更广泛的阅读体验，满足不同的学习喜好。

7. 展示对阅读的兴趣

在共同阅读时，父母要积极展示对书籍内容的兴趣。可以通过改变语调、模仿角色的声音、展示对情节的期待等方式，将阅读变得更加生动有趣。

8. 使用图书馆资源

将图书馆作为共同阅读的场所，可以让孩子感受到阅读是一种社会活动。在图书馆中，父母可以与孩子一同选择书籍，参与阅读活动，培养孩子独立选择的能力。

9. 定期举行家庭读书分享会

设立一个家庭读书分享的时间，让每个家庭成员都有机会向其他人分享自己的阅读体验。这样的分享不仅能够加深家庭成员之间的交流，还能够为孩子提供展示自己阅读成果的机会。

10. 制订阅读计划

与孩子一同制订阅读计划，包括选择要读的书籍、设定阅读目标等。这样的计划可以让孩子感受到阅读应是一种积极主动的行为，培养他们对学习的责任心。

（三）共同阅读的注意事项

1. 尊重孩子的意见

在共同阅读的过程中，父母需要尊重孩子的意见和选择。如果孩子对某本书不感兴趣，可以试着找到适合他们兴趣的书籍，让阅读变得更具吸引力。

2. 创造轻松的氛围

共同阅读应该是一种轻松愉快的体验，而不是严肃的任务。在阅读时，可以放松心情，愉快的互动都是欢迎的。通过轻松的氛围，能够更好地促进亲子关系的发展。

3. 不强求阅读速度

每个孩子的阅读速度都不同，父母不应该强求孩子按照自己的速度阅读。给予孩子足够的时间去理解和体会书中的内容，培养他们的阅读理解能力。

4. 鼓励提问和思考

在共同阅读中，鼓励孩子提出问题，思考故事中的情节、角色和解决问题的方法。通过互动式的提问，能够培养孩子主动学习和思考的能力。

5. 关注孩子的喜好

在选择共同阅读的书籍时，要注意孩子的喜好和兴趣。如果孩子对某个主题或类型的书更感兴趣，可以多选择这方面的书籍，让共同阅读的内容更符合孩子的口味。

6. 建立反馈机制

在共同阅读后，建立一个反馈机制，让孩子分享他们的感受和想法。这可以通过简单的谈话、绘画、写读后感等方式进行，激发孩子表达自己阅读体验的兴趣。

7. 多元化的共同阅读形式

除了传统的纸质书籍，还可以尝试利用数字化技术，如电子书、有声书等形式进行共同阅读。这样可以为孩子提供更多元化的阅读体验，增加他们的阅读兴趣。

8. 不仅限于故事书

共同阅读的内容不仅限于故事书，还可以包括科普书、艺术类书籍等。通过拓展阅读领域，可以满足孩子对不同知识领域的好奇心，培养多元化的兴趣。

9. 培养独立阅读的能力

共同阅读的目的之一是培养孩子独立阅读的能力。在共同阅读的过程中，逐渐引导孩子尝试独立阅读，培养他们对阅读的自主性和独立性。

10. 定期回顾和总结

定期回顾和总结共同阅读的内容，可以加深孩子对书籍的记忆，并促进对知识的巩固。通过回顾，还能够激发孩子对阅读的持续兴趣。

与孩子共同阅读不仅是一种教育方法，更是一种愉快的亲子互动。通过共同阅读，父母可以与孩子建立更紧密的关系，培养他们对阅读的热爱和持续学习的动力。在共同阅读的过程中，父母需要注重互动、尊重孩子的选择和兴趣，创造轻松的氛围，让阅读成为一种享受。通过不断尝试和调整，家长可以找到适合自己和孩子的共同阅读方式，共同度过愉快而有意义的阅读时光。

三、通过家庭阅读活动强化亲子关系

家庭阅读是一种促进亲子关系、培养孩子综合能力的有效途径。通过共同阅读，不仅可以传递知识，还能够构建亲子间深厚的情感纽带。以下将探讨如何通过家庭阅读活动强化亲子关系，并提供一些实际的操作方法，使阅读成为家庭生活中一项愉悦的活动。

（一）家庭阅读与亲子关系的关联

1. 促进亲子交流

家庭阅读为亲子提供了共同的话题，通过讨论书中的情节、角色和主题，家庭成员之间得以展开有趣的交流。这种积极的互动有助于增进彼此的了解，拉近亲子间的距离。

2. 共同建立美好回忆

家庭阅读活动常常伴随着亲子共同度过的时光，这些美好的经历会成为共同的回忆。回顾这些时刻，可以激发亲子间的感情，为家庭增添温馨和幸福的元素。

3. 传递家庭价值观

通过共同阅读不同类型的书籍，家长可以有意识地引导孩子思考人生、道德和价值观。家庭阅读成为传递家庭价值观的平台，使孩子在阅读中获取积极向上的思想观念。

4. 培养共同兴趣爱好

家庭阅读活动可以促使家庭成员产生共同的兴趣爱好。选择适合全家人阅读的书籍，培养共同的爱好，有助于拉近亲子关系，形成家庭的凝聚力。

（二）家庭阅读活动的实际操作

1. 创造温馨的阅读环境

在家中创造一个适合阅读的环境至关重要。可以选择一个安静、明亮的角落，配备舒适的座椅和柔和的灯光，使阅读成为一种惬意的享受。

2. 定期进行家庭阅读时间

为了确保家庭阅读成为一种习惯，可以设立每天或每周固定的阅读时间。这个时间段可以成为家庭成员共同参与的活动，增进亲子之间的互动。

3. 选择适合各年龄段的书籍

在进行家庭阅读活动时，要选择适合不同年龄段的书籍。对于年幼的孩子可以选择图画书或有趣的故事书，对于年长的孩子可以选择适合他们阅读水平和兴趣的书籍。

4. 鼓励家庭成员轮流讲故事

在家庭阅读中，可以鼓励家庭成员轮流讲故事。这样不仅能够培养孩子的口头表达能力，还能够增加阅读的趣味性，使家庭成员更加积极参与到阅读中来。

5. 制订家庭阅读计划

制订家庭阅读计划，明确每个人的阅读目标和计划。可以设立一个家庭阅读挑战，激发孩子和家长的阅读兴趣，同时促使每个成员都能够有意识地参与到阅读中来。

6. 倡导共同评价和分享

在家庭阅读活动后，可以倡导进行共同评价和分享活动。家庭成员可以分享自己的感受、对书籍的理解，通过互相倾听，增加对彼此的了解，形成共同的话题。

7. 扩大阅读活动的形式

家庭阅读不仅局限于纸质书籍，还可以扩大活动形式，包括数字化阅读、有声书、电子书等。这样可以满足家庭成员不同的阅读喜好，增加阅读的多样性。

8. 创意性的家庭阅读活动

为了使家庭阅读更具趣味性，可以设计一些创意性的家庭阅读活动。比如，根据书中的情节进行角色扮演、画出自己心目中的故事场景等，激发孩子的创造力和想象力。

9. 制定奖励机制

为了激发孩子的阅读积极性，可以制定一些奖励机制。当孩子达到一定的阅读目标或完成一本书时，可以给予一些小奖励，如表扬、小礼物等，以增强他们的阅读动力。

10. 定期进行家庭阅读反馈会议

设立家庭阅读反馈会议，定期让家庭成员分享各自的阅读心得和感受。这不仅有助于家庭成员之间的互动，还可以促使孩子在分享中更深入地思考所读内容。

11. 利用阅读拓展其他家庭活动

将家庭阅读与其他家庭活动相结合，创造更为全面的学习体验。例如，可以根据书中的故事情节制作手工或烘焙食物，将阅读与实际操作结合，增加趣味性。

12. 鼓励孩子分享阅读心得

在家庭中，鼓励孩子定期分享他们的阅读心得。可以通过口头表达、写读后感或绘画等方式，让孩子有机会表达自己的理解和感受，增强对阅读的参与感。

13. 参与孩子学校的阅读活动

主动参与孩子学校组织的阅读活动，与孩子一同参加阅读比赛、阅读分享会等。这不仅可以加深亲子关系，还能够在学校中与孩子共同成长。

14. 创造家庭共读的传统

将家庭阅读变成一种传统，例如每个晚上在特定的时间进行共读，或者每周末选择一天进行家庭阅读活动。通过建立这样的传统，使阅读成为家庭生活的一部分。

（三）家庭阅读对亲子关系的长期影响

1. 增强沟通能力

长期进行家庭阅读可以增强家庭成员的沟通能力。通过共同讨论书中的内容，促使家庭成员更加主动表达自己的观点，培养良好的沟通氛围。

2. 培养共同兴趣

家庭阅读使家庭成员能够分享共同的兴趣和爱好。在长期的共同阅读中，家庭成员会逐渐形成对某一类型书籍或主题的共同偏好，从而促进共同兴趣的培养。

3. 增进亲子情感

通过长期的家庭阅读活动，亲子间的情感纽带会得到加强。在共同度过的书香时光中，建立的深厚感情会在日常生活中得到体现，增进亲子之间的信任和理解。

4. 培养孩子独立阅读的能力

在家庭阅读的过程中，孩子逐渐培养了独立阅读的能力。长期的阅读习惯使孩子更主动地选择和阅读自己喜欢的书籍，培养了独立思考的能力。

5. 增加家庭活动的多样性

长期进行家庭阅读可以使家庭活动更加多样化。家庭成员在阅读的同时，也可以尝试相关的手工、烹饪等活动，使家庭生活更加丰富多彩。

6.提高家庭成员的阅读素养

长期的家庭阅读有助于提高家庭成员的阅读素养。在共同阅读的过程中，家庭成员可以学到更多的知识，提高阅读理解和分析能力，形成全家人共同提高的良性循环。

7.促使孩子建立自己的阅读习惯

通过长期家庭阅读，孩子将逐渐建立自己的阅读习惯。这有助于形成持续的学习动力，使孩子在学业中更加自律，培养长远的学习兴趣。

在快节奏的现代生活中，家庭阅读不仅是一种提升孩子学识和情感的有效手段，更是家庭成员之间建立深厚关系的重要途径。通过实践创造性的家庭阅读活动、定期进行家庭阅读时间、培养孩子独立阅读的能力等，可以使家庭阅读成为一种持久的传统，对强化亲子关系产生深远的影响。希望本节提供的方法和思路能够帮助大家更好地利用阅读活动增进亲子关系，让家庭成员在阅读中共同成长。

第五节　阅读与其他娱乐活动的平衡

一、制定合理使用屏幕的时间规定

随着科技的发展，屏幕设备已经成为人们生活中不可或缺的一部分。然而，长时间的屏幕使用对身体健康、学业和心理健康都可能产生负面影响，特别是对儿童和青少年。因此，制定合理使用屏幕的时间规定成为家庭和学校共同面临的一项重要任务。以下将探讨制定合理使用屏幕的时间规定的必要性，以及提供一些实用的方法和建议。

（一）使用屏幕时间的影响

1. 身体健康问题

长时间使用屏幕设备可能导致眼睛疲劳、颈椎疼痛和头痛等身体不适症状。此外，过度沉迷屏幕也与青少年肥胖问题相关联，因为使用屏幕时间过多通常伴随着久坐的生活方式。

2. 学业成绩下降

过度使用屏幕可能影响成绩。在学习任务与屏幕娱乐之间找到平衡是关键，以确保学生有足够的时间专注于学业，提高学习效率。

3. 心理健康问题

长时间使用屏幕与焦虑、抑郁等心理健康问题存在关联。特别是在社交媒体上花费过多时间，可能会引发社交比较和身份认同方面的问题，从而对青少年的心理健康产生负面影响。

（二）制定合理使用屏幕的时间规定的必要性

1. 保障身体健康

制定合理使用屏幕的时间规定有助于保障家庭成员的身体健康。合理使用屏幕的时间安排可以减少眼睛疲劳、颈椎问题等身体不适，维护全家人的生理健康。

2. 促进学业成就

合理使用屏幕的时间规定可以确保孩子有足够的时间专注于学业。在规定的使用屏幕时间之外，孩子可以更好地专注于课业，提高学业成绩。

3. 保护心理健康

限制屏幕的使用时间有助于保护家庭成员的心理健康。过度使用屏幕可能导致社交媒体上的负面体验，制定规定可以减少这些潜在的心理健康问题。

4. 培养健康的生活习惯

通过制定合理使用屏幕的时间规定，可以培养健康的生活习惯。建立良好的屏幕使用习惯有助于全家人维持平衡的生活方式。

（三）制定使用屏幕的时间规定的方法和建议

1. 确定不同年龄段使用屏幕的时间限制

不同年龄段的学生对使用屏幕时间的需求和适应程度不同，因此应根据年龄设定不同的屏幕使用时间限制。例如，对于学龄前儿童和青少年，需要设定相对较短的屏幕使用时间，而对于大学生，可以更灵活地管理。

2. 制定固定的屏幕使用时间

为了确保使用屏幕的时间规定的执行，可以设定固定的屏幕使用时间。例如，每天晚饭后的一个小时用于使用屏幕进行娱乐项目，可以成为一个固定的时间段，帮助家庭成员更好地安排活动。

3. 设立屏幕使用时间的目标和用途

明确屏幕时间的目标和用途有助于更好地管理。例如，设定每天使用屏幕的时间目标，并规定其中一部分时间需用于学习、工作或其他有益活动，有助于提高屏幕的有效利用。

4. 制定屏幕禁用时间

为了保障休息和睡眠，可以制定屏幕禁用时间，例如在临睡前一小时停止使用屏幕设备。这有助于改善睡眠质量，减少因屏幕光线影响而导致的入睡困难问题。

5. 家庭共同参与制定规定

让家庭成员共同参与制定关于屏幕使用时间的规定，有助于达成家庭共识并推动合作。通过讨论每个成员的需求和期望，可以制定出更为公平和符合实际情况的规定，提高规定的可执行性。

6. 制定奖惩机制

在屏幕使用时间规定的执行过程中，可以设置奖励和惩罚机制，以激励家庭成员遵守规定。例如，完成学习任务后可以获得额外的屏幕使用时间，而违反规定可能导致屏幕使用时间的减少。

7. 制定屏幕呈现内容的限制

除了对屏幕使用的时间限制外,还需要关注屏幕所播放内容的质量。制定屏幕呈现内容的限制,要对不适合相应年龄段的内容展示或过于暴力的游戏,有助于保障家庭成员的身心健康。

8. 用榜样引导

家长作为榜样起到至关重要的作用。通过自己的行为向孩子展示良好的使用屏幕时间的管理,包括在规定的时间内使用屏幕设备,有助于孩子形成积极的屏幕使用习惯和一定的自控能力。

9. 制定使用屏幕时间的灵活性

在制定使用屏幕时间规定时,也要考虑到一些特殊情况和活动。在周末或假期可以适度放宽使用屏幕的时间限制,以便家庭成员能够更灵活地安排休闲时间。

10. 定期检讨和调整

使用屏幕的时间规定并非一成不变,随着孩子的成长和家庭的变化,需要定期检讨和调整规定。开展家庭会议,了解家庭成员的观点和建议,从而不断优化规定,使其更贴近实际需求。

(四)使用屏幕时间规定的执行与监管

1. 家庭讨论并达成共识

在实施使用屏幕时间规定之前,进行家庭讨论是至关重要的。通过开诚布公的交流,了解每个家庭成员对屏幕使用时间的看法和期望,从而达成共识,增加规定的执行力。

2. 制定清晰的规定和说明

规定应该清晰明了,避免模糊不清的表述。明确屏幕使用时间的具体限制,包括时间段、用途和可能出现的情况等。此外,向家庭成员解释规定背后的原因,增加他们的理解和配合度。

3. 利用家庭管理工具

借助科技手段使用家庭管理工具对屏幕使用时间规定的执行进行监管。一些应用程序和设备提供了家长控制功能，这些功能可以设置使用时间限制以及监控屏幕活动等，有助于大大提高规定的执行效果。

4. 定期进行屏幕使用时间回顾

定期进行屏幕使用时间回顾，评估规定的执行情况。家庭成员可以一起回顾过去的屏幕使用情况，共同总结经验教训，讨论是否需要对规定进行调整。

5. 培养责任心和自律性

在实施屏幕使用时间规定的过程中，培养家庭成员的责任心和自律性是非常重要的。通过逐渐引导孩子对自己屏幕使用时间进行管理，来培养他们自我控制的能力。

制定合理的屏幕使用时间的规定是维护家庭成员身心健康、促进良好生活习惯的关键一步。通过家庭共同参与、明确的规定和适当的监管，可以更好地管理屏幕使用时间，使其成为家庭生活中有益的补充而非负担。不仅如此，合理的屏幕使用时间管理还有助于促进家庭关系的和谐。

二、将阅读与其他娱乐形式相结合

在现代社会，人们面临着各种各样的娱乐选择，从电影、电视到视频、游戏，多种多样的娱乐形式使人们能够在休闲时充实自己的生活。然而，阅读作为一种传统而深受推崇的娱乐方式，与其他娱乐形式相结合，不仅能够丰富人们的娱乐体验，还有助于促进综合素养的提升。以下将探讨将阅读与其他娱乐形式相结合的意义、方法以及可能带来的益处。

（一）将阅读与其他娱乐形式相结合的意义

1. 丰富娱乐体验

将阅读与其他娱乐形式相结合，可以提供更加丰富多彩的娱乐体验。不同的娱乐方式各具特色，通过组合利用，能够满足不同情感和需求，使娱乐体验更加丰富和多样。

2. 提升娱乐的深度与广度

阅读作为一种深度思考和沉浸式体验的娱乐形式，与其他形式相结合能够提升整体娱乐的深度与广度。阅读能够引导人们深入思考，拓展认知，而与其他娱乐形式结合则能够使娱乐活动更加全面和富有层次感。

3. 培养综合素养

综合素养包括文学素养、科技素养、媒体素养等多个方面。将阅读与其他娱乐形式相结合，有助于培养人们的综合素养，使其在各个领域都能够游刃有余地获取知识和享受娱乐。

（二）将阅读与其他娱乐形式相结合的方法

1. 阅读与影视结合

书籍改编电影/剧集：许多经典文学作品被改编成电影或剧集，观看这些改编作品可以激发人们对原著的兴趣，促使他们去阅读原著。

电影/剧集衍生作品：某些电影或剧集可能会有与之相关的小说、漫画或小说化作品，通过阅读这些衍生作品，观众可以更深入地了解故事背景和人物。

2. 阅读与音乐结合

音乐伴奏阅读：选择适合阅读氛围的音乐，通过在阅读过程中播放背景音乐，可以提升阅读的氛围，使整个体验更加愉悦。

与音乐相关的文学作品：有些文学作品以音乐为主题，阅读这类作品可以让人们更深入地了解音乐的历史、文化和艺术价值。

3. 阅读与艺术结合

美术馆阅读活动：一些美术馆举办与文学相关的活动，如以文学作品为主题的画展，通过阅读与艺术相结合，使观众更好地理解和感受艺术作品。

插图小说：一些小说中加入插图，通过图文结合，使阅读更加生动有趣，尤其适合年轻读者。

（三）将阅读与其他娱乐形式相结合的益处

1. 提升阅读兴趣

将阅读与其他娱乐形式相结合，可以使阅读更具吸引力。通过与电影、音乐等结合，可以激发人们对阅读的兴趣，使其更愿意主动去阅读相关的文学作品。

2. 拓宽知识面

不同的娱乐形式涵盖了各种不同的主题和领域，将阅读与这些形式结合可以拓宽人们的知识面。通过跨界阅读，人们可以在娱乐中获取到更广泛的信息和知识。

3. 提高综合素养

将阅读与其他娱乐形式相结合，有助于提高综合素养。例如，在阅读与影视相结合的情境中，观众除了能够欣赏电影或剧集中演员的表演，还能通过阅读原著深入理解故事情节和人物内心世界。这样的体验有助于增强人们在文学、艺术、科技等多个领域的素养，提高他们对不同文化和知识领域的理解。

4. 促进跨学科思维

将阅读与其他娱乐形式相结合，有助于促进跨学科思维。在娱乐体验中涉及文学、音乐、艺术、科技等多个领域，使人们能够从不同学科的角度去理解和解析信息，培养综合性的思维能力。

5. 提高娱乐体验的层次感

阅读作为一种深度思考和沉浸式体验的娱乐方式，与其他形式相结合可以提高整体娱乐体验的层次感。通过阅读，人们能够更深入地理解和感受故事情节，增加娱乐活动的深度，使其更加富有内涵。

6. 促进家庭互动

在家庭环境中，将阅读与其他娱乐形式相结合也有助于促进家庭成员之间的互动。例如，家庭成员可以一起观看改编自文学作品的电影，然后进行讨论和分享，加深彼此之间的沟通，拉近家人之间的关系。

（四）挑战与解决方案

1. 时间管理的挑战

将阅读与其他娱乐形式相结合，可能会面临时间管理的挑战。不同的娱乐活动需要投入不同的时间，而时间是有限的。为解决这一挑战，可以采取以下措施：

制定合理的时间安排：设定固定的阅读时间和其他娱乐时间，确保在不同娱乐形式之间能够合理分配时间。

制定优先级：根据个人兴趣和需求，制定阅读和其他娱乐形式的优先级，确保在有限时间内能够充分享受各种娱乐活动。

2. 阅读兴趣的培养

有些人可能对阅读缺乏兴趣，如何将阅读与其他娱乐形式相结合从而培养阅读兴趣。解决方案包括：

选择感兴趣的主题：挑选与个人兴趣相关的文学作品，或者选择与其他娱乐形式相结合的阅读体验，以增加兴趣。

逐步培养：通过渐进的方式，逐步培养阅读的兴趣。可以从轻松的、有趣的作品开始，慢慢引导到对更深层次的文学作品的阅读。

3. 跨界理解的挑战

将阅读与其他娱乐形式相结合，需要人们具备跨界理解的能力，这也可能是一个挑战。解决方案包括：

多元学科学习：拓展自己的学科知识，涉猎更多领域，有助于理解不同娱乐形式之间的联系和共通之处。

参与综合性活动：参与与不同领域的综合性活动，如文学艺术展览、文化节等，促进对不同领域的理解。

将阅读与其他娱乐形式相结合，是一种有益的娱乐体验方式。通过丰富多样的娱乐形式，人们能够在阅读中获得更加丰富和深刻的体验，促进自身素养的提升。面对挑战，人们可以通过合理的时间管理、兴趣培养以及多元学科学习来解决。希望以上探讨的方法和思路能够启发人们更好地将阅读与其他娱乐形式相结合，享受更加充实和多彩的娱乐生活。

三、培养孩子多元化的兴趣爱好

孩子的兴趣爱好在很大程度上影响着他们的成长和个性发展。培养多元化的兴趣爱好有助于孩子全面发展，提高他们的综合素养。以下将探讨培养多元化的兴趣爱好对孩子成长的重要性，以及如何在家庭和学校环境中促使孩子形成多元化的兴趣爱好。

（一）培养多元化的兴趣爱好对孩子成长的重要性

1. 促进全面发展

培养多元化的兴趣爱好有助于孩子全面发展。不同的兴趣领域能够锻炼孩子的不同能力，例如艺术培养创造力，体育锻炼身体素质，科学和技术培养逻辑思维等。多元的兴趣爱好可以让孩子在多个领域都有所涉猎，不仅有助于个别能力的提高，还能够培养综合素养。

2. 塑造积极的心理品格

通过参与多元的兴趣爱好，孩子有机会面对不同的挑战和竞争。在取得成功的同时，他们也会经历失败和挫折，从而培养出坚忍、毅力和适应能力。这些积极的心理品格对孩子在未来的学习和生活中都具有重要意义。

3. 拓展社交圈

不同的兴趣爱好往往会使孩子结交到不同领域的朋友，拓展社交圈。通过与不同背景的人交往，孩子能够学到更多的知识、经验，培养良好的人际沟通与交往技能，为未来的职业和社交生活打下基础。

4. 增强学习兴趣

培养多元化的兴趣爱好能够激发孩子对学习的兴趣。当孩子发现对某个领域感兴趣时，他们更愿意主动去学习相关的知识。这种积极的学习态度有助于提高学习成绩，促进学科知识的全面发展。

（二）在家庭环境中培养多元化的兴趣爱好

1. 关注孩子的天赋和兴趣点

每个孩子都有独特的天赋和兴趣点，家长应该仔细观察孩子的表现，发现他们擅长和喜欢的领域。有针对性地提供相关的资源和支持，帮助孩子在感兴趣的领域发展深度兴趣。

2. 提供多样化的活动和资源

为孩子提供多样化的活动和资源，包括艺术、体育、科学、文学等方面的课程或活动。家庭可以定期组织不同类型的活动，让孩子有机会接触到不同领域的知识和技能。

3. 鼓励尝试新事物

鼓励孩子尝试新事物，不要因为担心失败而限制他们的尝试。失败本身也是一种学习，通过尝试新的兴趣爱好，孩子可以发现自己的优势和不足，提高解决问题的能力。

4. 创造积极的学习环境

在家庭环境中创造积极的学习氛围，培养孩子对各类知识的好奇心。可以通过亲子阅读、科普视频、互动游戏等方式，激发孩子对不同领域的兴趣。

5. 尊重孩子的选择

尊重孩子的选择，不要强迫他们参与自己不喜欢的活动。家长可以与孩子一起讨论，了解他们的兴趣和意愿，共同制定合理的学习计划，使兴趣爱好更有针对性。

（三）在学校环境中培养多元化的兴趣爱好

1. 提供多样的课外活动

学校可以提供多样的课外活动，包括文学、体育、艺术、科技等方面的课程和俱乐部，以满足不同学生的兴趣需求。通过参与这些课外活动，学生可以拓展自己的兴趣领域，培养多元的技能。

2. 鼓励跨学科学习

学校可以设计跨学科的学习项目，将不同学科的知识融合在一起，激发学生的多元兴趣。例如，可以组织跨学科的实践活动，让学生在解决实际问题的过程中体验到不同学科的魅力。

3. 提供导师制度

学校可以设立导师制度，为学生提供个性化的指导和支持。导师可以根据学生的兴趣和特长，为他们量身定制学习计划，引导他们在多个领域发展兴趣爱好。

4. 丰富的图书馆资源

学校图书馆应提供丰富多样的书籍，涵盖文学、科学、历史、艺术等各个领域。学生可以通过阅读各种书籍，发现自己的兴趣所在，拓展知识面，培养多元的学科兴趣。

5. 创设开放的学习环境

为学生创设开放的学习环境，鼓励他们在不同领域中自由探索。学校可以提供开放式的实验室、艺术工作室、体育场地等场所，让学生有更多机会尝试和发现。

(四) 解决可能遇到的问题

1. 时间压力

学业负担可能成为培养多元化兴趣的障碍。为解决这一问题，可以通过优化课程安排、合理规划学习时间，确保学生有足够的时间参与兴趣爱好。

2. 家长期望压力

一些家长可能过于关注成绩，对孩子的兴趣爱好提出过高期望。为解决这一问题，家长需要理解每个孩子的独特性格和兴趣点，给予他们足够的选择权，避免强加自己的期望。

3. 缺乏资源支持

一些学校可能因为资源不足无法提供多样化的课外活动。为解决这一问题，可以寻求社区资源的支持，与相关机构合作，引入更多更丰富的兴趣培养项目。

培养多元化的兴趣爱好对孩子的全面发展至关重要。家庭和学校都应该共同努力，为孩子提供丰富多样的学习机会和资源。通过关注孩子的兴趣、提供多样的活动和资源，以及创设积极的学习环境，我们可以帮助孩子建立多元的兴趣爱好，为他们的未来打下坚实的基础。通过解决可能遇到的问题，我们可以更好地引导孩子发展多元兴趣，使其在成长过程中更加积极、自信。

第六章 提升阅读的趣味性

第一节 利用绘本和插图拓展阅读体验

一、利用插图引发孩子兴趣

在孩子的成长过程中，培养他们的学习兴趣是至关重要的一环。而插图，作为一种富有表现力和趣味性的视觉元素，具有引起孩子阅读兴趣的独特魅力。本文将探讨如何通过插图的运用，激发孩子学习的热情，促使他们在探索知识的旅程中更加积极主动。

（一）视觉奇迹：插图的独特魅力

1. 插图的生动表现

插图通过形象生动的画面，能够将抽象的概念具体化，使孩子更容易理解和记忆。生动的插图能够在孩子心中留下深刻的印象，成为知识的活灵活现的代表。

2. 插图的情感共鸣

插图往往带有丰富的情感元素，能够触发孩子情感共鸣，激发他们对学习的兴趣。情感的参与使学习不再是枯燥的任务，而是一场充满乐趣的冒险。

（二）插图在教育中的运用

1. 丰富的教材设计

教材中的插图设计要具有启发性，既能吸引孩子的眼球，又能在视觉上引导他们进入学习的氛围。合理的插图布局能够提高信息的吸收效率，使学习更加高效。

2. 儿童文学中的插图

儿童文学是孩子阅读的重要来源，而其中的插图更是关键的视觉元素。通过插图，孩子可以更好地理解故事情节，感受故事中的人物情感，增强对文学的兴趣，培养阅读的习惯。

3. 学习与游戏的融合

设计具有教育意义的游戏时，插图是不可或缺的一部分。通过游戏中巧妙植入插图，可以让孩子在娱乐中学到知识，实现学习与娱乐的有机融合。

（三）插图对孩子的影响

1. 激发创造力

插图能够激发孩子的想象力和创造力，帮助他们构建更加丰富的思维世界。通过对图像的理解，孩子能够培养独立思考和创造性思维的能力。

2. 提升学习兴趣

生动有趣的插图能够使学习不再单调乏味，而是变得充满趣味。学习兴趣的提升将使孩子更加主动地参与到知识的探索中，形成积极向上的学习态度。

3. 促进认知发展

插图不仅能够帮助孩子理解具体的知识点，还有助于他们形成对整体知识结构的认知。通过对插图的观察和分析，孩子能够提升整体抽象思维水平。

(四) 插图设计的原则与技巧

1. 符合孩子认知规律

插图设计应符合孩子的认知规律，注重图像的简单明了，色彩的鲜艳对比，以及形状轮廓的清晰。这样的设计有助于引导孩子更容易理解和接受。

2. 融入教育理念

插图设计要融入相关的教育理念，突出教育目标。通过插图，可以传递积极向上的价值观念，引导孩子形成正确的人生观和价值观。

3. 多样性和创新性

插图的多样性和创新性能够更好地吸引孩子的眼球，使他们在观察中感受到乐趣。不拘泥于传统的设计方式，大胆尝试新颖的创意，让插图成为引发孩子好奇心的奇妙冒险。

通过插图引发孩子的学习兴趣，是一种既有趣味性又实用性的教育方法。在插图的引导下，孩子将更加主动地融入学习的过程，形成积极的学习态度。插图的魔力无疑是激发孩子学习热情的一把钥匙，开启他们对知识无尽探索的大门。

二、创作绘本及分享和创作的机会

绘本作为儿童文学的一种形式，是陪伴孩子成长的重要伙伴。而创作绘本不仅是一项富有创意的艺术活动，更是一种能够促进家庭和社区共享的机会。以下将深入探讨创作绘本的乐趣，以及分享与创作在家庭、学校和社区中带来的无限可能。

(一) 创作绘本的乐趣

1. 绘本的魅力

绘本以其独特的图文结合形式，让文字在画面中生动且有趣，能够引导孩子进入丰富的想象空间。这种视觉与文字的完美结合，是创作绘本的第一步乐趣所在。

2. 亲子互动的契机

在创作绘本的过程中，家长和孩子之间将有更多的交流和合作。这不仅是创造性的锻炼，更是增进亲子关系的宝贵机会。共同参与绘本的创作，成为家庭中一次难忘的亲子互动活动。

3. 创意的释放

创作绘本是一次释放创意的过程。通过构思情节、设计人物，让思维的火花迸发，激发创作者内心深处的无限想象。这种创意的释放不仅能够培养创造力，还能够提升问题解决能力。

(二) 分享与创作的无限可能

1. 家庭分享的温馨时刻

在家庭中，创作绘本不仅是一次亲子互动的体验，更是共享温馨时刻的机会。家庭成员可以共同参与绘本的创作，分享彼此的想法和故事，营造家庭温馨氛围。

2. 学校的文学创作活动

学校是培养学生创作能力的重要场所。通过组织绘本创作比赛、工作坊等活动，学生有机会将自己的故事分享给同学和老师，形成一个共同学习的社群。

3. 社区创作的文化交流

社区是文化交流的重要平台，而创作绘本可以成为社区文化活动的一部分。组织绘本创作展览、分享会，让不同年龄层的人们共同分享各自的作品，促进社区内文学与艺术的交流。

(三) 创作绘本的步骤与技巧

1. 激发创意的启动

创作绘本的第一步是激发创意。可以通过观察生活、阅读其他绘本、进行头脑风暴等方式，启动创作者的思维，找到一个有趣的故事灵感。

2. 人物和情节的构建

在确定故事主题后，创作者需要构建具有生命力的人物形象和扣人心弦的情节。这涉及对人物性格的深刻理解和对情节发展的合理设计。

3. 图文的协调搭配

绘本的独特之处在于图文的协调搭配。文字要与插图相辅相成，共同传达故事。创作者需要考虑如何通过图文的搭配，使故事更加生动有趣。

4. 优化与修改

完成初稿后，创作者需要进行多次的优化和修改。这不仅包括语言文字的精练，还涉及图文的搭配是否合理、故事是否通顺等方面的问题。通过反复修改，使作品更加完美。

（四）案例分享：创作绘本的实际经验

1. 家庭分享：亲子绘本创作

通过家庭绘本创作，一家人可以共同参与，分享各自的故事。这不仅促进了亲子关系，还创造了一份珍贵的家庭纪念。

2. 学校活动：学生绘本展览

学校组织学生参与绘本创作，举办学生绘本展览。这不仅为学生提供了展示自己作品的机会，还促进了学生之间的艺术交流。

3. 社区活动：绘本创作工作坊

社区组织绘本创作工作坊，邀请专业插画师和作家指导居民创作。这样的活动不仅促进了社区文化交流，还为居民提供了一个展示创意的平台。

（五）创作绘本的意义与影响

1. 培养创造力与表达能力

创作绘本是培养创造力和表达能力的有效途径。在绘本创作的过程中，作者需要思考故事情节、人物塑造以及文字和图像的搭配，这都需要创造力的发挥。同时，通过将自己的想法表达出来，创作者也能够提升自己的表达能力，使思维更加清晰、流畅。

2.促进家庭和社区互动

创造绘本是家庭和社区互动的一种有效方式。家庭成员、同学、邻里朋友可以共同参与到绘本的创作中，分享彼此的故事，增进感情。这种互动不仅促进了人际关系，还形成了一个共同的创作社群。

3.培养团队协作精神

在学校或社区组织的绘本创作活动中，常常需要团队协作。学生、居民、专业插画师和作家等不同背景的人们共同合作，各司其职，共同完成一部绘本作品。这培养了团队协作精神，让大家在合作中学会互相尊重和理解。

4.传承文化和教育知识

绘本作为一种文学形式，能够传承文化，传达价值观念。通过绘本创作，作者可以将自己对文化、价值观的理解融入到作品中，从而传递给读者。同时，在绘本中融入教育知识，使其成为一种寓教于乐的方式，让读者在阅读中获得知识的启迪。

（六）创作绘本的挑战与应对方式

1.创意枯竭与激发方法

创作者在创作绘本过程中可能会面临创意枯竭的问题。面对这一挑战，创作者可以通过观察生活、阅读更多不同类型的书籍、参与创意训练等方式来激发新的创意。

2.文字与图像的平衡

绘本是文字和图像的结合，如何平衡二者在故事中的作用是一个挑战。创作者需要在创作过程中不断调整文字与图像的搭配，使其相得益彰，共同为故事服务。

3.面向不同年龄层的设计

如果绘本的目标读者跨越多个年龄层，创作者需要考虑如何在故事中既引人入胜又能够满足不同年龄层读者的理解水平。这需要绘本创作者具备一定的教育心理学知识,以更好地满足读者的需求。

创作绘本是一项充满乐趣和挑战的活动,它不仅是促进个体创造力发展的途径,也是家庭、学校和社区增加互动的机会。在创作的过程中,人们不仅能够培养创造力、提升表达能力,还能够促进家庭和社区之间的交流,传承文化和教育知识。因此,让我们共同投入到创作绘本的乐趣中,创造属于自己的绘本奇迹,为更多人带来欢笑与启示。

第二节 创意写作与角色扮演

一、鼓励孩子进行创意写作

在当今社会,创意写作已经成为培养孩子综合素养的重要一环。通过创意写作,孩子不仅能够锻炼语言表达能力,还可以培养创造力、思维逻辑和情感管理等多方面的能力。以下将深入探讨如何激发孩子创意写作的兴趣,以及创意写作在孩子成长过程中的重要意义。

(一)激发创意写作的兴趣

1. 创意写作的定义

创意写作是一种表达个人思想、情感和想象力的方式,它不拘泥于常规的文学结构,注重个性化和创新性。通过创意写作,孩子能够在文字中找到表达自己的独特声音。

2. 创意写作的魅力

创意写作能够让孩子在文字的世界里自由飞翔,开展无限的想象。与传统写作相比,创意写作更注重个性化,可以激发孩子独立思考和创新的能力。这种自由、开放的写作方式在表达自己的同时,也能够培养孩子对文学的热爱。

(二) 培养创意写作兴趣的方法

1. 提供丰富的阅读材料

良好的阅读习惯是培养创意写作兴趣的基石。为孩子提供各种文学作品，包括小说、诗歌、寓言等，可以拓宽他们的视野，激发创作灵感。通过阅读，孩子可以学习到不同的写作风格和结构，为他们的创意写作提供参考和启发。

2. 提倡多元化的表达方式

创意写作并不仅限于文字，也可以包括绘画、手工、音乐等多种表达方式。鼓励孩子用多种媒介表达自己的创意，可以培养他们的综合表达能力，同时也减轻了用纯文字表达的压力。

3. 设立创意写作时间和空间

为孩子创造一个专属的创意写作时间和空间，让他们能够静心思考，尽情发挥创造力。这个时间可以是每天的固定写作时间，也可以是周末的创意写作角落，让孩子在安静、舒适的环境中更好地沉浸于创作之中。

4. 鼓励写作分享和讨论

鼓励孩子分享自己的创作，不仅可以增强他们的自信心，还能够促进创意的交流和合作。在分享过程中，可以进行互动讨论，帮助孩子更好地理解和改进自己的作品，提高写作水平。

(三) 创意写作对孩子的影响

1. 提升语言表达能力

创意写作锻炼了孩子的语言表达能力。通过思考如何用更生动的词语来描绘场景、塑造人物，孩子能够提升自己的语言组织和表达能力，使文字更具有说服力和吸引力。

2. 培养独立思考能力

在创意写作中，孩子需要构思情节、塑造角色，这要求他们具备独立思考和判断的能力。通过思考自己作品中的逻辑关系、情节发展，能够培养孩子独立思考的习惯。

3. 发展创新能力

创意写作是培养创新能力的有效途径。在构思故事情节、创作角色时，孩子需要有创新思维，不断挑战传统的思维定势，寻找新奇有趣的创作点。

4. 提高情感管理能力

在创意写作中，孩子有机会表达自己的情感和体验。通过将情感转化为文字，孩子能够更好地理解和管理自己的情感，培养情感表达和沟通的能力。

（四）创意写作的实践案例

1. 创意写作比赛

组织创意写作比赛是激发孩子创作兴趣的一种形式。学校可以定期举办创意写作比赛，设立不同主题，鼓励孩子在比赛中展现自己独特的创作风格。

2. 创意写作工作坊

学校或社区可以邀请专业作家、编剧等，举办创意写作工作坊。通过与专业人士的交流，孩子可以学习到更深层次的写作技巧和经验，激发他们对创意写作的兴趣。工作坊以讲座、写作指导、小组讨论等形式呈现，为孩子打造一个与他人分享和学习的平台。

3. 个性化创作项目

学校可以鼓励学生参与个性化创作项目，让他们选取自己感兴趣的主题进行深入研究和写作。这样的项目可以帮助孩子将自己的兴趣与写作结合起来，增加写作的动力。

4. 书写集锦

学校可以定期编辑和发布学生的书写集锦，展示他们在创意写作方面的成果。这不仅是对孩子努力的肯定，也是激发其他学生参与创作的动力，形成一种良好的创作氛围。

（五）家长与教育者的角色

1. 家长的引导与鼓励

家长在孩子的创意写作过程中扮演着重要的角色。他们可以通过鼓励、倾听和提供反馈，激发孩子的写作兴趣。同时，要尊重孩子的独立思考和表达方式，给予足够的空间让他们发挥创造力。

2. 教育者的指导与培养

学校教育者需要注重在课堂上培养学生的创意写作能力。通过设计富有启发性的写作任务、提供实用的写作技巧，教育者可以激发学生的写作潜能。同时，定期组织创意写作活动，为学生提供展示和交流的机会。

3. 创意写作社群的建立

在家庭和学校中，可以建立创意写作社群，让孩子有机会与同龄人分享和交流。这样的社群可以促进孩子之间的合作，实现共同成长，也为他们提供更广阔的创意视野。

（六）创意写作的未来发展

1. 数字化创意写作工具的应用

随着科技的不断发展，数字化创意写作工具逐渐走进学生的生活。使用电子设备、在线平台等工具，可以为学生提供更丰富的写作方式，拓展创意写作的表达形式。

2. 跨学科创作的探索

未来创意写作可能会更加强调跨学科的创作方式。将文学、科学、艺术等多个领域相互融合，创造更为丰富多彩的作品。这种跨学科的创作方式有助于培养学生的综合素养和创新思维。

3. 创意写作与社会问题的关联

未来创意写作可能会更加注重与社会问题的关联。通过让学生关注社会热点、参与社会实践，引导他们用文字表达对社会问题的思考和解决方案，使创意写作更具社会责任感。

创意写作是培养孩子多方面能力的重要途径。通过激发孩子对创作的兴趣，提供丰富的学习资源和学习环境，家庭和学校可以共同努力，让孩子在创意写作的旅程中茁壮成长。在这个过程中，孩子将不仅仅是文字的创作者，更是思想的传递者和未来的前行者。

二、利用角色扮演拓展阅读体验

阅读是一扇开启世界大门的钥匙，而角色扮演则是让书中世界真实而具体地呈现在读者面前的魔法之门。在这个数字化的时代，拓展阅读体验，让读者通过角色扮演融入故事情境，既能够提升阅读的深度，又能够培养想象力和创造力。以下将深入探讨如何利用角色扮演拓展阅读体验，为读者打开一扇通向奇妙世界的大门。

（一）角色扮演与阅读的完美结合

1. 角色扮演的定义

角色扮演是一种通过模仿、演绎特定角色的行为，使自己融入到所扮演的角色中的活动。在阅读中，角色扮演就是通过模仿书中的人物、情节，使阅读不再仅仅是对文字的理解，而是一次身临其境的体验。

2. 阅读的多重益处

阅读对于个体的多方面发展都具有积极的影响。不仅能够提高语言能力、扩大知识面，还能够培养想象力、拓展思维，促进情感智力的发展。通过角色扮演，这些益处可以更为直观地体现。

（二）角色扮演拓展阅读的方法

1. 选择合适的读物

角色扮演的前提是选择合适的读物。这些读物应当有生动的人物、丰富的情节，让读者能够在其中找到适合扮演的角色。儿童文学、奇幻小说、历史小说等类型的作品常常适合进行角色扮演。

2. 创建角色扮演场景

读者可以通过构思、设计角色扮演场景，将书中的情节搬上舞台。这可以包括选择场景、角色服装、道具等元素。在角色扮演场景中，读者更容易投入其中，体验到书中世界的真实感。

3. 扮演多个角色

在一个故事中，往往有多次角色扮演的机会。读者可以尝试扮演不同的角色，从不同的视角去感受故事情节。这既能够加深对故事的理解，又能够锻炼转换视角的能力。

4. 利用绘画设计等方式

角色扮演不仅仅限于口头表达，也可以通过绘画设计等方式来呈现。读者可以尝试为角色设计形象，以此来展示角色的个性和情感，进一步丰富角色扮演的体验。

（三）角色扮演拓展阅读的益处

1. 增强对故事的深度理解

通过角色扮演，读者不仅仅是通过文字理解故事，更是通过亲身经历、感受来理解故事。这种身临其境的体验可以使其对故事情节、人物性格的理解更为深刻。

2. 提升情感共鸣与投入度

通过角色扮演，读者可以更好地投入到故事情境中，与书中人物建立情感共鸣。这种情感共鸣不仅能够增强对故事的投入度，还能够培养读者的情感智力。

3. 锻炼创造力与想象力

角色扮演是一种锻炼创造力和想象力的方式。在扮演的过程中，读者需要想象自己置身于故事的场景中，与其他角色互动。这种想象力的锻炼对于个体的创造性思维和问题解决能力都具有积极的促进作用。

4. 发展沟通与合作能力

角色扮演通常是一个社交性的活动，读者在扮演过程中需要与其他角色进行互动，进行情节的推进。这种互动过程培养了读者的沟通和合作能力，使其学会在群体中发挥个人优势。

5. 提高自我表达与自信心

在角色扮演中，读者需要表达角色的情感、想法，同时也要展示自己对故事的理解。这种表达过程促进了自我表达和自信心的提升，培养了在公共场合表达的能力。

（四）角色扮演拓展阅读的实践案例

1. 课堂小剧场

在语文课堂中，教师可以设计小剧场活动，让学生根据课文中的人物和情节进行角色扮演。通过小剧场，学生不仅可以理解课文，还能够更深入地体验和表达其中的情感。

2. 读书俱乐部的角色日

在读书俱乐部中，可以设立一个特殊的活动——角色日。俱乐部成员可以选择自己喜欢的书中角色，通过服装、表演等方式扮演这些角色，分享对故事的感悟。

3. 家庭阅读角色游戏

在家庭中，父母可以与孩子一同参与阅读角色游戏。选择一本家庭喜爱的绘本或小说，通过角色扮演，共同参与故事，创造出属于家庭的阅读互动时刻。

4. 学校文学节的角色游行

在学校的文学节上，可以组织角色游行的活动。学生们可以选择自己喜欢的文学作品中的角色，穿着相应的服装，通过游行的方式展示角色的特点和故事情节。

（五）家长和教育者的角色

1. 家长的陪伴与引导

家长在孩子进行角色扮演时扮演着重要的角色。他们可以陪孩子选择读物、设计角色扮演场景，同时在角色扮演中给予积极的鼓励和反馈，促进孩子更深入地参与阅读。

2. 教育者的设计与激发

教育者在课堂教学中可以通过巧妙的设计，激发学生的角色扮演兴趣。通过提供多元化的阅读材料、组织角色扮演活动，教育者可以引导学生更主动地参与阅读，提升阅读的深度和广度。

3. 创造良好的阅读氛围

家庭和学校都应该创造一个良好的阅读氛围，使角色扮演成为阅读的有益补充。提供丰富多样的阅读材料，鼓励学生自主选择，并营造轻松、积极的阅读环境。

（六）面临的挑战与解决方法

1. 时间和资源的限制

在学校教学中，时间和资源常常是角色扮演活动的限制因素。教育者可以通过合理安排课堂时间，设计简单易行的角色扮演活动，充分利用有限的资源。

2. 学生参与度的不同

不同学生对于角色扮演的参与度可能存在差异。教育者可以通过差异化教学，根据学生的兴趣和能力设计不同难度的角色扮演活动，以满足不同学生的需求。

3. 家庭支持的不足

在家庭中，家长的支持对于孩子进行角色扮演阅读至关重要。一些家长可能由于工作繁忙等原因无法给予足够的支持。学校可以通过家校合作，提供相关的资源和阅读指导，协助家长更好地支持孩子的阅读活动。

（七）展望未来：数字化时代的角色扮演阅读

1. 利用虚拟现实技术

随着虚拟现实技术的发展，可以将角色扮演阅读推向一个全新的层次。通过虚拟现实技术，读者可以更真实地体验书中世界，与虚拟人物互动，使阅读成为一场身临其境的冒险。

2. 在线社区的角色扮演阅读

通过在线社区平台，读者可以与全球范围内的其他读者进行角色扮演阅读。在线社区提供了一个共享和互动的空间，读者可以分享自己的角色扮演经验、观点和创意。这种虚拟的社交互动不仅扩大了阅读的受众范围，还促进了文学社群的形成。

3. 个性化定制的角色扮演体验

随着技术的进步，可以实现更加个性化的角色扮演体验。读者可以根据自己的兴趣和喜好，定制属于自己的阅读体验。这种个性化的定制不仅能够增加阅读的乐趣，还可以激发读者更深入地投入到角色扮演中。

4. 融合跨学科的角色扮演

未来的角色扮演阅读可能更加强调跨学科的融合。通过将文学、历史、科学等多个学科的知识融入到角色扮演中，创造更为丰富多元的体验。这有助于培养读者的综合素养，拓展知识面。

角色扮演阅读不仅是一种拓展阅读体验的方法，更是一扇通往想象世界的大门。通过角色扮演，读者可以穿越书海，亲身体验故事中人物的情感、冒险经历和成长过程。家庭、学校和社会可以共同努力，通过创造丰富多彩的角色扮演体验，激发孩子对阅读的兴趣，培养他们的创造力、想象力和合作能力。让我们在这个数字化时代，不忘初心，将角色扮演阅读作为培养下一代全面发展的重要途径，让阅读成为一次次精彩的冒险旅程。

第三节 阅读活动的游戏化设计

一、利用游戏激发阅读兴趣

在数字化时代,孩子们对于游戏的热爱日益增长,而阅读却常常成为被忽略的活动。然而,将游戏与阅读相融合,不仅可以激发孩子的阅读兴趣,还可以提升他们的阅读水平和认知能力。这里将深入探讨如何巧妙地融合游戏元素,以创造有趣而富有教育意义的阅读体验。

(一)游戏与阅读的共生关系

1. 游戏的吸引力

游戏以其生动的画面、引人入胜的情节和丰富的互动性而深受孩子们的喜爱。游戏提供了一个具有挑战性和奖励性的环境,使得孩子们愿意投入其中,享受游戏带来的乐趣和成就感。

2. 阅读的价值

阅读是一项重要的认知活动,有助于培养语言能力、逻辑思维和想象力。通过阅读,孩子们能够拓展知识面,了解不同文化、历史和社会的多样性,同时培养阅读理解和批判性思维。

3. 游戏与阅读的融合

将游戏与阅读相融合,可以在保留游戏吸引力的同时,引导孩子们走进书中的世界。这种融合不仅让阅读变得更有趣,也有助于培养孩子的阅读兴趣和能力。

(二)融合游戏元素的阅读方式

1. 互动式电子书

互动式电子书是将游戏元素融入到数字图书中的一种形式。这些电子书通常包含音效、动画、小游戏等元素，使阅读变得更加生动有趣。孩子们通过互动参与，更容易沉浸于故事情节中。

2. 阅读 APP 和平台

针对儿童的阅读 APP 和平台也开始引入游戏元素。例如，设计有趣的关卡、挑战和奖励系统，让孩子在阅读中获得愉悦感和成就感。这种方式通过数字化手段激发阅读兴趣。

3. 读书俱乐部与游戏结合

在学校或社区的读书俱乐部中，可以设计阅读挑战赛、角色扮演游戏等活动。通过游戏化的元素，促使孩子们更积极地参与读书活动，形成共同学习和分享的社区氛围。

4. 游戏化学习平台

一些教育机构推出了以游戏化学习为主题的平台，将知识点与游戏机制相结合。在这种平台上，孩子们通过解锁关卡、答题竞赛等方式学习知识，增强了学习的趣味性和参与度。

（三）游戏激发阅读兴趣的意义

1. 增加阅读的趣味性

游戏元素的融入使阅读变得更富有趣味性。孩子们通过参与游戏，不再将阅读视为枯燥的任务，而是将其与娱乐相结合，使阅读变得更加有吸引力。

2. 提高阅读的积极性

游戏化的阅读活动通常伴随着奖励机制，如获得金币、升级角色等。这种奖励机制能够激发孩子们的积极性，使他们更有动力地参与阅读，达到更高的阅读目标。

3. 促进深度阅读

通过游戏化的设计，可以引导孩子进行更深度的阅读。解谜、挑战等元素能够激发孩子对故事情节的深入思考，培养他们的批判性思维和逻辑推理能力。

4. 培养自主学习能力

游戏化的阅读活动通常注重孩子的自主参与和决策情况。在解决问题、完成任务的过程中，孩子们需要主动思考和学习。这有助于培养他们的自主学习能力和解决问题的能力。

（四）实践案例：融合游戏元素的阅读活动

1. 电子绘本应用

一些电子绘本应用通过添加互动元素，使孩子可以点击图画、参与小游戏等方式与故事互动。这样的应用常常吸引了孩子们的兴趣，使他们更主动地投入到阅读中。

2. 阅读挑战赛

学校或社区可以组织阅读挑战赛，设计有趣的题目和关卡，让孩子们通过阅读来解答问题、完成任务。通过比赛的方式，激发孩子们的竞争心理，增强他们参与阅读的积极性。

3. 角色扮演故事线

创建一个角色扮演的故事线，孩子们在阅读过程中可以选择不同的角色扮演，影响故事的发展。这样的活动不仅提供了互动性，还培养了孩子们对于故事情节的深度理解和参与感。

4. 阅读任务解锁

设计阅读任务解锁系统，孩子们通过完成一定数量的阅读任务，可以解锁新的游戏关卡或故事情节。这种奖励机制能够促使孩子们更加主动地去探索不同类型的书籍，提高他们的阅读广度。

（五）家长与教育者的角色

1. 家长的引导与监控

家长在孩子进行游戏化阅读活动时起着重要的引导和监控作用。他们应该了解孩子选择的游戏和应用，确保其内容合适并符合教育目标。同时，家长可以参与到游戏化阅读活动中,与孩子共同分享阅读的乐趣。

2. 教育者的设计与评估

教育者在学校中需要设计有趣、富有教育意义的游戏化阅读活动。通过评估孩子们的参与程度、阅读深度和学习成果,调整活动的设计,使其更符合学生的实际需求,达到教育目标。

3. 创造良好的阅读氛围

家庭和学校都应该创造一个良好的阅读氛围,让孩子们在轻松愉快的环境中进行游戏化阅读。提供丰富多样的阅读材料,鼓励孩子们自主选择,并及时分享阅读的体验,形成积极向上的学习氛围。

(六)面临的挑战与解决方法

1. 游戏与学习平衡

游戏化阅读活动的设计需要平衡游戏元素与学习目标。在确保趣味性的同时,教育者和家长需要监控孩子们的参与情况,确保游戏不会成为学习的障碍。

2. 游戏内容的选择

在选择游戏化阅读应用和活动时,需要注意内容的质量和教育性。一些应用可能注重娱乐性而忽略了教育的深度,因此家长和教育者需要仔细筛选,并选择符合教育原则的游戏。

3. 避免过度依赖电子设备

虽然互动式电子书和阅读应用为游戏化阅读提供了便利,但过度依赖电子设备可能对孩子的视力和身体健康造成负面影响。教育者和家长需要合理安排阅读时间,让孩子在多样化的环境中进行游戏化阅读。

(七)展望未来:数字化时代的游戏化阅读

1. 利用增强现实技术

随着增强现实技术的发展,可以将游戏化阅读推向一个更为真实的层次。通过增强现实技术,读者可以在现实世界中看到虚拟的元素,与书中的角色互动，使阅读变得更加身临其境。

2.个性化定制的游戏化体验

未来，游戏化阅读可能更加个性化。通过智能算法和个性化推荐系统，为每个孩子定制独特的游戏化阅读体验，考虑到他们的兴趣、水平和学科需求，从而更好地满足个体差异。

3.社交化的游戏化阅读

社交化是未来游戏化阅读的重要趋势。通过在线社区、合作任务等方式，读者可以与全球范围内的其他读者互动，共同探讨阅读体验，分享感悟，形成更为丰富的社交网络。

游戏化阅读是数字化时代对传统阅读方式的一次创新尝试。通过融合游戏元素，使阅读变得更有趣味性和参与度，激发孩子们的阅读兴趣。然而，我们也要保持对于游戏与学习的平衡，确保游戏化阅读真正服务于教育目标。

二、设计阅读挑战和竞赛

在当今信息爆炸的时代，培养孩子们的阅读兴趣和提升阅读水平成为教育的一项重要任务。设计有趣而具有挑战性的阅读挑战和竞赛，成为激发学生积极参与、提高阅读效能的创新方法。以下将深入探讨如何设计创意的阅读挑战和竞赛，为学生开启一段充满挑战与乐趣的阅读新篇章。

（一）挑战与竞赛的引领力

1.挑战的激励

挑战是一种强大的激励因素，能够激发人们充分发挥自身潜能，追求更高的目标。在阅读领域，挑战意味着超越自己的阅读能力极限，迈向更深层次的理解和思考。

2.竞赛的激发

竞赛在人类社会中有着悠久的历史，通过竞争，人们追求更高的荣誉

培养孩子的阅读兴趣与好奇心

和成就感。在阅读竞赛中,学生将通过与他人的比拼,激发对阅读的浓厚兴趣,同时培养自我管理和团队协作的能力。

(二)设计创意的阅读挑战

1. 阅读速度挑战

通过设立阅读速度挑战,鼓励学生在规定的时间内阅读尽可能多的文字。可以设置每日、每周或每月的挑战,通过记录字数、页数或篇章来评估学生的表现,激发他们提高阅读速度的动力。

2. 书单挑战

设计一个多元化、有趣的书单,要求学生在一定时间内完成尽可能多的书单。这可以包括各种文学作品、科普读物、历史小说等。通过阅读不同类型的书籍,学生将能够培养更广泛的阅读兴趣和建立多元化的知识结构。

3. 阅读深度挑战

设定阅读深度挑战,要求学生对于选定的一本书进行深度解读,包括分析主题、角色塑造、情节发展等方面。通过此类挑战,学生将锻炼批判性思维和文学分析能力。

4. 跨学科挑战

将阅读与其他学科相结合,设计跨学科的阅读挑战。例如,在历史课程中,要求学生通过阅读相关历史文献来解答问题;在科学课程中,要求学生通过科普读物了解特定科学概念。这样的挑战不仅拓展了阅读内容,还培养了学科交叉的综合素养。

(三)设计创意的阅读竞赛

1. 阅读马拉松

组织阅读马拉松比赛,要求学生在短时间内连续阅读多个篇章或书籍。设置不同难度的赛程,让学生可以根据自己的实际情况选择参与。通过这样的竞赛,学生将培养持久阅读的耐力和长时间集中注意力的能力。

2. 角色扮演竞赛

在阅读过程中，设计角色扮演竞赛。要求学生选择自己喜欢的书中角色，通过朗读、表演等方式展示角色的性格特点和情感表达。这样的竞赛不仅加深了对书中人物的理解，还培养了学生的表达能力。

3. 创作竞赛

鼓励学生参与阅读创作竞赛，要求他们根据所阅读的书籍或文章，进行创意写作。可以是延续故事、设定新情节，或是以书中人物为灵感进行独立创作。这样的竞赛激发了学生的创造力和想象力。

4. 阅读知识竞赛

设计涵盖不同主题的阅读知识竞赛，要求学生通过阅读获取相关知识并进行答题。可以包括文学常识、作者背景、书籍内涵等多个方面。这样的竞赛有助于巩固学生的阅读成果，提高阅读的广度和深度。

（四）组织形式与实施方法

1. 个人挑战和竞赛

鼓励学生参与阅读挑战和竞赛，可以提高他们的阅读效能。学生可以根据个人兴趣和能力，选择适合自己的挑战项目，并在一定时间内完成任务。这样的形式有助于激发学生自主学习的意愿，培养他们对阅读的自我管理能力。

2. 小组合作挑战

组织小组合作挑战，让学生组成小组，在小组内共同完成阅读挑战和竞赛任务。小组成员可以相互协作，分享阅读心得，共同完成挑战。这种形式不仅培养了学生的团队协作精神，也促进了学生之间的交流与合作。

3. 班级竞赛

在班级范围内组织阅读挑战和竞赛，建立积分制度，对表现突出的学生和小组进行奖励。班级竞赛有助于营造浓厚的阅读氛围，激发整个班级对阅读的关注和热情。

4.学校级比赛

将阅读挑战和竞赛扩大至整个学校，设立学校级的比赛。通过选拔各个年级和班级的优胜者，进行学校级别的决赛，以更高水平的竞赛激发学生的竞争欲望，提高整体阅读水平。

（五）家长和教育者的角色

1.家长的陪伴与鼓励

家长在学生参与阅读挑战和竞赛时，应该起到支持和鼓励的作用。他们可以陪伴孩子一同选择阅读材料，提供阅读建议，并在学生取得成就时给予及时的认可，培养孩子对阅读的积极态度。

2.教育者的指导与评价

教育者在设计和组织阅读挑战和竞赛时，要充当引导者的角色。他们需要制定合理的挑战和竞赛任务，提供相关的阅读指导，并在比赛结束后进行全面的评价，给予学生有针对性的反馈，促使他们在阅读中取得进步。

3.创造良好的阅读环境

家庭和学校应共同创造良好的阅读环境。提供多样化的阅读资源，鼓励学生自主选择，使阅读成为一种愉悦的体验。在阅读挑战和竞赛中，创造轻松、积极的氛围，让学生在竞争中享受阅读的过程。

（六）面临的挑战与解决方法

1.过度强调速度导致深度不足

一些阅读挑战可能过于强调速度，导致学生只注重阅读数量而忽视了阅读深度。解决方法是在挑战中平衡速度和深度，设定任务要求学生不仅要阅读快，还要理解深。

2.学科交叉难度不均

跨学科的阅读挑战可能因难度存在差异而让一些学生望而却步。解决方法是设定多个难度层次，让学生根据自身兴趣和水平选择适合的学科交叉挑战。

3. 评价方式不全面

阅读挑战和竞赛的评价不仅仅应该关注数量，更需要综合考虑阅读深度、理解程度和批判性思维等方面。解决方法是建立多元化的评价体系，包括口头表达、写作作品、小组合作等。

（七）展望未来：数字化时代的阅读挑战和竞赛

1. 利用科技提升挑战体验

未来，科技的发展将为阅读挑战和竞赛提供更多可能性。利用虚拟现实（VR）和增强现实（AR）技术，可以打破阅读的二维界限，创造更为沉浸式的阅读体验。学生可以通过技术手段参与到虚拟的阅读挑战中，使整个过程更加生动有趣。

2. 个性化的挑战任务

随着人工智能技术的进步，未来的阅读挑战和竞赛可能更加个性化。通过分析学生的阅读兴趣、水平和学科需求，系统可以为每个学生定制个性化的挑战任务，使之更加贴合学生的实际情况，激发他们更大的学习兴趣。

3. 社交化的阅读竞技

未来的阅读挑战和竞赛将更加注重社交化。通过在线平台、社交媒体等渠道，学生可以分享自己的阅读心得、交流观点，甚至在全球范围内与其他学生展开友好的阅读竞技。这样的社交化体验不仅能促进学生之间的交流合作，还有助于拓展他们的阅读视野。

设计创意的阅读挑战和竞赛，是培养学生阅读兴趣、提升阅读水平的有效途径。挑战和竞赛的元素激发了学生的内在动力，使阅读不再是一项枯燥的任务，而是一个充满挑战和乐趣的冒险旅程。通过巧妙设计，可以使挑战和竞赛更加贴合学生的实际需求，引导他们形成积极向上的阅读习惯。在数字化时代，阅读挑战和竞赛不仅是提升阅读能力的手段，更是培养学生全面发展的重要途径，引领他们在知识的海洋中航行，开启更加丰富多彩的人生旅程。

三、设定奖励制度以激励阅读表现

阅读是一项重要的认知活动，对于学生的学业和人生发展都具有深远的影响。为了激励学生培养阅读习惯、提高阅读兴趣，制定奖励计划成为一种行之有效的策略。以下将深入探讨如何制定有力的奖励计划，点燃学生阅读热情的心灵火花。

（一）奖励的心理学基础

1. 奖励与激励

奖励是一种外在的激励手段，可以激发个体的积极行为和动力。在阅读领域，奖励可以是礼物或奖金，也可以是口头表扬或荣誉证书等。奖励通过创造积极的体验，形成正向反馈，从而增加学生投入阅读的欲望。

2. 奖励对学习动机的影响

心理学研究表明，适度的奖励对于激发学生学习动机和积极性具有促进作用。奖励可以被视为一种目标，学生通过实现阅读目标获得奖励，从而形成学习的正面联结。然而，奖励的设计需要考虑到奖励的及时性、个性化，以及与阅读行为的直接关联。

（二）奖励计划的制订与实施

1. 设定明确的阅读目标

制订奖励计划的第一步是设定明确的阅读目标。目标应该具体、可衡量，并与学生的实际水平和发展需求相匹配。例如，设定每月阅读一定数量的书籍、完成阅读报告等具体目标，以便奖励的评估和执行。

2. 制定多层次的奖励体系

奖励计划可以分为多个层次，每个层次对应不同难度或完成度的阅读目标。学生通过完成不同层次的目标，逐步获得相应层次的奖励。这样的多层次奖励体系既能够满足不同学生的需求，又能够激发学生的挑战欲望。

3. 结合个体差异制定差异化奖励

不同的学生有着不同的阅读兴趣和水平，因此奖励计划应该考虑到个体差异。针对对阅读更感兴趣的学生，可以设计更加吸引人的奖励，如与作家见面、赠送书店购物券等；而对于对阅读感兴趣但水平相对较低的学生，可以提供更多的帮助和指导，奖励可以是额外的学习时间或导师辅导。

4. 明确奖励的获取方式

奖励的获取方式应该清晰明了，学生需要知道通过完成阅读任务所获得的奖励是什么，以及如何获得奖励。这样能够充分调动学生的参与积极性，让他们清楚自己的付出与所获得之间的关系。

（三）奖励计划的实施策略

1. 鼓励个性化选择

在奖励计划中，给予学生一定的选择权，让他们能够根据自己的兴趣和需求选择适合自己的奖励。这种个性化的选择可以更好地满足学生的多样化需求，提高奖励计划的针对性和吸引力。

2. 制定时间限制和截止日期

为了增加奖励计划的紧迫感，可以设置时间限制和截止日期。例如，设定每学期末完成一定数量的阅读目标才能获得相应奖励，这样可以促使学生在有限的时间内更加专注和努力。

3. 公开榜样和典型案例

在奖励计划中，可以公开一些阅读成绩显著的榜样和典型案例，让学生可以借鉴和学习。这不仅能够激发学生竞争的欲望，也能够为他们树立目标和榜样，促使他们更加积极地参与阅读活动。

4. 定期评估和调整奖励计划

奖励计划的制订并不是一成不变的，需要在实施过程中进行定期的评估和调整。收集学生的反馈意见，了解他们对奖励计划的感受和建议，以便及时调整计划的不足之处，使之更符合学生的需求和期望。

（四）奖励计划的具体奖励方式

1. 物质性奖励

（1）书籍奖励

为了鼓励学生的阅读兴趣，可以提供丰富多彩的书籍作为奖励。这不仅可以满足学生的阅读需求，还能够拓展他们的阅读广度，培养更加广泛的知识面。

（2）文具奖励

提供具有吸引力的文具作为奖励，如精美的笔记本、彩色笔、文具套装等。这样的奖励既能够满足学生对于实用文具的需求，又能够激发他们对于阅读的好奇心。

2. 非物质性奖励

（1）表扬与认可

通过公开表扬和认可学生在阅读方面的努力和成绩。这可以是在班级或学校的集会上表彰，也可以是发放荣誉证书或奖状。这样的非物质性奖励能够让学生感受到来自教师和同学的关心和认可。

（2）阅读活动特权

为阅读表现出色的学生提供特权，如选择下一次阅读的书籍、成为阅读活动的组织者等。这样的特权不仅是一种奖励，更能够激发学生主动参与阅读的热情。

3. 活动性奖励

（1）阅读活动参与资格

设立阅读活动的参与资格作为奖励，例如只有完成一定阅读目标的学生才能参加学校组织的阅读活动。这样的奖励既能够提高学生的参与积极性，又能够促使他们更加努力地完成阅读任务。

（2）阅读讨论会参与机会

为阅读表现突出的学生提供参与阅读讨论会的机会。这样的奖励不仅能够培养学生的批判性思维和表达能力，还能够让他们通过与同学分享阅读心得，形成学习共同体。

（五）激励的持续性与挑战

1. 持续性激励

奖励计划应该具有一定的持续性，不仅要鼓励学生在短期内完成目标，更要培养他们长期坚持的阅读习惯。因此，奖励计划可以设置周期性的奖励，如每学期末进行一次综合评定和奖励。

2. 适度的挑战

奖励计划中设定的阅读目标应该是适度的挑战，既不能过于简单以致失去挑战性，也不能过于困难以致学生丧失信心。通过合理设定阅读目标，让学生在努力奋斗中感受到挑战和成就的双重体验。

（六）家长和教育者的角色

1. 家长的支持和参与

家长在奖励计划中扮演着至关重要的角色。他们应该支持学生的阅读兴趣，了解奖励计划的内容，并在家庭中给予额外的鼓励和奖励。家长的积极参与能够更好地推动学生形成良好的阅读习惯。

2. 教育者的指导和评价

教育者需要在奖励计划的制定和执行中发挥重要作用。他们应该指导学生设定合理的阅读目标，提供必要的支持和资源，并在奖励计划的评估中给予及时的反馈和指导。通过教育者的引导，奖励计划才能真正发挥激励学生的作用。

（七）面临的挑战与解决方法

1. 摆脱奖励的束缚

过度依赖奖励可能导致学生只关注奖励本身而忽视了阅读的本质乐趣。解决方法是在计划中强调阅读的意义和乐趣，使学生在追求奖励的同时，能够真正享受到阅读带来的愉悦和收获。

2. 奖励计划的过度复杂性

过于复杂的奖励计划可能让学生感到困扰和压力，从而产生逆反心理。解决方法是简化奖励计划的流程和规则，确保学生能够清晰理解奖励的获取方式，降低参与的门槛，使其更易于执行。

3. 奖励不公平或不公正

在奖励计划中可能出现奖励不公平或不公正的情况，这可能引发学生的不满和不信任。解决方法是确保奖励的评定标准公正透明，避免主观因素的介入，建立公正的奖励制度，使每位学生都有公平获得奖励的机会。

制订有力的奖励计划，是激发学生阅读兴趣、培养阅读习惯的重要途径。通过设立明确的阅读目标、制定多层次的奖励体系、结合个体差异制定差异化奖励，可以更好地激发学生的参与热情和学习动力。

第四节　与同龄人分享阅读心得

一、促进阅读社交化

在数字时代，社交媒体已经成为人们生活中不可或缺的一部分，改变了信息传播和交流的方式。然而，与此同时，阅读也面临着新的挑战。随着社交媒体的崛起，一些人认为阅读逐渐被其他形式的娱乐所替代，导致人们对书籍的兴趣减弱。为了激发人们对阅读的兴趣，并使阅读变得更加有趣和社交化，我们需要寻找创新的方法。

（一）社交媒体与阅读的关系

1. 社交媒体的崛起

随着社交媒体平台的兴起，人们的社交活动不再受限于面对面的交流。这些平台提供了一个全新的交流和分享信息的空间。

2. 阅读在社交媒体中的位置

虽然社交媒体主要以图像和短视频为主，但阅读在这些平台上也占有一席之地。从推文到长文，人们通过社交媒体分享和发现各种文字内容。

（二）数字阅读的崛起

1. 电子书和数字阅读平台

随着电子书和数字阅读平台的兴起，人们越来越倾向于使用电子设备而不是传统纸质书籍。这为阅读社交化提供了新的可能性，因为数字平台可以更容易地实现互动和分享。

2. 在线阅读社区的兴起

一些在线阅读社区如 Goodreads 等，为读者提供了一个交流和分享阅读经验的平台。用户可以在这里撰写书评、推荐书籍，并与其他读者建立联系。

（三）促进阅读社交化的方法

1. 社交媒体整合阅读体验

将阅读与社交媒体更紧密地整合，例如通过在阅读应用中添加社交分享按钮，使用户能够轻松地与朋友分享他们正在阅读的书籍或文章。

2. 数字平台提供更多互动性

数字阅读平台可以通过添加评论、点赞和分享功能来增加互动性。读者可以在数字书籍中留下评论，与其他读者进行交流，甚至与作者互动。

3. 阅读俱乐部和在线读书会

在线阅读俱乐部和读书会可以通过视频会议或社交媒体直播平台组织。这种形式的社交化阅读活动可以促使人们更积极地参与阅读，并与他人分享观点。

4. 使用虚拟现实（VR）和增强现实（AR）技术

利用虚拟现实和增强现实技术，创造出更具沉浸感的阅读体验。读者可以在虚拟空间中与其他人互动，共同探讨和体验故事情节。

5. 创造有趣的挑战和活动

设计阅读挑战和活动，通过社交媒体平台进行推广。这可以包括阅读马拉松、每月书单推荐等，激发人们的阅读兴趣，并让他们成为一个共同的社群。

（四）潜在问题和挑战

1. 隐私问题

将阅读与社交媒体整合可能引发一些与个人隐私有关的问题，需要平衡用户体验和个人隐私保护之间的关系。

2. 信息过载

过多的社交互动和信息分享可能导致信息过载，影响到真正的阅读体验。需要找到平衡点，确保社交元素不影响到读者的专注力。

通过促进阅读社交化，我们可以在数字时代中重新点燃人们对阅读的兴趣。社交媒体的力量和数字阅读平台的发展为创造更具互动性和社交性的阅读体验提供了机会。然而，我们需要细致入微地处理潜在的问题，确保社交元素能够增强阅读体验而不是削弱它。在未来，阅读社交化将成为数字时代阅读体验的重要方向，激发人们更深入地探讨、分享和欣赏文字的乐趣。

二、组织阅读小组和读书会

阅读是一种富有益处的活动，而将阅读与社交相结合，通过组织阅读小组和读书会，不仅能够丰富个体的阅读体验，还能促进知识的共享和人际关系的建立。以下将探讨如何组织阅读小组和读书会，以及这些活动对个体和社区的积极影响。

（一）阅读小组的组建与管理

1. 确定目标和主题

在组建阅读小组之前，需要明确小组的目标和主题。这有助于吸引具有相似兴趣的人，确保小组有明确的方向。

2. 寻找成员

利用社交媒体、社区广告或图书馆等途径，寻找对该主题感兴趣的潜在成员。同时，也可以邀请朋友、同事等身边的人加入。

3. 设定阅读计划

制订一份详细的阅读计划，包括选择书籍、阅读进度、讨论时间等。这有助于保持小组的活跃性和成员的参与度。

4. 定期组织讨论会

在阅读过程中，定期组织小组成员进行讨论会，分享彼此的理解、感悟和观点。这可以通过线上或线下的方式进行。

5. 激发创意的活动

为小组成员设计一些有趣的活动，例如阅读分享、角色扮演、创意写作等，以激发创造力和增强团队凝聚力。

（二）读书会的策划与执行

1. 选择合适的场地

读书会可以在图书馆、咖啡馆、社区中心等地举行。选择一个舒适、安静、具有良好阅读氛围的场地。

2. 制定读书会议程

设计详细的读书会议程，包括自由交流、专题分享、小组讨论等环节。确保活动过程丰富多彩，满足不同参与者的需求。

3. 广泛宣传

利用社交媒体、社区公告板、线下传单等方式进行广泛宣传，吸引更多人参与。可以邀请作者、专家等嘉宾，提升活动的吸引力。

4. 丰富的主题选择

定期更换读书会的主题，涵盖文学、科学、历史等各个领域，以满足不同读者的兴趣和需求。

5. 创建社交平台

利用社交媒体或专门的在线平台，创建读书会的社交群体。这有助于活动之间的联系和信息的共享。

（三）阅读小组和读书会的益处

1. 拓展知识面

通过参与阅读小组和读书会，个体能够接触到各种不同主题和领域的书籍，从而拓宽自己的知识面。

2. 促进思想碰撞

小组和读书会是不同观点和思想碰撞的平台，通过与他人的讨论，个体能够更深刻地理解书中的内容，并开拓自己的思维。

3. 建立社交网络

参与阅读活动不仅可以满足个体对知识的渴望，还能够在社交中建立深厚的人际关系，扩展社交网络。

4. 提升沟通技能

在小组讨论和读书会中，个体需要表达自己的观点、听取他人的意见，这有助于提升沟通技能和表达能力。

5. 培养良好的阅读习惯

参与定期的阅读活动，有助于培养良好的阅读习惯，提高阅读效率和深度。

（四）面临的挑战和解决方案

1. 时间管理问题

一些人可能因为繁忙的生活而难以参与定期的小组活动。解决方案包括弹性的阅读计划和提供线上参与选项。

2. 兴趣不同

小组成员对不同主题和书籍可能有不同的兴趣。组织者可以设计多样化的活动，以满足不同人的需求。

3.线上线下平衡

在数字化时代，线上和线下活动的平衡是一个挑战。可以通过定期的线下活动和线上社交平台相结合，以适应不同参与者的需求。

通过组织阅读小组和读书会，我们可以建立一个积极向上的社区，促进知识的传播和分享，培养读者们的阅读兴趣和习惯。这不仅对个体的成长有益，还能够在社区中创造更加紧密的联系和互助氛围。通过深入参与阅读，个体能够拓展视野、提升认知水平，同时在与他人的互动中建立起深厚的友谊和合作关系。

在组织阅读小组和读书会的过程中，我们需要不断地思考和改进，以满足不同人群的需求，并应对可能出现的挑战。在数字化的背景下，我们还可以充分利用在线社交媒体和平台，拓展活动的覆盖范围，使更多人能够参与到这个有益的社交阅读体验中来。

在未来，随着社会的不断发展和技术的进步，阅读小组和读书会将更加多样化和创新。组织者可以尝试结合新兴技术，如虚拟现实（VR）或增强现实（AR），为参与者创造更为沉浸和互动的阅读体验。此外，借助智能化工具，我们还可以设计更加个性化和定制化的阅读计划，满足每个人不同的阅读兴趣和程度。

最终，组织阅读小组和读书会是一项有益于个体成长和社区建设的活动。通过共同阅读，我们能够培养深厚的人际关系，共同探索知识的奥秘。这样的社交化阅读体验将不仅丰富我们的生活，更为社会的文化和知识传承注入了新的活力。

三、鼓励孩子分享喜爱的书籍

培养孩子对阅读的兴趣是他们终身学习的基石。而鼓励孩子分享喜爱的书籍，不仅是对他们阅读经历的一种积极回馈，也是促进语言表达、拓展思维能力的有效途径。以下将探讨如何鼓励孩子分享喜爱的书籍,以及这一过程中可能涉及到的好处和挑战。

(一)为什么鼓励孩子分享喜爱的书籍?

1. 培养阅读兴趣

分享喜爱的书籍是激发孩子阅读兴趣的一种方式。当他们发现自己喜欢的书籍也可以成为与他人分享的话题时,就会更加愿意投入到阅读中。

2. 提升语言表达能力

通过与他人分享喜欢的书籍,孩子需要用语言表达自己的看法、感受和理解。这有助于提升他们的口头表达能力和沟通技能。

3. 促进思维深度

分享书籍需要孩子深入思考书中的情节、人物以及主题。这有助于培养他们的批判性思维和逻辑思维,提升对文学作品的理解深度。

4. 建立社交关系

通过分享喜欢的书籍,孩子可以与同龄人或老师建立更紧密的联系。共同的阅读兴趣成为交流的纽带,促进社交圈的扩大。

(二)如何鼓励孩子分享喜爱的书籍?

1. 创建积极的阅读环境

在家庭和学校中都应该创造积极的阅读氛围。为孩子提供丰富多样的书籍,激发他们对阅读的兴趣。

2. 示范分享行为

家长和老师可以通过自己的示范,分享自己喜欢的书籍,并与孩子分享阅读体验。这种积极的榜样作用对孩子影响深远。

3. 设立阅读分享时间

在家庭或学校定期设立阅读分享时间,让孩子有机会向他人介绍自己喜欢的书籍。这可以是小组讨论、阅读分享会等形式。

4. 鼓励多样化的表达方式

除了口头分享，还可以鼓励孩子使用绘画、写作、手工制作等方式表达他们对书籍的理解和感受。这样的多样化表达方式能够满足不同孩子的兴趣和特长。

5. 奖励鼓励机制

设立一些奖励机制，如每次分享后获得一些小礼物、积分，累积到一定程度可以兑换奖品。这可以激发孩子分享的积极性。

（三）分享喜爱书籍的好处

1. 增强自信心

通过分享自己喜欢的书籍，孩子能够感受到他们的声音和看法是被重视的。这有助于增强他们的自信心。

2. 拓宽视野

通过听取他人的分享，孩子可以了解到不同人的不同阅读喜好，拓宽自己的视野，接触到更多类型的书籍。

3. 培养分享和合作意识

分享喜欢的书籍是一种分享和合作的行为，培养了孩子的分享和合作意识。这对于他们未来社交和团队合作有积极影响。

4. 提升语言表达能力

通过分享喜欢的书籍，孩子需要用清晰、流畅的语言表达自己的观点。这对于提升他们的语言表达能力至关重要。

5. 培养良好的读书习惯

分享喜欢的书籍是对阅读的一种回馈，孩子通过这样的行为会更加愿意投入到阅读中，养成良好的读书习惯。

（四）可能面临的挑战和解决方案

1. 羞涩和害怕被评价

有些孩子可能会因为羞涩或害怕被他人评价而不愿意分享。在这种情况下，可以逐渐引导他们，提供一个有安全感的、轻松的环境，鼓励他们逐渐展开。

2. 兴趣不同

不同孩子对书籍的兴趣各异，有些可能对学术类书籍感兴趣，而有些可能更喜欢故事类书籍。在鼓励分享时，要尊重孩子的个体差异，鼓励他们分享各自感兴趣的书籍，不强求一致。同时，也可以通过设计多样化的活动，涵盖不同主题和类型的书籍，以满足不同孩子的阅读喜好。

3. 家庭支持不足

一些孩子可能面临家庭支持不足的问题，导致他们缺乏分享的动力。在这种情况下，学校和社区可以扮演重要的角色，提供更多的资源和支持，激发孩子的分享热情。

4. 数字化时代的影响

在数字化时代，孩子更容易沉浸在电子设备中，而忽略了传统的纸质书籍。为了应对这一挑战，可以鼓励孩子分享电子书籍，并结合数字化工具，如图书推荐应用、在线阅读社区，让孩子在数字平台上分享阅读体验。

（五）家长和教育者的角色

1. 成为榜样

家长和教育者应该成为阅读的榜样，积极地与孩子分享他们喜欢的书籍，营造一个鼓励分享的环境。

2. 提供支持和鼓励

家长和教育者要时刻给予孩子支持和鼓励，让他们感受到分享是受欢迎的，不论他们选择分享的书籍类型如何。

3. 创造分享的机会

家庭和学校可以定期举办阅读分享活动，为孩子提供分享的机会。这可以是家庭读书夜、学校读书角等形式。

4. 提供多样化的阅读材料

家长和教育者要提供多样化的阅读材料，以满足孩子不同层次和兴趣的阅读需求。这有助于激发他们更广泛地分享。

5. 培养批判性思维

在分享过程中，家长和教育者可以引导孩子对书籍进行批判性思考，提出自己的见解，并学会尊重和接纳他人不同的观点。

鼓励孩子分享喜爱的书籍是一项有益的教育活动，不仅可以激发他们的阅读兴趣，提升语言表达和思维深度，还有助于培养良好的社交和合作意识。在这个过程中，家长和教育者的引导和支持至关重要。通过共同努力，我们可以为孩子们创造一个充满阅读乐趣和分享快乐的学习环境，为他们的成长奠定坚实的基础。最终，孩子们将因为分享而更富有自信、更有想象力，为未来的学习和生活打下坚实的基础。

参 考 文 献

[1] 沙沙心语. 如何培养孩子的阅读力 [M]. 苏州：古吴轩出版社，2017.

[2] 金凤. 培养有好习惯的孩子 [M]. 北京：中国商业出版社，2018.

[3] 沛霖·泓露. 培养孩子 [M]. 北京：中国商业出版社，2017.

[4] 顾红英. 孩子的成长，父母的挑战 [M]. 汕头：汕头大学出版社，2021.

[5] 范晓军. 放养，让孩子像孩子那样成长 [M]. 沈阳：辽宁人民出版社，2019.

[6] 王莉. 麻烦的 6 岁孩子 [M]. 北京：朝华出版社，2019.

[7] 秦泉. 高智商孩子是这样培养的 [M]. 汕头：汕头大学出版社，2016.

[8] 顾红英. 孩子的成长比成绩更重要 [M]. 北京：中国商业出版社，2021.

[9] 李芷怡. 抓住敏感期，孩子更优秀 [M]. 天津：天津科学技术出版社，2021.

[10] 谈旭. 妈妈的情绪决定孩子的未来 [M]. 北京：台海出版社，2019.

[11] 王旭东. 别让不懂教育害了孩子 [M]. 北京：民主与建设出版社，2019.

[12] 沈念. 孩子, 你要为自己读书 [M]. 北京: 中国友谊出版公司, 2019.

[13] 静涛著, 凤莲. 如何说孩子才会听, 怎么听孩子才肯说 [M]. 海口: 南海出版公司, 2019.

[14] 黄祖顺. 提升孩子注意力的实用妙招 [M]. 北京: 中国纺织出版社, 2020.

[15] 高寿岩. 成长型养育 [M]. 北京: 中国妇女出版社, 2018.

[16] 沈振宇. 爱孩子, 你爱对了吗 [M]. 哈尔滨: 黑龙江科学技术出版社, 2018.

[17] 程文. 3~4年级, 决定孩子一生的关键 [M]. 北京: 朝华出版社, 2019.

[18] 杨冰. 细节成就孩子一生: 父母必须教给孩子的108个细节 [M]. 北京: 民主与建设出版社, 2017.

[19] 昭然. 爸爸陪我玩: 爸爸的陪伴影响孩子一生 [M]. 北京日报出版社, 2019.